本著作受广东省高水平理工科大学建设专项资金、广东省
社会科学研究基地"创新与经济转型升级研究中心"资助

佛山经济发展及其战略选择

Foshan Jingji Fazhan Jiqi Zhanlüe Xuanze

李军

西南财经大学出版社
Southwestern University of Finance & Economics Press
中国·成都

图书在版编目(CIP)数据

佛山经济发展及其战略选择/李军著 . —成都:西南财经大学出版社,
2019. 12
ISBN 978-7-5504-4300-6

Ⅰ.①佛… Ⅱ.①李… Ⅲ.①区域经济发展—经济发展战略—研究—佛山 Ⅳ.①F127.653

中国版本图书馆 CIP 数据核字(2019)第 297536 号

佛山经济发展及其战略选择

李军 著

责任编辑:刘佳庆
封面设计:杨红鹰　张姗姗
责任印制:朱曼丽

出版发行	西南财经大学出版社(四川省成都市光华村街55号)
网　址	http://www.bookcj.com
电子邮件	bookcj@foxmail.com
邮政编码	610074
电　话	028-87353785
照　排	四川胜翔数码印务设计有限公司
印　刷	郫县犀浦印刷厂
成品尺寸	170mm×240mm
印　张	14.5
字　数	334 千字
版　次	2019 年 12 月第 1 版
印　次	2019 年 12 月第 1 次印刷
书　号	ISBN 978-7-5504-4300-6
定　价	88.00 元

前　言

　　2009 年以来，我专注于佛山经济社会问题的研究，每年都会围绕佛山经济社会发展的特定专题进行思考并形成数万字的文字，不知不觉已有十年。

　　2014 年西南财经大学出版社出版了我的第一本关于佛山问题研究的拙作——《佛山经济社会发展若干问题研究》。该书从经济、社会、民生、人口等角度探讨了"十一五"以来佛山经济社会发展的实践，其内容涉及了佛山城乡一体化、产业竞争力、自主创新能力、医疗资源配置、幸福佛山建设等多个方面。

　　2018 年正值我国改革开放四十周年，我有幸承担并完成了佛山市社科联特别委托重大项目——"改革开放以来佛山经验总结与发展模式研究"，此项目完成之际，我的关于佛山问题研究的第二本拙作——《佛山经济发展及其战略选择》也已成型。

　　《佛山经济发展及其战略选择》一书，以改革开放以来佛山经济发展为主线，以三次产业、生产性服务业、加工贸易、城镇化等领域为重点，阐述改革开放以来佛山发展经验与发展模式，以及"十一五"以来佛山三次产业演变与提升、生产性服务业发展与优化、加工贸易转型与升级、城镇化道路探索与实践等问题。

　　本书第一章揭示改革开放以来佛山发展经验与发展模式。改革开放以来，佛山秉承改革精神，立足实际，抢抓机遇，在改革中探索，在探索中前进，创造了令人瞩目的"佛山奇迹"，积累了行之有效的"佛山经验"，形成了独具特色的"佛山模式"，成功实现跨越式发展。

　　本书第二章分析"十一五"以来佛山三次产业演变与提升。优化产业结构是佛山提升经济发展质量的手段与目标。改革开放四十年间，佛山始终坚持"产业强市"战略，特别是"十一五"以来，提出并实施"建链、补链、强链"的制造业发展战略，使佛山产业层次大幅提高。

　　本书第三章以佛山服务业集聚程度高的禅城区为例，探究佛山生产性服务业发展与优化。服务业既是经济发展的主要增长点，又是制造业发展的重要支撑，大力发展服务业特别是生产性服务业，是"十一五"以来佛山经济转型升级、实现服务业跨越式发展的一项重要战略任务。

本书第四章探讨佛山加工贸易转型与升级。佛山的对外贸易起源于加工贸易，加工贸易在佛山对外贸易发展中曾发挥了不可或缺的作用。随着国内和国际经济的发展与变化，加工贸易面临着新的困境，推动加工贸易升级已成为近年来佛山外向型经济发展的重中之重。

本书第五章以佛山新型城镇化成功案例之一的绿岛湖都市产业区为例，阐述佛山城镇化道路的探索与实践。提高城镇化水平一直是佛山经济发展的目的之一，为此佛山在借鉴国内其他地区成功经验的基础上，不断探索适合自身特点的新型城镇化发展模式，并取得显著成效。

由于作者水平有限，书中难免有误，敬请读者批评指正。

李军

2019 年 10 月于佛山

目　录

第一章 佛山发展经验与发展模式

改革开放以来，佛山人民在历届市委、市政府的正确领导下，坚定不移地走中国特色社会主义道路，解放思想，敢为人先，锐意改革，砥砺前行，以其有效的措施，特有的发展方式，创造了令人瞩目的"佛山奇迹"。

一、改革开放以来佛山发展成就

改革开放 40 多年来，佛山立足实际、抢抓机遇，经济社会快速发展，取得了辉煌的成就：体制机制改革不断深化，对外开放程度逐步加深，经济规模持续扩大，经济结构日趋优化，经济运行质量大幅提升，城市化水平显著提高，可持续发展能力明显增强，已发展成为经济比较发达、综合竞争力比较强的城市之一。

（一）经济规模持续扩大，综合实力不断增强

1. 经济总量不断扩大

自 1978 年以来，佛山 GDP 实现跨越式增长：1988 年突破百亿元大关，达到 100.9 亿元，1992 年又突破 200 亿大关，达到 253.39 亿元。从 1992 年至 1997 年，连续 7 年每年都突破一百亿大关，直到 2000 年突破千亿大关，达到 1 050.38 亿元，2010 年突破 5 000 亿大关，为 5 651.52 亿元，2011—2017 年每两年都突破千亿大关，到 2017 年已达 9 398.52 亿元，比 1978 年的 12.96 亿元增长了 724 倍，年均增长 18.4%。（见图 1-1）

与此相适应，佛山人均 GDP 也实现了飞跃增长：1878—1990 年，佛山人均 GDP 每四年翻一番，1978 年佛山人均 GDP 为 559 元，1982 年增加到 1 007 元，1986 年为 2 204 元，1990 年为 4 518 元，1990 比 1978 年增长了 7 倍。1991—2003 年间，佛山人均 GDP 由 5 720 元增加到 28 162 元，增长了 3.9 倍。2004 年佛山人均 GDP 超过 3 万元，为 33 669 元，2014 年突破 10 万元，为

101 617元，2017年达到 124 324 元，比 1978 年增长了 221 倍。（见图 1-2）

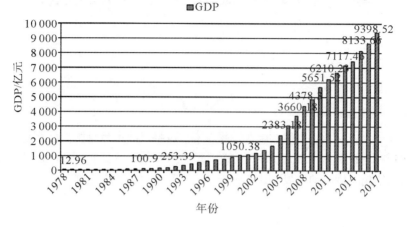

图 1-1　1978—2017 年佛山 GDP 总量

资料来源：根据《佛山统计年鉴》1999—2018 年数据整理。

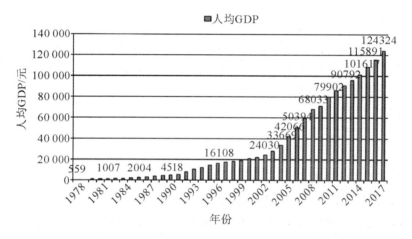

图 1-2　1978—2017 年佛山人均 GDP

资料来源：根据《佛山统计年鉴》1999—2018 年数据整理。

在改革开放 40 多年中，佛山经济一直保持高速发展，GDP 增长速度均高于广东和全国平均水平。20 世纪 80 年代末期至 90 年代末期，GDP 增长呈现明显加快势头，增长速度均在 13% 以上，最高达到 1985 年的 26.7% 和 1995 年的23.6%；2001 年至 2010 年 GDP 增长速度较前期减缓，但仍处于快速增长趋势中，GDP 增长速度均在 11% 以上，最高达到 2005 年的 19.4% 和 2006 年的 19.3%；2011 年至今随着我国经济进入新常态，佛山 GDP 增速趋于放缓，但仍在 8% 以上，2013 年达到 10%。1978 年至 2017 年佛山 GDP 年均增长 18.7%，高出广东平

均水平 1.4 个百分点,高出全国水平 3.6 个百分点。(见图 1-3)

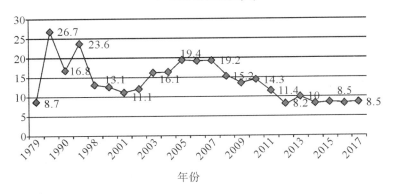

图 1-3　1978—2017 年佛山 GDP 增长速度

资料来源:根据《佛山统计年鉴》1999—2018 年数据整理。

2. 农业生产能力大幅提升

2017 年,农林牧渔业完成总产值 278.45 亿元,比 1978 年的 6.36 亿元增长了近 43 倍,年均增长 10.2%(见图 1-4)。2017 年,佛山农林牧渔业增加值 133.65 亿元,比 1978 年的 4.04 亿元增长了 32 倍,年均增长 9.4%。除粮食总产量减少外,其他主要农副产品产量大幅度增加。与 1978 年相比,2017 年蔬菜产量 79.68 吨,增长 2.3 倍;水果产量 4.30 万吨,增长 1.0 倍;水产品 64.36 万吨,增长 6.9 倍。

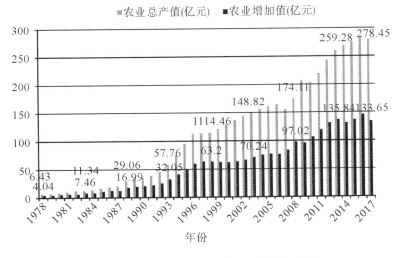

图 1-4　1978—2017 年佛山农业总产值和增加值

资料来源:根据《佛山统计年鉴》1999—2018 年数据整理。

3. 工业生产迅猛增长

佛山一直坚持工业主导方针,大力发展工业经济,加速推进工业化进程,工业生产持续快速增长。2017年佛山工业总产值21 015.53亿元,比1978年的13.72亿元增长1 531倍,年均增长20.7%,工业增加值5 230.53亿元,比1993年的180.26亿元增长28倍,年均增长15.1%(见图1-5)。1993—2017年,工业增加值一直占第二产业增加值的90%左右,2000年以后呈现逐步上升趋势,2006年以来均超过96%(见图1-6)。

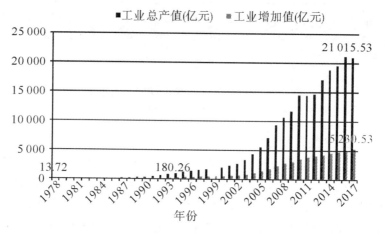

图1-5　1978—2017年佛山工业总产值和增加值

资料来源:根据《佛山统计年鉴》1999—2018年数据整理。

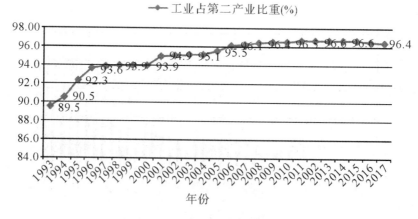

图1-6　1993—2017年佛山工业增加值占第二产业比重

资料来源:根据《佛山统计年鉴》1999—2018年数据整理。

4. 服务业规模不断扩大

佛山服务业取得长足发展，在促进产业结构升级和增加社会就业等方面发挥了重要作用。2017年服务业实现增加值3 840.22亿元，与1978年的2.38亿元相比，增长1 613倍，年均增长20.9%，超过GDP增长速度2.5个百分点。与1994年的149.66亿元相比，增长24.7倍，年均增长15.2%，其中交通运输、仓储和邮政业实现增加值401.20亿元，增长16倍，年均增长13.1%；批发零售业实现增加值641.06亿元，增长19.3倍，年均增长14.0%；金融业实现增加值407.81亿元，增长10.7倍，年均增长11.3%（见图1-7和图1-8）。

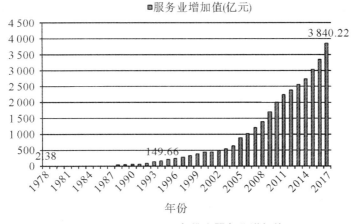

图 1-7　1978—2017年佛山服务业增加值

资料来源：《佛山统计年鉴》1999—2018年。

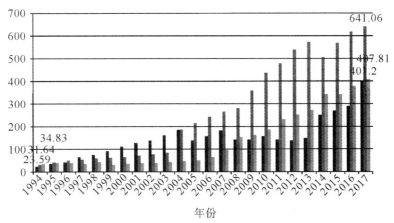

图 1-8　1994—2017年佛山服务业主要行业增加值

资料来源：《佛山统计年鉴》1999—2018年。

（二）经济结构不断优化，发展质量大幅提高

1. 产业结构不断优化

在扩大经济总量的同时，加大产业结构调整力度，三次产业结构不断优化。三次产业比重从 1978 年的 31.2∶50.4∶18.4 调整到 2017 年的 1.4∶57.7∶40.9（见图 1-9）。其中，第一产业比重持续下降，由 1978 年的 31.2% 下降到 2017 年的 1.4%，下降了 29.8 个百分点，相应地由三次产业的第二大产业变为最小产业。第二产业比重不断上升，由 1978 年的 50.4% 上升到 2017 年的 57.7%，提高了 7.3 个百分点，一直占据三次产业的最大比重。第三产业比重呈现波动上升的态势，从 1978 年的 18.4% 上升到 2017 年的 40.9%，提高了 22.5 个百分点。

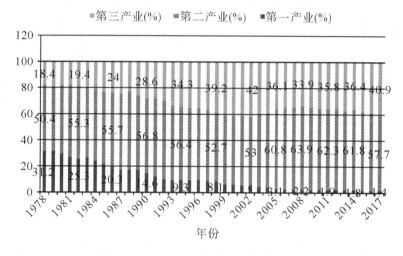

图 1-9　1978—2017 年佛山三次产业构成

资料来源：《佛山统计年鉴》1999—2018 年。

从三次产业和 GDP 的增长速度来看，2001—2017 年，第一产业同比增长速度始终低于 GDP 增长速度，且 2004 和 2006 年均呈现负增长；第二产业除 2003 年、2015 年、2016 年和 2017 年外，其他年份同比增长速度始终高于 GDP 增长速度；第三产业除 2002 年、2009 年、2015 年、2016 年和 2017 年外，其他年份同比增长速度始终低于 GDP 增长速度（见图 1-10）。可见，佛山经济增长主要是靠第二产业特别是工业的增长带动的，第一产业对经济增长的拉动作用较弱，第三产业对经济增长的拉动作用虽不断增强但仍有限。

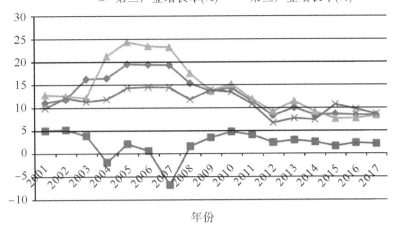

图 1-10　1978—2017 年佛山 GDP 及三次产业增长率

资料来源:《佛山统计年鉴》1999—2018 年

2. 就业结构持续改善

随着经济规模的扩大,就业人数大幅增加,从 1978 年的 127.13 万人增加到 2017 年 435.51 万人,增长了 2.4 倍,年均增长 3.2%。在就业人数不断增加的同时,三次产业就业结构日趋优化,1994 年三次产业就业人数占比为 19.2∶53.6∶27.2,2017 年变化为 4.9∶56.7∶38.4。在此期间,第一产业就业人数占比大幅下降,由 1994 年的 19.2% 下降到 2017 年的 4.9%,下降了 14.3 个百分点;第二产业就业人数占比小幅上升,由 1994 年的 53.6% 上升到 2017 年的 56.7%,提高了 3.1 个百分点;第三产业就业占比大幅上升,由 1994 年的 27.2 上升到 2017 年的 38.4%,提高了 11.2 个百分点(见图 1-11 和图 1-12)。

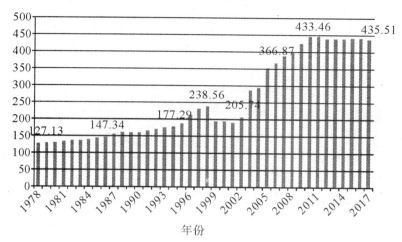

图 1-11　1978—2017 年佛山总就业人数

资料来源:《佛山统计年鉴》1999—2018 年

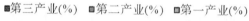

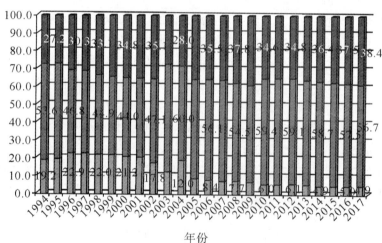

图 1-12　1994—2017 年佛山三次产业就业结构

资料来源:《佛山统计年鉴》1999—2018 年

3. 工业结构日趋合理

40 多年来,佛山工业体系日益完备,工业结构不断优化。传统制造业增加值占制造业增加值的比重不断下降,而现代制造业增加值占制造业增加值的比重不断上升。传统制造业增加值占制造业增加值的比重由 1998 年的 53.5% 变化为 2017 年的 45.2%，下降了 8.3 个百分点。其中，农副食品加工业，酒、饮料和精制茶制造业，烟草制品业，纺织业，纺织服装、服饰业，皮革、毛皮、羽毛及其制品和制鞋业，木材加工和木、竹、藤、棕、草制品业，造纸和纸制品业，印刷和记录媒介复制业，橡胶和塑料制品业，非金属矿物制品业等行业增加值的比重均呈下降态势。而现代制造业增加值占制造业增加值的比重由 1998 年的 46.5% 变化为 2017 年的 54.8%，提高了 8.3 个百分点。其中，石油加工、炼焦和核燃料加工业，化学原料和化学制品制造业，通用设备制造业，专用设备制造业，汽车制造业，电气机械和器材制造业，计算机、通信和其他电子设备制造业等行业增加值的比重均呈上升态势，尤其是汽车制造业从无到有，2017 年汽车制造业增加值为 217.45 亿元，占制造业比重为 5.2%；通用设备制造业与计算机、通信和其他电子设备制造业迅猛发展，2017 年其增加值分别为 184.97 亿元和 182.91 亿元，占制造业比重分别为 4.4% 和 4.3%；化学原料和化学制品制造业和专业设备制造业快速发展，2017 年这两个行业增加值分别为 179.23 亿元和 168.59 亿元，占制造业的比重分别为 4.2% 和 4.0%。（见表 1-1）

表 1-1　1998 和 2017 年佛山制造业各行业增加值及比重

单位：亿元、%

行业	1998 年		2017 年	
	金额	比重	金额	比重
农副食品加工业	9.03	3.2	48.71	1.1
食品制造业	3.17	1.1	71.96	1.7
酒、饮料和精制茶制造业	12.38	4.3	69.40	1.5
烟草制品业	2.42	0.8	——	——
纺织业	16.53	5.8	151.37	3.6
纺织服装、服饰业	9.26	3.3	107.28	2.5
皮革、毛皮、羽毛及其制品和制鞋业	5.58	2.0	58.77	1.4
木材加工和木、竹、藤、棕、草制品业	2.25	0.8	30.20	0.7
家具制造业	2.13	0.7	116.27	2.6
造纸和纸制品业	6.74	2.4	57.44	1.3

表1-1（续）

行业	1998 年		2017 年	
	金额	比重	金额	比重
印刷和记录媒介复制业	3.53	1.2	38.88	0.9
文教、工美、体育和娱乐用品制造业	3.83	1.3	74.47	1.7
石油加工、炼焦和核燃料加工业	0.41	0.1	27.78	0.6
化学原料和化学制品制造业	6.41	2.2	179.23	4.2
医药制造业	2.95	1.0	37.61	0.9
化学纤维制造业	1.45	0.5	8.66	0.2
橡胶和塑料制品业	14.26	5.0	196.46	4.6
非金属矿物制品业	31.65	11.1	305.19	7.2
金属制品业	0.48	0.2	70.22	1.6
黑色金属冶炼和压延加工业	12.35	4.3	200.36	4.8
有色金属冶炼和压延加工业	17.17	6.0	360.06	8.4
通用设备制造业	4.26	1.5	184.97	4.4
专用设备制造业	2.80	1.0	168.59	4.0
汽车制造业	—	—	217.45	5.2
铁路、船舶、航空航天和其他运输设备制造业	5.84	2.0	21.54	0.5
电气机械和器材制造业	71.20	24.9	1 056.67	25.3
计算机、通信和其他电子设备制造业	6.80	2.4	182.91	4.3
仪器仪表制造业	2.47	0.9	28.47	0.6
其他制造业	5.51	1.9	3.85	0.1
电力、热力、燃气及水的生产和供应业	23.06	8.0	163.20	3.9

资料来源：根据《佛山统计年鉴》1999 年和 2018 年数据整理。

（三）经济运行效益稳步提升，基础产业和基础设施逐步加强

1. 财政收入和居民收入规模不断扩大

2017 年佛山实现地方财政一般预算收入 661.58 亿元，比 1978 年的 2.71 亿元增长了 243 倍，年均增长 15.1%。城镇居民可支配收入为 46 849 元，比

1980 年的 571 元增长了 81 倍，年均增长 12.0%；农民人均纯收入为 26 390 元，比 1980 年 381 元增长了 68 倍，年均增长 11.5%（见图 1-13 和图 1-14）。

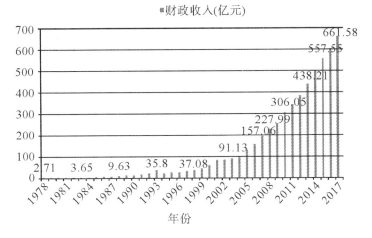

图 1-13　1978—2017 年佛山财政收入情况

资料来源：《佛山统计年鉴》1999—2018 年

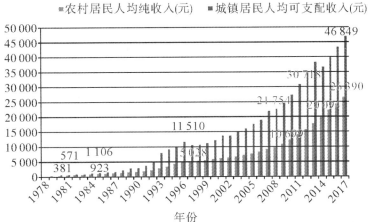

图 1-14　1978—2017 年佛山城乡居民收入情况

资料来源：《佛山统计年鉴》1999—2018 年

从城乡居民收入增长速度来看，2008 年以前，城镇居民可支配收入增长速度大于农村居民人均纯收入增长速度；2008 年以后，城镇居民可支配收入增长速度小于农村居民人均纯收入增长速度，城乡居民收入增长速度的差距不断缩小（见图 1-15）。

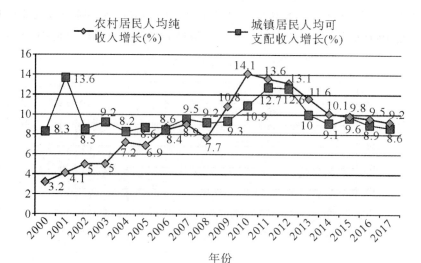

图 1-15　1978—2017 年佛山城乡居民收入增长情况

资料来源:《佛山统计年鉴》1999—2018 年

2. 规模以上工业企业效益不断提高

佛山工业企业经营水平不断提高,实力显著增强。规模以上工业企业数量明显增加,2017 年达到 6 212 家,比 1994 年的 1 636 家增加了 2.8 倍。其中亏损企业数不断减少,由 1994 年的 652 家减少到 2017 年的 505 家,亏损企业占规模以上企业的比重由 1994 年的 39.9%下降到 2017 年的 8.1%。同时,规模以上工业企业的固定资产、工业总产值、产品销售收入、利润总额和增加值全员劳动生产率逐年提高。具体来看,2017 年规模以上工业固定资产合计3 708.18亿元,比 1994 年增长了 8.6 倍,年均增长 10.3%;实现工业总产值21 015.53亿元,比 1994 年增长了 27.7 倍,年均增长 15.7%;产品销售收入20 593.96亿元,比 1994 年增长了 327 倍,年均增长 28.6%;实现利润1 560.76亿元,比 1994 年增长了 128 倍,年均增长 23.5%;增加值全员劳动生产率为 269 555 元/人,比 1994 年增长了 5.8 倍,年均增长 8.7%(见表 1-2)。

表 1-2　1994—2017 年佛山规模以上工业主要经济指标

年份	固定资产合计(亿元)	工业总产值(亿元)	产品销售收入(亿元)	利润总额(亿元)	增加值全员劳动生产率(元/人)	企业单位数(个)	亏损企业数(个)	亏损企业占比(%)
1994	388.21	731.35	62.83	12.12	39 424	1 636	652	39.9
1995	511.60	848.53	54.40	5.19	37 889	1 955	947	48.4

表1-2(续)

年份	固定资产合计 (亿元)	工业总产值 (亿元)	产品销售收入 (亿元)	利润总额 (亿元)	增加值全员劳动生产率 (元/人)	企业单位数 (个)	亏损企业数 (个)	亏损企业占比 (%)
1996	537.17	906.58	86.15	−4.89	48 114	1 892	913	48.3
1997	576.68	984.99	96.30	2.86	50 592	1 798	791	44.0
1998	687.44	1 207.03	116.01	5.08	43 123	1 797	668	37.2
1999	633.30	1 293.03	129.20	26.38	47 179	1 748	585	33.5
2000	656.93	1 561.31	158.40	33.01	58 659	2 180	631	28.9
2001	658.27	1 782.35	181.20	40.79	67 128	2 468	594	24.1
2002	683.99	2 040.66	205.16	66.87	68 829	2 861	566	19.8
2003	755.68	2 582.03	256.63	70.76	72 652	3 360	508	15.1
2004	861.37	3 657.29	362.82	104.20	82 398	5 190	726	14.0
2005	1 115.96	4 780.88	452.86	168.22	102 744	5 149	569	11.1
2006	1 293.66	6 289.09	612.56	238.29	117 978	6 011	530	8.8
2007	1 520.78	8 417.06	819.01	407.71	146 204	6 680	486	7.3
2008	2 135.02	10 658.47	10 300.75	476.20	168 728	7 997	701	8.6
2009	2 431.43	11 711.28	11 262.92	629.90	194 410	7 807	661	8.5
2010	2 642.65	14 527.47	13 733.60	1 073.30	215 381	7 684	464	6.0
2011	2 802.42	14 425.03	13 957.78	1 006.72	207 347	6 317	483	7.6
2012	2 912.29	14 653.96	13 980.37	1 140.50	241 361	5 950	581	9.8
2013	3 143.23	17 121.88	16 424.68	1 285.29	277 276	6 163	599	9.7
2014	6 403.51	18 796.65	17 953.59	1 365.33	295 887	5 883	599	10.2
2015	3 572.77	19 544.95	18 510.23	1 450.40	244 467	5 787	604	10.4
2016	3 777.54	21 187.32	20 199.21	1 589.80	259 779	5 671	494	8.7
2017	3 708.18	21 015.53	20 593.96	1 560.76	269 555	6 212	505	8.1
2017 年比1994 年增长(%)	855.2	2 773.5	32 677.3	12 777.6	583.7	279.7	−22.6	−31.8
1994−2017 年年均增长率(%)	10.3	15.7	28.6	23.5	8.7	6.0	−1.1	−4.8

资料来源:根据《佛山统计年鉴》1999—2018 年数据整理。

3. 基础产业和基础设施投资不断扩大

佛山积极倡导投资主体多元化,鼓励多方资金积极参与,不断加大投资力度，扩大投资领域，全社会固定资产投资快速增长。2017 年全社会固定资产投资 4 265.79 亿元，比 1978 年的 0.79 亿元增长了 5 399 倍，年均增长 24.7%（见图 1-16）。从固定资产投资分布的行业来看，工业固定资产投资额占比较大，1994—2017 年，工业完成固定资产投资额多数年份均高于房地产业（见图 1-17），这是佛山经济长期、稳定增长的内在动力。

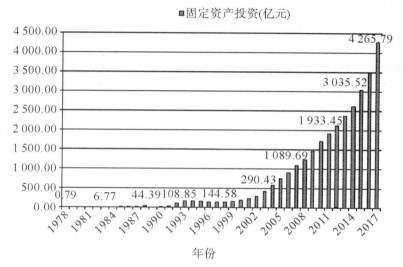

图 1-16　1978—2017 年佛山固定资产投资情况

资料来源：《佛山统计年鉴》1999—2018 年

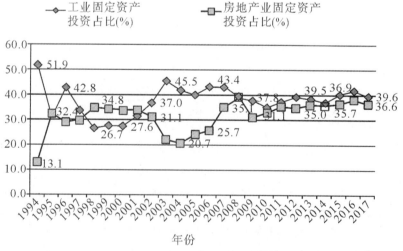

图 1-17　1994—2017 年佛山工业和房地产业固定资产投资占比

资料来源：根据《佛山统计年鉴》1999—2018 年数据整理

佛山注重基础产业和基础设施建设，对基础产业、基础设施方面的投资力度不断加大。2017年基础产业投资941.61亿元，比2012年的463.46亿元增长了1倍，年均增长15.2%；基础设施投资829.68亿元，比2005年的158.83亿元增长了4.2倍，年均增长14.8%（见图1-18）。在基础设施投资中，交通运输业，水利和电力等行业是投资重点。2005—2017年，交通运输业累计投资1 417.48亿元，占基础设施累计投资额的27.9%；水利管理业投资1 116.43亿元，占基础设施累计投资额的22.0%；电力、热力的生产和供应业投资569.95亿元，占基础设施累计投资额的11.2%（见表1-3）。

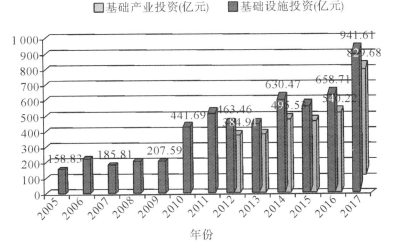

图1-18　2005—2017年佛山基础产业和基础设施投资情况

资料来源：《佛山统计年鉴》1999—2018年

表1-3　2005—2017年佛山基础设施投资情况

单位：亿元

年份	交通运输业投资	水利管理业投资	电力、热力的生产和供应业投资
2005	32.47	94.31	25.83
2006	31.92	147.21	47.73
2007	65.76	71.00	42.28
2008	38.76	115.65	48.65
2009	112.73	186.07	60.76

表1-3(续)

年份	交通运输业投资	水利管理业投资	电力、热力的生产和供应业投资
2010	147.96	228.44	52.68
2011	96.35	193.12	38.91
2012	87.28	6.57	48.90
2013	84.90	11.66	42.24
2014	127.22	18.31	48.83
2015	119.66	16.15	50.10
2016	174.36	16.65	23.25
2017	298.11	11.29	39.79
累计投资	1 417.48	1 116.43	569.95
累计占比（%）	27.9	22.0	11.2

资料来源：根据《佛山市国民经济和社会发展统计公报》2005—2018 年数据整理

（四）对外经贸规模显著扩大，对外开放水平明显提升

1. 对外贸易发展迅猛，贸易顺差不断扩大

佛山利用毗邻港澳的地理优势，大力发展外向型经济。特别是我国加入WTO 以后，进一步加强与世界各国的经贸合作，对外贸易规模不断扩大。近年来，伴随国家"一带一路"倡议，立足佛山制造业优势，深入推进与"一带一路"沿线国家和地区在贸易领域的合作，对外贸易实现了新跨越。2017年佛山进出口总额为 642.6 亿美元，比 1998 年的 71.17 亿美元增长 8 倍，年均增长 12.2%。其中出口 464.8 亿美元，比 1998 年的 43.87 亿美元增长 9.6 倍，年均增长 13.2%；进口 177.8 亿美元，比 1998 年的 27.3 亿美元增长年均增长5.5 倍，年均增长 10.4%（见图 1-19）。

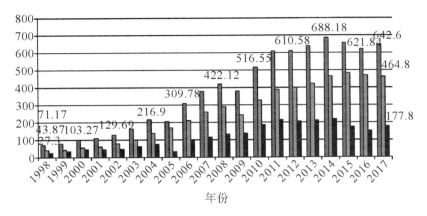

图 1-19　1998—2017 年佛山进出口情况

资料来源：根据《佛山统计年鉴》1999—2018 年数据整理。

从出口额看，2017 年比 1978 年增长了 504 倍，除 1985 年、1999 年、2009 年、2016 年和 2017 年外，出口均呈现增长态势，其中"七五"和"八五"期间增幅最高，年均增长率分别为 35% 和 34.8%。"九五""十五"和"十一五"的增速均在 10% 以上，年均增长率分别为 10%、24.4% 和 14.1%。"十二五"增速放缓，年均为 7.9%。改革开放以来，佛山出口一直超过进口，而且贸易顺差逐渐扩大，2017 年顺差达 287 亿美元（见图 1-20、图 1-21 和图 1-22）。

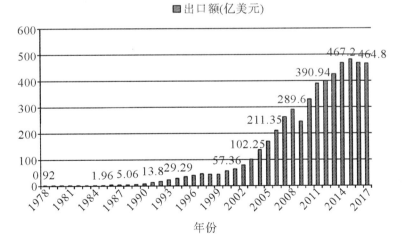

图 1-20　1978—2016 年佛山出口情况

资料来源：根据《佛山统计年鉴》1999—2017 年数据整理。

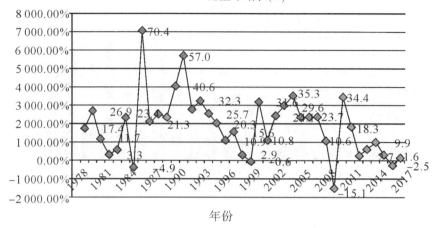

图 1-21　1978—2016 年佛山出口增长情况

资料来源：根据《佛山统计年鉴》1999—2017 年数据整理。

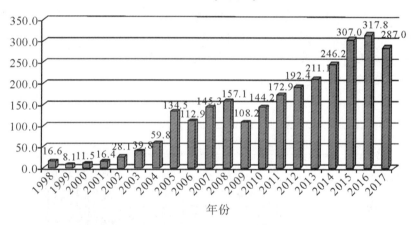

图 1-22　1998—2017 年佛山贸易顺差情况

资料来源：根据《佛山统计年鉴》1999—2018 年数据整理。

2. 利用外资规模不断扩大，外资结构逐步优化

佛山始终把利用外资作为促进经济发展的重要举措，不断加大招商引资力度，在产业结构和技术结构上积极引导外商投资，外商直接投资规模大幅增长，投资结构不断优化。2017 年佛山新签外商直接投资合同 315 个，合同利用外资金额 15.84 亿美元，实际使用外资金额 16.23 亿美元，与 1978 年相比，增长了 8 114 倍，年均增长 26.0%（见图 1-23）。

同时，利用外资的产业结构日趋优化，农业，制造业，金融业，房地产业，卫生、社会保障和社会福利业等行业利用外资的规模均呈缩小态势，2017年与 2002 年相比，上述五大行业实际利用外资额分别减少了 100%、45.3%、53.5%、3.7% 和 75.2%。而服务业利用外资增长势头强劲，规模显著扩大。2017 年服务业实际利用外资 5.33 亿美元，比 2002 年增长了 1.34 倍；2017 年服务业利用外资额占全市利用外资总额的比重为 32.9%，比 2002 年提高 10.2个百分点。从服务业内部来看，实际利用外资增长最快的是信息传输、计算机服务和软件业与教育，这两大行业的实际利用外资额 2002 年均为零，2017 年分别为 6 137 万美元和 5 000 万美元；实际利用外资增长较快是批发和零售贸易、餐饮业，租赁和商务服务业等行业，与 2002 年相比，上述两个行业利用外资额分别增长 11.48 倍和 5.73 倍。服务业中利用外资规模较大的是房地产业，租赁和商务服务业，交通运输、仓储及邮政业，批发和零售贸易、餐饮业，2017 年四大行业利用外资额占全市实际利用外资额的比重分别为 8.8%、7.0%、5.6% 和 4.3%（见表 1-4）。

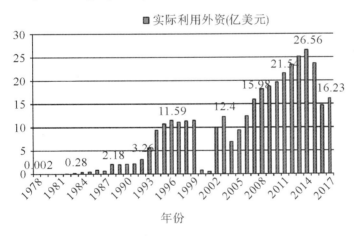

图 1-23　1978—2017 年佛山实际利用外资情况

资料来源：根据《佛山统计年鉴》1999—2018 年数据整理。

表 1-4　2002—2017 年佛山实际利用外资情况

单位：万美元、%

指标	2002 年		2017 年		2017 年比 2002 年 增长
	金额	比重	金额	比重	
总计	100 250	100	162 349	100	61.9
农、林、牧、渔	451	0.5	0	0.0	—
制造业	72 019	71.8	39 431	24.3	−45.3
电力、煤气及水的生产和供应业	2 752	2.8	11 413	7.0	314.7
建筑业	1 320	1.3	58 171	35.8	4 306.9
交通运输、仓储及邮政业	5 425	5.4	9 073	5.6	67.2
信息传输、计算机服务和软件业	0	0.0	6 137	3.8	—
批发和零售贸易、餐饮业	557	0.6	6 950	4.3	1 147.8
金融业	58	0.1	27	0.01	−53.5
房地产业	14 795	14.8	14 248	8.8	−3.7
租赁和商务服务业	1 676	1.7	11 286	7.0	573.4
科学研究、技术服务和地质勘查业	0	0.0	503	0.3	—
水利、环境和公共设施管理业	0	0.0	0	0.0	—
居民服务和其他服务业	0	0.0	10	0.0	—
教育	0	0.0	5 000	3.1	—
卫生、社会保障和社会福利业	258	0.3	64	0.01	−75.2
文化、体育和娱乐业	0	0.0	36	0.0	—
服务业合计	22 769	22.7	53 334	32.9	134.2

资料来源：根据《佛山市国民经济和社会发展统计公报》2003 年和 2018 年数据整理。

（五）城市化进程加速推进，人民群众得到更多实惠

1. 城市化进程不断加快，城市化水平明显提升

改革开放以来，佛山城市化进程不断加快，传统的城乡"二元"经济格局得到调整并有明显改善，城市规模快速扩张，城市综合实力进一步增强。1978 年，佛山户籍人口为 233.59 万人，占全省总人口数的 4.6%；地区生产总

值 12.96 亿元，占全省的 7.0%；工业总产值 13.72 亿元，占全省的 0.5%。
2017 年佛山户籍人口为 419.59 万人，占全省总人口数的 4.5%；地区生产总值
9 398.52 亿元，占全省的 10.5%；规模以上工业总产值 21 015.53 亿元，占全
省的 15.5%。城镇规模和人口的不断扩大，城镇经济的迅猛发展，使佛山城市
化水平快速提高。2015 年佛山城市化水平覆盖率已达 80%，比 1982 年的
18.4% 提高了 61.6 个百分点。

2. 城乡居民收入水平持续提高，储蓄规模不断扩大

随着经济的发展和收入分配体制改革的深入，佛山城镇居民人均收入不断增
加，屡创新高。1980 年全市城镇居民人均可支配收入只有 571 元，1984 年超过
1 000 元，到 1996 年已超过 10 000 元，2007 年超过 20 000 元，2011 年超过 30 000
元，2017 年达到 46 849 元，比 1980 年增长了 81 倍，年均增长 12.0%。同时，佛
山认真贯彻、落实党对农村的一系列富民政策，大力发展乡镇企业，以"三化"
解决"三农"问题，促进农业经济快速发展，农民收入大幅增加。全市农村居
民人均纯收入由 1980 年的 381 元增加到 1986 年的 1 019 元，1997 年突破 5 000
元，2009 年突破 10 000 元，2014 年突破 20 000 元，2017 年达到 26 390 元。从
1980 年到 2017 年，增长了 68 倍，年均增长 11.5%（见图 1-14）。城乡居民收入
的增加，带动了城乡居民储蓄存款的增长。2017 年末，佛山城乡居民人民币储
蓄存款余额 6 947.16 亿元，是 1978 年的 4 235 倍，年均增长 23.9%，居民储蓄存
款余额占 GDP 的比重从 1978 年的 12.7% 提高到 2017 年的 73.9%（见图 1-24）。

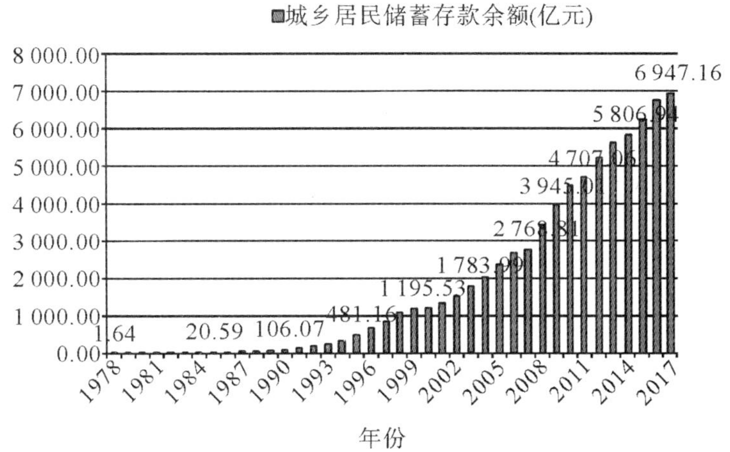

图 1-24　1978—2017 佛山城乡居民储蓄存款余额

资料来源：根据《佛山统计年鉴》1999—2018 年数据整理。

3. 居民消费需求大幅增加，生活质量持续提高

经过 40 多年的发展，佛山社会生产力和社会财富大幅提升。经济的发展和城镇居民收入的增长，促进了人们消费需求的增加和人民生活水平的提高。2017 年，社会消费品零售总额达到 3 320.4 亿元，比 1978 年增长 608 倍，年均增长 17.9%；城镇居民人均生活消费支出 32 648 元，比 1980 年增长了 54 倍，年均增长 10.8%（见图 1-25）。

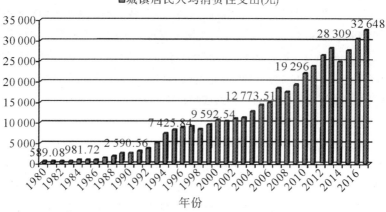

图 1-25　1978—2017 年佛山城镇居民人均消费支出

资料来源：根据《佛山统计年鉴》1999—2018 年数据整理。

从城镇居民家庭恩格尔系数变化趋势来看，1997—2013 年，佛山城镇居民家庭恩格尔系数呈波动下降趋势。1997—1999 年均在 37% 以上，1998 年高达 44%，之后波动下降，2000—2007 年一直在 32% 左右，2008 年后略有上升，一直在 35% 徘徊。2013 年达到 34%，比 1997 年下降了 6 个百分点，这表明佛山城镇居民生活水平不断提高，已经跨越小康，迈入相对富裕水平的阶段（见图 1-26）。

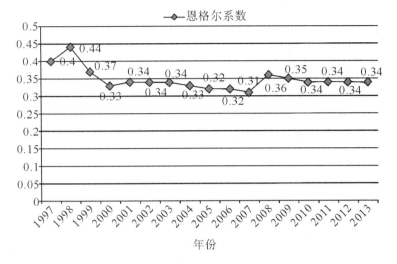

图 1-26　1997—2013 年佛山城镇居民家庭恩格尔系数变化趋势

资料来源：《佛山统计年鉴》1999—2018 年。

4. 社会保障体系不断完善，为社会和谐发展提供保障

经过多年努力，佛山社会保障体系日趋完善，已形成以基本养老保险、失业保险、基本医疗保险和城镇居民最低生活保障为主要内容的社会保障体系，城乡低保实现应保尽保，建立了城乡低保标准随经济发展不断提高的长效机制。2017 年末，全市参加基本养老保险人数 423.34 万人，比 2015 年减少 4.5 万人；失业保险参保人数 244.84 万人，增加了 15.03 万人；城镇职工基本医疗保险参保人数 302.97 万人，增加 14.25 万人；城镇居民基本医疗保险参保人数 214.77 万人，增加 3.4 万人，工伤保险参保人数 246.05 万人，增加 14.62 万人。

（六）资源、环境与经济协调发展，可持续发展能力不断增强

1. 科技研发力度不断增强，对经济的促进作用日益突出

佛山始终注重科技对经济发展的促进作用，通过加大科技研发和技术设备引进的力度，为增强自主创新能力和优化产业结构供了强力支撑。一方面，科技投入规模不断扩大，大中型工业企业对技术创新的投入较快增长。2017 年全市大中型工业企业新产品研发经费支出总额为 198.5 亿元，研究与发展经费支出总额为 154.2 亿元，比 1994 年分别增长 89 倍和 114 倍，年均增长率分别为 21.6% 和 22.9%。另一方面，科技研发机构和人才队伍日益壮大，基本形成了以高等院校、科研院所和大中型企业为主体的技术与知识创新体系。2017

年全市有研究与发展活动的企业数为 873 个，比 1994 年的 46 个增加了 18 倍，年均增长 13.7%；全市大中型企业办科研机构拥有研究人员 62 160 人，比 1994 年的 1 904 人增加了 32 倍，年均增长 16.4%。同时科技研发水平和应用能力大幅提升，全市科技研发特别是高新技术开发成果显著，高新技术产业发展迅猛。2017 年专利申请和拥有专利数分别为 24 630 件和 13 100 件，分别比 1994 年增长 296 倍和 311 倍，年均增长率分别为 28.1% 和 28.4%（见表 1-5）。2017 年高技术制造业增加值比 2016 年增长 15.8%，其中，医药制造业增长 8.3%，电子及通信设备制造业增长 16.6%，医疗设备及仪器仪表制造业增长 11.1%，计算机及办公设备制造业增长 17.6%。

表 1-5　1994—2017 年佛山大中型工业企业科技活动主要指标

年份	新产品开发经费支出（亿元）	研究与发展经费支出（亿元）	企业办科技机构人员（人）	有研究与发展活动企业数（个）	专利申请（件）	拥有专利发明数（件）
1994	2.20	1.34	1 904	46	83	42
1995	2.50	1.31	2 154	42	119	78
1996	1.60	4.17	2 403	108	197	167
1997	3.33	5.49	2 389	125	371	248
1998	3.82	2.94	3 740	83	196	151
1999	4.66	7.06	4 145	106	328	264
2000	5.35	8.36	4 917	–	753	228
2001	6.19	9.27	4 204	–	913	224
2002	8.06	12.14	4 676	–	1184	105
2003	11.14	16.51	4 408	–	1 018	50
2004	16.61	24.03	6 304	–	2 150	420
2005	31.73	27.74	8 319	109	2 968	343
2006	45.43	41.46	16 237	122	3 027	446
2007	46.11	43.44	9 722	118	3 324	2 193
2008	56.19	52.60	11 368	128	3 468	649
2009	59.90	58.57	27 050	186	3 971	1 405
2010	108.44	77.06	34 850	227	4 455	2 117

表1-5(续)

年份	新产品开发经费支出（亿元）	研究与发展经费支出（亿元）	企业办科技机构人员（人）	有研究与发展活动企业数（个）	专利申请（件）	拥有专利发明数（件）
2011	103.93	98.07	51 968	265	5 364	3 546
2012	126.03	114.25	32 343	339	5 671	3 227
2013	132.88	121.84	33 776	428	9 979	3 791
2014	144.20	139.02	35 059	538	10 751	5 286
2015	152.60	145.40	44 997	603	14 327	6 971
2016	172.74	142.66	53 755	726	20 769	9 483
2017	198.5	154.2	62 160	873	24 630	13 100
2017年比1994年增长（%）	8 922.7	11 407.5	3 164.7	1 797.8	29 574.7	31 090.5
1994—2017年年均增长率（%）	21.6	22.9	16.4	13.7	28.1	28.4

资料来源：根据《佛山统计年鉴》1999—2018年数据整理。

2. 环境保护投入不断加大，环境质量明显改善

在发展经济的同时，注重环境治理与保护，不断加大环保投入，生态环境明显改善。森林面积不断扩大，2016年森林蓄积量为479.5万立方米，比2002年增加了1倍；森林覆盖率为22.0%，比2002年提高了1.5个百分点（见图1-27）。大气环境质量进一步改善，2017年全年化学需氧量（COD）排放量13.35万吨，比上年削减2.0%；二氧化硫排放量6.48万吨，比上年削减1.2%；全年空气环境质量达到或优于二级天数为290天。饮用水源地水质进一步改善，饮用水源水质达标率为100%。城市污水和生活垃圾无害处理率分别达到97.5%和100%，工业固体废物综合利用率为78.4%。

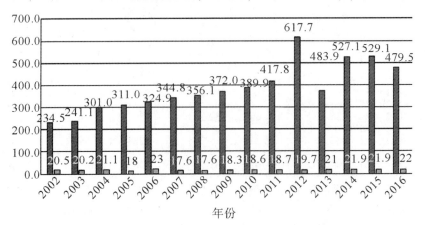

图 1-27　2002—2017 年佛山森林蓄积量和覆盖率

资料来源：根据《佛山统计年鉴》2003—2018 年数据整理。

（七）体制机制改革不断深化，服务型政府建设取得成效

1. 不断深化产权、投融资和户籍制度改革，构筑经济社会发展体制新平台

一是深化产权制度改革。通过多种形式加快公有企业的改造，建立有效促进国有资产整合、运营和增值的新型国有资产监管体制，通过对公有资本整合和重组，将公有企业改造成为投资主体多元化、运营规范化的新型现代企业。推行农村股份合作制改革，建立适应社会主义市场经济发展要求的经营模式。推行农村财务管理制度改革，先后推进了农村财务"村账镇管、组账村管"、引入社会中介组织规范农村财务管理等改革，促进农村财务管理走上制度化、规范化、科学化轨道。深化征地制度改革，完善征地补偿安置制度，保护被征地农民的合法权益。二是推进投融资体制改革。2004 年始，按照"谁投资、谁得益、谁承担风险"的原则，多元化、市场化筹措资金，保障每年的重大建设工程和重点项目的建设资金。积极探索政府资源市场化和城市可经营项目投资主体多元化运作办法，建立市场引导投资、企业自主决策、融资方式多样、中介服务规范、宏观调控有效的新型投融资管理体制。2005 年出台《佛山市推进城市可经营项目投资多元化市场化的指导意见》，整合城市资源，开放公共事业投资领域，按照"投资多元化，运营市场化，服务社会化，发展产业化"的思路，积极推进污水处理、公共交通、市政建设维护、教育、医

疗等城市可经营项目市场化社会化改革。创新固定资产投资模式，引入市场竞争机制，凡是可以让投资者参与的重大基础建设项目，都向全市、全省，向境内外开放，吸引民间、外地和境外资本参与投资建设经营，实现固定资产投资多元化和社会化。三是实施城乡户籍管理制度改革。2004 年佛山市出台了《关于户籍管理制度改革的决定》，取消原有户口类别，将佛山市"农业户口""非农业户口""自理口粮户口"统一登记为"佛山市居民户口"，首创全市城乡一元的户籍管理制度，保障了"同城生活、同城便利"。

2. 不断深化行政管理体制改革，建设服务型政府

一是积极推进行政管理体制改革，简政放权。2003 年佛山实施新的行政区划后，利用市与禅城区事权调整、市与各区财政调整的契机，继续深化行政审批制度改革，加大简政放权力度，深入推进"放权于基层、还权于社会"改革，充分调动基层的积极性和创造性。经过简政放权，市、区、镇（街道）三级政府的管理职责和事权逐步到位，逐步实现政府管理重心下移。2009 年顺德区作为广东县域行政管理体制改革试点，率先启动大部制改革和"简政强镇"事权改革，2010 年佛山在总结顺德改革经验的基础上，在全市推进行政管理体制改革。2010 年 5 月出台《佛山市区级党政机构改革实施意见》和《佛山市简政强镇事权改革实施意见》，在全市启动区级大部制与镇街简政强镇事权改革，并于 2010 年 6 月顺利完成佛山四区的党政机构改革工作，于 2010 年 9 月完成镇街简政强镇事权改革工作。大部门体制的建立，提高了行政效率，降低了行政运作成本。[1]二是不断强化政府公共服务和社会管理职能，建设服务型政府。在"简政放权"的基础上，按照政府的"经济调节、市场监管、社会管理和公共服务"四项主要职能，① 积极推进服务型政府建设转入规范化、科学化的轨道，逐步形成了"小政府，大社会""小市政府、大区镇（街道）"的格局和模式。

3. 不断深化商事制度改革和政务服务改革，优化营商环境

一是不断深化商事制度改革，提升企业开办便利水平。2012 年佛山颁布了《佛山市企业登记管理改革实施办法》，对有限责任公司注册资本由实缴登记制改为认缴登记制。2014 年，根据国务院《注册资本登记制度改革方案》和省政府《广东省商事登记制度改革方案》，发布了《佛山市工商登记制度改革公告》，全面实施工商登记制度改革，实行"先照后证"的登记，全面推行

---

① 佛山市人民政府.佛山市国民经济和社会发展第十二个五年规划纲要［EB/OL］.（2011-1-30）［2017-12-8］.https：//wenku.baidu.com.

注册资本认缴登记制。2015 年发出全国首张"三证合一"营业执照，2017 年发出全省首张金融功能电子营业执照。2018 年出台《佛山市进一步深化商事制度改革优化营商环境的若干意见》，提出三大方面 20 项具体的改革措施，并启用"佛山市商事主体一门式受理审批平台"，开创打造"5+5"商事改革模式，在全国率先实现开办企业全流程四个环节（执照、公章、发票、开户）5 天内办结、营业执照自助办理 5 分钟完成，使佛山开办企业便利度再度提升。二是不断深化政务服务改革，提高政府公共服务效率。2014 年禅城区率先实施了一门式政务服务改革，将原来部门之间相互分离的审批事项进行优化整合，推进线上受理、网上审批、一窗办结。2015 年佛山在全市范围内推广禅城经验，探索"一门式、一网式"政务服务改革，逐步实现企业、群众办事"一窗办、网上办"。全市各级行政服务中心按照"综合受理、一窗通办"模式，将过去按部门划分的专项窗口整合成社会民生类、注册登记类、经营许可类、投资建设类、公安专项类、税务专项类六类综合服务窗口，推行一个综合窗口受理；综合窗口受理后，通过信息系统流转给部门审批，部门审核通过再统一反馈到综合窗口，由综合窗口发证，实现"一窗"综合政府服务。与此同时，将"一门式一网式"政务服务延伸到网上办事大厅、自助服务终端、12345 热线，由综合窗口统一受理网厅和实体大厅的办件申请，形成网上办事为主、实体办事为辅、自助办事为补的政府服务新格局。

4. 不断深化供给侧结构性改革，推动经济高质量发展

2016 年佛山制订实施了《佛山市供给侧结构性改革总体方案（2016—2018 年）》，明确以加快产业结构战略性调整为导向，以提高经济发展质量和效益为中心，全力推进供给侧结构性改革，在适度扩大总需求的同时，大力推动去产能、去库存、去杠杆、降成本、补短板，着力从生产领域加强优质供给，减少无效供给，扩大有效供给，提高供给体系质量和效率，提高全要素生产率，改善市场预期，打通供需通道，实现由低水平供需平衡向高水平供需平衡转变。2017 年出台了《关于深化供给侧结构性改革的实施意见》，提出五大方面 25 条举措，同时在全省率先成立佛山贯彻落实"三个支撑"工作领导小组，设立 5 亿元供给侧结构性改革专项基金，在继续推进"三去一降一补"工作的基础上，聚焦"三个着力"，即着力推动供给侧结构性改革向振兴实体经济发力聚力，着力推动以创新引领制造业转型升级，着力推动制造业从数量扩张向质量提高转变，推进全市经济高质量发展。2018 年颁布了《佛山市深化供给侧结构性改革 2018 年工作方案》，围绕突出重点"破、立、降"、搭好平台促创新、对标国际提质量、直面问题补短板、动真碰硬深改革五大方面，

提出包括优化提升要素供给、统筹建设一批高端创新集聚区、升级实施以质取胜战略、加快推进大数据建设和共享应用等在内的 17 项重大举措，推动全市经济发展质量变革、效率变革、动力变革。供给侧结构性改革带来了显著成效，制造业对经济增长的带动作用增强。2017 年，佛山规模以上工业总产值达到 2.1 万亿元，全社会工业总产值超过 2.5 万亿元。经济发展质量进一步提升。2017 年佛山新增质量管理体系认证企业 1 525 家，累计 6 642 家；新增联盟标准 26 项，累计 98 项；主导或参与制（修）订国家、行业或地方标准 41 项，累计 1 640 项；新增采用国际标准认证产品 89 个，累计 2 592 个；中国驰名商标 159 件，位居全国地级市首位；全国知名品牌示范区新申报 4 个，累计创建 9 个。

二、改革开放以来佛山发展经验

改革开放 40 年来，佛山经济持续快速发展，综合经济实力大幅提升。2017 年，全市实现地区生产总值 9 398.52 亿元，比 1978 年增长 724 倍，GDP 占全国的比重也由 1978 年的 0.35% 提高到 2017 年的 1.14%。根据中国社会科学院发布的《中国城市竞争力蓝皮书》，佛山综合经济竞争力指数排名，2011 至 2017 年分别为第 12 名、第 8 名、第 9 名、第 11 名、第 11 名、第 11 名和 12 名，体现出强劲的经济综合实力和增长潜力。回顾佛山改革开放 40 多年来的经济社会发展历程，其发展经验可总结为以下九个方面：

（一）坚定不移推进改革，建设现代化魅力城市

改革开放 40 多年来，佛山成功实现跨越式发展，最关键的就是坚定不移地推进改革。改革是佛山最强大的发展动力、最核心的竞争优势、最鲜明的城市特征。改革开放 40 多年，佛山正是依靠敢想敢干、敢闯敢拼的精气神，才在改革发展道路上"杀出一条血路"，创造出令人瞩目的发展奇迹。

秉承改革精神，佛山人勇于解放思想，不断更新观念破除思想障碍。在改革开放初期，佛山提出并实施"以外向型经济为导向，以集体经济为主导，三大产业一齐上，五个轮子一起转"的乡镇企业发展战略，乡镇集体企业迅速发展，并形成了赫赫有名的"顺德模式"和"南海模式"。随后，佛山冲破"姓资姓社"的束缚，在全国率先采取"五个一批"的方法，即改组一批、股份经营，出租一批、公有民营，出售一批、私有私营，嫁接一批、合资经营，

兼并一批、集团经营，推进乡镇企业产权制度改革和建立现代企业制度，同时大力引进港澳台资本，促进了民营经济的蓬勃发展，形成了多种所有制经济共同发展的局面。

秉承改革精神，佛山人敢于自我革命，不断推进政府管理体制改革。加大简政放权力度，深入推进"放权于基层、还权于社会"改革：通过上级政府向基层政府放权，构建了更加适应市场经济发展的分散化决策机制，发挥基层政府的主动性和创造性；通过政府向市场放权，政府全面退出市场，不再直接干预企业经营管理，不再投资兴办竞争性企业，激发了民营资本生产经营的积极性；通过政府向社会放权，孕育了大量的社会组织并发挥其职责，促使政府由"养人办事"向"购买服务"转变。简政放权激发了基层政府、企业、社会的活力，构建了政府、市场、社会三者相互协调、良性互动的格局。

秉承改革精神，佛山人善于抢抓机遇，不断推进市场经济深入发展。四十年来，敏锐的佛山人抓住了一次又一次改革开放和市场经济发展的机遇：改革开放初期，抓住了发展乡村集体经济的机遇，大力发展乡镇企业，增强了经济实力；随后抓住了深化企业改革和发展多种所有制经济的机遇，解决了市场化资源要素配置和社会化资本集聚问题；而后又抓住中国加入世贸组织、外贸体制改革等机遇，提升了外向型经济的规模与层次；党的十八大以来，抓住了"一带一路"倡议实施、广东自贸试验区建设、供给侧结构性改革和粤港澳大湾区建设等新机遇，大力推进全面深化改革开放、产业结构调整优化、自主创新，率先迈向高质量发展之路。

秉承改革精神，佛山人精于创新，不断推动产业转型升级。四十年来，佛山人不断创新升级。由最初简易的陶瓷建材、纺织服装和家用电器等产业起步，生产技术上从小作坊做起，经历了半机械化、机械化、自动化、信息化、智能化发展阶段，生产技术不断升级换代；销售市场上从以佛山本地市场为主，扩大到华南市场、全国市场，再到全球市场，市场规模不断扩大；贸易方式上从贴牌生产到自主品牌出口，市场竞争力不断提升。党的十八大以来，以改革开放和创新升级引领结构调整和供给侧结构性改革，加快培育新动能，推动发展方式转型。传统产业采用新技术新业态和新模式，焕发了新的活力，新兴产业和高新技术产业如新材料研制、生物制药、人工智能等产业茁壮成长。

秉承改革精神，佛山人坚定不移地走自己的道路，坚守实体经济不动摇。改革开放以来，佛山始终坚持走以工业为主的发展之路。改革开放伊始，佛山大力发展乡镇企业，并在乡镇企业起步阶段，始终坚持以工业为主，探索出"以集体经济为主、以工业为主、以骨干企业为主"的发展道路。随着改革开放的不断深入，"三个为主"的发展道路不断拓展，在所有制形态上注重发展多种经济成分，在产业结构上同时发展第二、第三产业，但以工业为主导的特征始终没有改变。进入 20 世纪以后，为适应新型工业化的要求，巩固和提高已有的工业基础，提出并实施产业强市发展战略，通过做大做强工业企业，集约发展工业支柱产业和主导产业，使佛山工业经济的质量和水平得到极大提升，成为佛山经济发展的重要支撑。

秉承改革精神，佛山人积极融入全球经济，对外开放程度日益提高。佛山人勤奋好学善变通，佛山干部敢想敢干敢担当。佛山不是经济特区的"一员"，也不是自贸试验区的"片区"，但佛山向经济特区学习，利用毗邻港澳的优势，敞开大门，对外开放，大力发展外向型经济，并抓住我国加入世贸组织和"一带一路"建设的机遇，不断提高对外开放的深度和广度；借鉴自贸区制度，启动"互联网+易通关"改革，率先在佛山地区复制推广广东自贸区政策，创新贸易便利化，加快建设国际化、市场化、法治化营商环境，将佛山打造成"不是自贸区的自贸区"，成为全国第一个全面实施"互联网+易通关"的城市，在开放型经济磅礴大潮中勇立潮头，成为我国开放型经济发展的"弄潮儿"。

秉承改革精神，佛山人突破城乡二元体制，推进城乡一体化发展。40 多年来，佛山始终注重统筹城乡协调发展。一方面，在加强城市建设的同时，大力推进农业农村发展，推进农村工业化、城镇化和农业现代化，推行工业反哺农业、城市支持农村，推进社会主义新村镇建设。另一方面，推进户籍管理和社会事业发展均等化、社会保障与社会福利共享化。2004 年起全市户籍实行统一政策、统一管理、统一户口性质、统一准入标准的"一元化"模式；2006 年起城乡同步实施免费义务教育；2007 年起将参加农村居民基本医疗保险制度的人员以及未纳入城镇职工基本医疗保险制度范围的人员全部纳入"居民基本医疗保险制度，2007 年起建立了城乡统一的低保制度，实现了以区为单位的城乡统一低保标准。

改革开放不仅是佛山发展的鲜明特色和强大引擎，也已内化为佛山发展的精神之核。40 多年来，佛山始终坚持改革开放这一制胜法宝，奋发图强，创新求变，建成了一个极具魅力的现代化的新佛山。

（二）解放思想抢抓机遇，实现经济社会跨越发展

在改革开放的 40 多年中，佛山人敢为天下先，大胆突破不合时宜的僵化观念，摒弃安于现状、不思进取的自满思想，在实践中探索，探索中前进，经

济社会取得跨越发展。坚持思想解放，善于抓住机遇，是佛山经济社会快速发展的最基本经验。佛山正是抓住了改革开放以来的我国历次重大机遇，实现了经济社会的巨大飞跃。

20世纪70年代末至80年代，佛山抓住我国农村改革和企业改革的机遇，积极推进改革，大力发展有计划的商品经济。农村改革，重在"包、放、调"，实行家庭联产承包责任制，全部放开农副产品价格，大力调整生产布局和产业结构，同时大力发展乡镇企业，并积极调整产品结构，使产品从单一向多样化转变，从一般产品向名牌、优质产品转变。企业改革重在经营机制的转换，对国营企业实行承包经营责任制，推进企业产权体制、分配体制、领导体制和管理体制的改革。在改革的过程中，佛山逐步探索出一条以集体经济、第二产业、骨干企业为主的经济发展道路[2]，促进了社会生产力的发展。1989年与1978年相比，地区生产总值增长了7.6倍，工业总产值增长了16.9倍，农业总产值增长了33.4倍。

20世纪90年代，佛山抓住我国建立社会主义市场经济体制的机遇，积极推进经济体制和经济增长方式两个根本性转变。一方面，实施以市场为取向的各项改革，深化国有企业及其配套改革，初步建立起公有资产管理、监督和营运体系；逐步建立人才、劳动力、土地等要素市场，发挥了市场配置资源的基础作用；大力发展非公有制经济，形成了多种所有制经济共同发展的格局，从而推进经济体制从传统的计划经济体制向社会主义市场经济体制转变。另一方面，不断调整优化三次产业结构，推进经济增长方式从粗放型向集约型转变。推动农业产业化经营和现代化建设，加大工业结构优化调整力度，发展高新技术产业和新兴产业、改造提升传统产业，促进第三产业发展，不断拓宽三产领域。1999年，全市农业总产值达127.56亿元，工业总产值达2 036.54亿元，第三产业增加值达384.38亿元。三次产业结构由1989年的16.9∶60.1∶23.1变化为1999年的6.5∶52.2∶39.2。

21世纪前十年，佛山抓住加入世界贸易组织和我国宏观经济进入以调整结构为主要特征的发展阶段的机遇，以及佛山区划调整的契机，深入推动产业转型升级，大力发展外向型经济，加快建设组团式大城市。通过向外转移陶瓷行业，全部退出小火电和立窑水泥行业，清理小印染、小熔铸行业等举措，推进传统产业转型升级。大力发展战略性新兴产业，光电显示、LED和光伏产业初步形成集群，新能源汽车及配件研发制造初具基础规模。至"十一五"末期，佛山优势产业进一步巩固，制造业30个行业中，22个行业总产值占全国

1%以上，其中6个行业占5%以上。① 同时，大力推动外向型经济发展，进一步扩大了对外贸易规模。2010年全市进总额516.6亿美元，比2000年增长了4倍；其中出口额为330.4亿美元，进口额为186.2亿美元，比2000年分别增长4.8倍和3.1倍。此间正值佛山行政区划调整之际，全市抓住区划调整契机，加快整合和建设步伐，建设组团式大城市。在原有城镇分布格局的基础上，大力建设两个百万人口、五个三十万到五十万人口的新城区，基本形成了组团式大城市新格局。

2011年以来，佛山抓住国家建设"一带一路"、深化供给侧结构性改革和粤港澳大湾区建设的机遇，继续深化改革扩大开放，加快转变经济发展方式。以"三个定位、两个率先"为引领，围绕"民富市强、幸福佛山"总目标②，在继续坚持发展是第一要务的前提下，把着眼点放在发展质量的提升和发展方式的转变上，大力推进产业升级、城市升值。一方面，围绕打造面向全球的国家制造业创新中心，以重大载体和平台建设为抓手，推进制造业动能转换，打造世界级先进制造业集群。2017年佛山完成工业技术改造投资771.5亿元，增长39.4%，连续4年总量位居全国首位；新增国家高新技术企业1 173家，新增市级"中国制造2025"示范企业29家，智能化技改示范企业27家。另一方面，通过推动"四个转变"，即推动高耗能、低产出的村级工业园区向高品质、高附加值的现代产业园区转变，推动产业园区向功能多样的城市社区转变，推动城市社区向广佛都市圈中心城区转变，推动一般区域性城市向现代化国际化大城市转变，实现佛山城市发展由城市升级向城市升值跨越，使城市治理水平再度提升。[3] 2017年，佛山创建首批15个市级特色小镇花，其中，陶谷小镇、千灯湖创投小镇、特色小镇集群示范区（北滘-龙江-乐从-陈村）入选省级特色小镇创建示范点；佛山创建成为国家森林城市，城市治理智慧化水平位居全国第八位。

正是由于佛山人抓住解放思想这个法宝，在抢抓机遇发展上始终先人一步，使得佛山在一轮又一轮的竞争中始终处于主动，实现了经济社会的跨越发展。

---

① 佛山市人民政府．佛山市国民经济和社会发展第十二个五年规划纲要［EB/OL］．（2011-1-30）［2017-11-28］．https：//wenku．baidu．com．

② 刘悦伦．以新理念新定位引领创新发展 奋力夺取全面建成高水平小康社会新胜利——中共佛山市委十一届七次全会上的报告［R/OL］．（2017-12-2）http：//www．foshan．gov．cn．

（三）适时调整发展战略，不断凝练发展特色

改革开放 40 多年来，佛山历届市委、市政府始终坚持实事求是、与时俱进的精神，全面贯彻落实中央、省委政策方针，并把中央和省委的决策部署与佛山实际结合起来，把开拓创新与科学务实的精神结合起来，围绕改革发展这一主题，根据各时期自身不同的发展条件，以及国际国内经济社会特点，在实践过程中不断调整和完善经济发展战略，有效地推动了佛山经济社会的全面发展。

"六五"至"七五"时期，正值我国改革开放初期，对内搞活经济、对外实行开放是这一时期的大政方针，在中央改革开放方针的指引下，佛山市及各县从自身实际出发，不断探索经济发展的道路。顺德县在 20 世纪 80 年代提出"工业立县"，坚持产业结构以工业为主，所有制结构以集体经济为主，企业结构以规模企业为主，形成了"以集体经济为主、以工业为主、以骨干企业为主"的"三个为主"发展战略，即"顺德模式"。南海县在发展经济的过程中，鼓励县、社（镇）、队（村）、联户和个人同时兴办企业，形成"国家、集体、个人、外资"协同发展的多元模式。在总结顺德县、南海县和各地改革经验的基础上，1987 年佛山市提出了"以外向型经济为导向，以集体经济为主导，三大产业一齐上，五个轮子（镇、村、社、体、户）一起转"的经济发展战略，[4]推动了佛山经济快速发展，也为日后佛山工业主导的产业结构奠定了基础。

"八五"至"九五"期间，随着我国经济社会的发展，改革开放有了新的目标和任务。1987 年中央提出了"一个中心、两个基本点"的基本路线：以经济建设为中心，以四项基本原则为立国之本，以改革开放为强国之路。1992 年在中国共产党第十四次全国代表大会上，确定了中国经济体制改革的目标是建立社会主义市场经济体制。1995 年中央提出"两个根本性转变"目标，即经济体制从传统的计划经济体制向社会主义市场经济体制转变，经济增长方式从粗放型向集约型转变。为落实中央各时期改革开放方针的精神，佛山市委、市政府提出坚持以经济建设为中心，积极推进经济体制和经济增长方式两个根本性转变的发展思路①。一方面，实施以市场为取向的各项改革，推进经济体制从传统的计划经济体制向社会主义市场经济体制转变。另一方面，不断调整

---

① 梁绍棠. 2000 年政府工作报告 [R/OL]. (2017-12-15) [2018-3-4]. http：//www. fos-han. gov. cn.

优化三次产业结构，推进经济增长方式从粗放型向集约型转变，从而使整个国民经济在调整中步入良性发展的轨道。

"十五"时期，面对我国加入世界贸易组织、经济全球化趋势日益增强、科技进步日新月异，以及我国实施扩大内需政策等机遇，结合佛山经济社会发展面临的突出问题，如创新能力不强、体制改革和生态环境建设滞后等问题，市委、市政府提出以发展为主题，以率先基本实现现代化为总目标，实施"外向带动""科教兴市"和"可持续发展"三大战略，实现"市场经济体制、经济结构、对外开放、科技进步、社会发展、城乡一体化发展"六个新突破。① "十一五"时期，按照时任广东省委书记张德江提出的"树立科学发展观，夯实发展基础，增强发展后劲"要求，结合佛山实际，市委、市政府确立了以科学发展观统领经济社会发展全局，把佛山建设成为产业强市、文化名城、现代化大城市与富裕和谐佛山的发展思路，围绕建设产业强市、文化名城、现代化大城市与富裕和谐佛山总目标，提出了产业集聚优化创新、生态组团城市发展、科教兴市人才强市、城乡一元和谐发展四大战略。②

"十二五"时期，我国经济转型步伐加快，内涵增长、科学发展成为转变经济发展方式的重要举措。为此，市委、市政府提出了以科学发展为主题，以加快转变经济发展方式为主线，以"三着力一推进""四化融合，智慧佛山"为路径，实现产业转型、城市转型和环境再造，早日实现"民富市强的幸福佛山"的奋斗目标。③ "十三五"将我国带入经济发展新常态，发展方式转向质量效率型集约增长，经济结构转向调整存量、做优增量并存的深度调整。面对发展环境的重大转变，市委、市政府提出了牢固树立创新、协调、绿色、开放、共享发展理念，以创新驱动发展为核心战略，以提质增效升级为发展导向，加快经济结构战略性调整和产业转型升级，率先全面建成高水平小康社会的发展思路。同时提出五个"坚定不移"，即坚定不移走实体经济发展之路，坚定不移走创新驱动发展之路，坚定不移走互利合作共赢之路，坚定不移走绿

① 佛山市人民政府佛山市国民经济和社会发展第十个五年规划纲要 [EB/OL]. (2005-9-30) [2018-9-9]. https：// www. foshan. gov. cn.

② 佛山市人民政府佛山市国民经济和社会发展第十一个五年规划纲要 [EB/OL]. (2006-12-1) [2018-9-9]. https：// www. 360doc. com.

③ 佛山市人民政府佛山市国民经济和社会发展第十二个五年规划纲要 [EB/OL]. (2011-1-30) [2018-9-9]. https：//wenku. baidu. com.

色低碳循环发展之路，坚定不移走市场化改革之路①，继续坚守适合自身的发展道路。

可见，改革开放 40 年来，佛山人与时俱进，在发展的不同时期根据国内国际形势变化，确定科学的发展战略，引领经济社会发展。毋庸置疑，改革开放以来，佛山每一次经济的快速增长和跨越式发展都与各时期政府制定的发展战略的正确引领密不可分。

（四）发挥规划引领作用，推动城市产业发展

规划是发展的龙头，科学规划是区域经济发展的核心。佛山在发展中注重舞好规划"龙头"，坚持规划先行，以高起点规划推动高水平发展。特别是 2003 年佛山市行政区划调整后，按照高起点规划、高标准建设、高速度发展的要求，先后编制了城市发展、产业发展、基础设施建设、教育发展、生态环境和建设文化名城等规划，以规划引领经济社会向更高层次发展。

围绕建设现代化大城市的总体目标，在充分借鉴国内外现代大城市规划建设的先进理念和成功经验的基础上，全力抓好城市发展规划的制定和落实，推进组团城市建设。按照建设两个一百万人口和五个三十至五十万人口的新城区构想，编制《佛山市城市发展概念规划》《佛山市城市总体规划（2004—2020）纲要》和《佛山市市域城镇体系规划》，推动"2+5"城市组团建设。实施城市交通建设规划，以"一环"为重点建设交通路网，完善城市综合交通体系，先后推进并完成了"一环"城市快速干线等主干道路、以中心组团为重点的"2+5"组团道路建设，以及佛山西站、广明高速公路、广佛地铁、广珠城际轨道交通的建设，完善了城市组团公共交通网络系统，实现了与广州及其他周边城市在交通基础设施上的衔接。颁布建设文化名城规划纲要，全面启动文化名城建设，推进文化事业和文化产业发展。以珠江综合整治为重点，制定《佛山市珠江水环境整治方案》，进一步加强生态环境保护和环保基础设施建设。

围绕优化产业结构，建立现代产业体系，制定了一系列产业发展规划，引领佛山产业调整优化和转型升级。2001 年制定了《佛山产业发展规划纲要（2001—2010 年）》，确定了此间佛山农业、工业、服务业的发展目标和重点，引导各产业内部结构调整。明确农业以农业现代化示范园区为重点，以都市农

---

① 刘悦伦. 以新理念新定位引领创新发展 奋力夺取全面建成高水平小康社会新胜利——中共佛山市委十一届七次全会上的报告 [R/OL]. (2017-12-8) [2018-3-4] http：//www. foshan. gov. cn.

业为发展方向，大力发展有区位优势、适应大中城市和出口需要的水产、禽畜、蔬菜、花卉等优质高效农业，全面提升农业现代化水平。工业以优化结构为主线，通过大力发展电子信息这一先导产业，巩固提升家用电器、纺织服装、陶瓷及其他建材、金属材料加工及制品等四大支柱产业，加快发展以输变配电设备、电工器材、金属加工机械、通用设备、陶瓷机械、塑料机械、包装机械等产品为主的装备制造业，壮大、发展食品饮料、塑料制品、精细化工及医药、家居用品制造等四大潜力产业，逐步实现产业结构的合理化和高级化。服务业以信息服务业为先导，以现代物流业为龙头，突出发展面向本地优势产业（家电、陶瓷、塑料、纺织、服装、家具、花卉等）的服务业，大力拓展社会居民生活服务业。① 2009 年制定了《佛山市现代产业体系建设规划（2009—2020 年）》，明确以增强产业可持续发展能力和提升产业国际竞争力为目标，以增强自主创新能力为核心，以产业优化升级为主线，促进信息化与工业化相融合、服务业与制造业相配套，做强做优主导产业，积极发展新兴产业和现代服务业，改造、提升传统产业，精细发展现代农业。着力打造世界级的现代制造基地，辐射泛珠三角地区的产业服务中心，形成以现代制造业、现代服务业双轮驱动的主体产业群和完善的产业支撑体系，建立起产业结构高级化、产业发展集聚化、产业竞争力高端化、产业生产生态化的现代产业体系。②

各区在全市规划总体框架下，根据各自的发展基础，做好各区规划编制工作，推进区域生产力布局优化调整，各有所长地精心打造城市区域品牌。禅城区借助中心城区的区位优势，大力发展高端产业和总部经济，打造具有较强辐射力的城市经济核心区。南海区利用紧靠广州中心城区的地缘优势，加快建设广东金融高新技术服务区和现代制造业基地，建设广佛都市圈新型的核心消费区。顺德区发挥工业化基础较好的优势，着力打造总部经济园区、白色家电之都、自主创新热土、现代物流基地、生态环保之城。高明区发挥生态和后发优势，做大做强纺织、化工、塑料、食品等优势产业，发展新材料、环保、节能、机械装备和生态休闲服务等新兴产业。三水区发挥区位和生态环境优势，加快培育空港经济及环保、节能等新兴产业，发展汽配、医疗器械、饮料食品、电子电器和机械设备等特色产业。[5]

---

① 佛山市人民政府. 佛山产业发展规划纲要（2001—2010）［EB/OL］.（2017-12-11）［2018-4-1］. https：//wenku. baidu. com, 2017 年 12 月 11 日.

② 佛山市人民政府. 佛山市现代产业体系建设规划（2009—2020）［EB/OL］.（2017-12-11）［2018-4-1］. https：//wenku. baidu. com, 2017 年 12 月 11 日.

在 40 多年的发展中，佛山抓住"规划"这个发展龙头，不断创新发展思路，科学制定经济社会发展蓝图。规划确定后便严格执行落实，从不以领导人的更迭而改变规划目标和主要思路，创造了发展上的一个又一个奇迹。

（五）坚持以人为本理念，着力改善人民生活

改革开放 40 多年来，佛山历届市委、市政府始终坚持以人民为中心的发展理念，在经济社会建设中尊重民意、集中民智、依靠民力、创造民富，围绕发展凝聚合力、激发活力，通过发展惠民利民、改善民生。以人为本谋发展，这是佛山改革开放以来全面推进经济社会建设的根本目的，更是实现经济社会持续发展的实践经验总结。尤其是"十五"以来，佛山在加快推进组团式现代化大城市建设的进程中，更是将民生问题放在突出的位置。

"十五"时期，佛山市委、市政府提出了"率先建成宽裕小康社会，为人民群众营造高质量的生活和生态环境"的执政理念。在城市，努力拓宽就业渠道，实现充分就业，初步建立起与经济发展水平相适应的社会保障体系，完善城乡最低生活保障制度和城镇职工养老、失业、工伤、生育和基本医疗保险制度。在农村，逐步健全完善"老有所养、病有所靠"的养老、合作医疗保险制度，完善农村税费改革，减轻农民负担；用"三化"解决"三农"问题，提高农民收入；建立城乡一体化就业服务网络，用城市救济模式解决贫困家庭、困难群众问题，让农民实现从依赖土地生存转到依赖就业和社会保障的跨越。同时，加快推进"城乡一元结构"发展，统一全市各类户口为居民户口，实行本市居民以实际居住地登记户口，统一户口准入条件，围绕"同城生活、同城便利"的目标，推进公用事业的开放与改革，实现同城范围内基础设施、文体教育医疗、城市应急机制和社会服务的无缝对接。"十一五"时期，佛山市委、市政府按照党的"十七大"提出的"学有所教、劳有所得、病有所医、老有所养、住有所居"的要求，注重把以人为本理念贯穿社会建设发展的各个领域，切实践行"执政为民"，持续出台各项惠民政策，下大力气解决好人民群众最关心最直接最现实的利益问题，着力保障和改善民生：全市城镇职工基本养老、工伤、失业保险全面实行市级统筹，积极推进基本医疗保险市级统筹；建立健全全征土地农村居民养老保险补贴制度和农村居民基本医疗保险制度；全市实施免除义务教育阶段杂费和书本费，城乡全面实现免费义务教育。

"十二五"时期，为了落实广东省委提出的"着力加快转型升级，建设幸福广东"的决策部署，佛山市委做出了建设"民富市强，幸福佛山"的重大决定。"十二五"以来，佛山以"四化融合、智慧佛山"为主线，以"民富市

强、幸福佛山"为核心，着力推进城乡统筹发展，进一步改善民生。一方面，启动"城市升级三年行动计划"，通过新城建设、完善公共交通、特色街区、休闲娱乐场所和户外活动场地等基础设施，为市民提供更好的公共服务。另一方面，大力提升公共卫生服务水平，积极探索多元化办医，增加医疗卫生服务供给，满足群众多样化就医需求。同时，推进城乡和外来常住人口基本公共服务均等化，改善就业、住房、就医、教育、社会保障等基本生活条件。"十二五"时期，佛山市五年财政民生支出共计为1 654.4亿元，城镇居民和农村居民年人均可支配收入大幅增长，基本公共服务均等化水平全国领先；教育现代化水平不断提高，成功创建成为全省首个推进教育现代化先进市，免费教育率先实现从义务教育向中等职业教育和特殊教育延伸。① "十三五"将佛山带入新时代，在新的历史时期，佛山仍一如既往地践行"以人民为中心"的发展思想，坚持民生为本、公平普惠，优先发展教育事业，大力实施就业优先战略和积极就业政策，提升公共服务均等化水平，进一步提高民生福祉。2017年，全市民生支出为573.5亿元，占一般公共预算支出的73.9%；最低生活保障标准提高到每人每月900元，城乡居保基础养老金标准上调至180元，基本医疗保险实现职工和居民待遇统一。

改革开放40多年的实践证明，坚持以人为本的发展理念，不仅是改革开放以来，佛山经济社会发展实践的经验总结，更是实现人民群众幸福安宁、经济社会持续稳定发展的重要保证。

（六）坚持工业主导地位，推动产业集群发展

改革开放40多年来，佛山根据自身的区位优势、经济发展和人文特点一直坚持走"产业强市"之路，坚持把产业发展摆在全市经济社会发展优先地位，坚持以工业为主导，以此夯实经济社会发展的基础。改革开放初期，佛山坚持走"以集体经济为主，以工业为主，以骨干企业为主"的经济发展之路，到1992年全市工业总产值占工农业总产值的90%以上，全市产值销值超亿元的工业企业112家。随着改革开放的不断深入，"三个为主"的发展道路在不断拓展，从1993年进入一个新的发展阶段，即以发展集体经济为主向发展混合经济（多种经济成分）转变，以发展第二产业为主向同时发展第二、第三产业转变，以发展骨干企业为主向发展集团企业转变，[6]但工业仍占主导地位。

---

① 刘悦伦. 以新理念新定位引领创新发展 奋力夺取全面建成高水平小康社会新胜利——中共佛山市委十一届七次全会上的报告 [R/OL]. (2017-12-2) [2018-4-2]. http：//www. foshan. gov. cn, 2017 年 12 月 2 日.

佛山人在经济建设的实践中认识到，产业是佛山的命脉，产业兴则佛山兴，产业强则佛山强，并且产业意识不断增强。"十五"时期，佛山市委、市政府提出了全力打造产业强市的发展战略，明确指出：产业强市是对佛山工业已有雄厚基础的巩固和提高，是新型工业化的内在要求和重要积累过程。产业强市是通过若干企业的做大做强，形成核心竞争力，提升佛山工业经济的质量和水平；是通过已经形成的若干支柱产业和有条件发展的先导产业进一步集约发展，增强佛山的经济综合实力；并通过产业实力、产业效益的提高和持续发展，为现代化大城市建设和其他各项事业的发展提供基础和支撑。2012 年初，根据佛山工业发展的现实基础，并考虑到新兴产业的发展趋势，佛山市委、市政府提出并实施了"建链、补链、强链"的制造业发展战略，进一步巩固了机械装备、家用电器、陶瓷建材、金属材料加工及制品、纺织服装、电子信息、食品饮料、精细化工及医药、家居用品制造等优势行业，光电、环保、新材料、新医药、新能源汽车等新兴产业迅速发展，使佛山成为全国著名的制造业基地。2015 年佛山利用成为全国制造业转型升级综改试点的契机，进一步推动制造业转型升级，通过"降成本、助融资、促创新、补短板、搭平台、优环境"等六大举措，着力推动制造业高端化、智能化、绿色化发展，在全国制造业转型升级中发挥示范引领作用。① 2017 年，佛山规模以上工业总产值达到 2.1 万亿元，全社会工业总产值超过 2.5 万亿元，制造业发挥了对经济增长的主引擎作用。

在产业强市的道路上，佛山以专业镇和园区建设为载体，实现产业整合聚集，推动产业集群发展。一方面，依托专业镇，有序整合资源，实现差异化发展，形成一镇一特色。在全市现有专业镇中，特色产业既覆盖了家电、陶瓷、纺织等传统产业，也涵盖了 LED、汽配、光伏等新兴产业，形成了机械装备、家电、铝型材、陶瓷、针纺织、LED、汽配、新材料、家具、电子电器等专业性强、影响力大的特色产业专业镇。同时专业镇产业集聚度高，产业集群特色鲜明。近年来佛山积极探索专业镇转型升级和协同创新的新路子，通过鼓励和引导特色产业由加工生产向装备制造、创意设计、品牌营销等高附加值产业环节延伸，进行优链、强链和补链，推动产业规模化、集聚化发展。目前，佛山有 41 个专业镇，数量居全省地级市之首；专业镇经济总量大、辐射带动力明显，对佛山经济总量的贡献多年保持在 80% 以上，在广东省名列前茅。[7]另一方面，以园区为载体，推动工业项目进园区，园区效应日益显现。按照"优

---

① 广东省佛山市制造业转型升级综合改革试点方案.（佛府办函）[2016 年] 716 号.

化体制、加大整合、提升规模、整体竞争"的思路和"园镇互动"的体制，从推进产业整合聚集、提高经济发展质量、培育新的经济增长点、赢得竞争和发展优势的战略高度来对待和抓好园区建设，强化园区作为产业发展主战场的作用，以体制优势增强园区吸聚资源的竞争力，使其成为聚集资本和企业、聚集人才和信息的基地，成为经济建设与城市建设相结合的有效实现形式。"十五"以来，佛山以十大工业园区规划和建设为重点，按照产业特色化、园区品牌化的要求，完善园区规划和基础设施建设，推动园区整合，利用全市国家、省高新区和若干产业基地的优势，引进产业关联度高、带动性强的龙头型骨干项目进驻园区，加速产业链的形成，促进了产业集群发展和优化提升。

改革开放40多年的实践证明，佛山发展的关键是抓住了工业化这个经济发展的龙头，以及专业镇和园区这个产业集聚载体。依托专业镇和工业园区，大力引进建设项目，带动了佛山经济的腾飞。

（七）依靠科学技术进步，促进产业转型升级

科技进步是经济发展的主要源泉和动力，也是推动经济增长方式由粗放经营向集约经营转变的先导。科技进步通过对生产要素的改善而使生产力提高，同时改变了产业间生产要素流动的格局，有力地促进了产业结构的升级与优化。改革开放以来，在"科技是第一生产力"的政策指引下，佛山市委、市政府深入贯彻落实"科学技术必须面向经济建设，经济建设必须依靠科学技术""以科技创新为核心带动全面创新"的方针，大力实施科教兴市、人才强市战略，不断加大财政对科技的投入和支持力度，通过引进先进技术装备、推广先进适用技术、发展高新技术产业和培育科技先导企业，充分发挥科技对经济发展的促进作用。同时，先后出台了一系列政策，推动企业建立技术研究开发机构，促进企业成为技术创新主体；推进产学研合作，支持高等院校和科研院所来我市建立研究院和研究开发中心，加快合作项目的成果转化和产业化；培育和发展一批生产力促进中心、行业技术创新和服务中心等科技中介机构，为中小企业技术创新提供服务。在政府的引导和推动下，佛山的企业也逐步认识到技术创新是企业生存和发展的关键，科技投入不断加大，自主创新能力和水平大幅提升。2017年全市大中型工业企业新产品研发经费支出总额为198.5亿元，研究与发展经费支出总额为154.2亿元，比1994年分别增长89倍和114倍，年均增长率分别为21.6%和22.9%；全市大中型企业办科研机构拥有研究人员62 160人，比1994年的1 904人增加了32倍，年均增长16.4%；全市有研究与发展活动的企业数为873个，比1994年的46个增加了18倍，年均

增长 13.7%。

为强化企业技术创新主体地位，提高自主创新能力，佛山市委、市政府于"十五"期末（2007年）提出了企业"五阶段"发展战略和自主创新战略。企业"五阶段"发展战略，就是政府通过制定并完善技术创新和品牌建设方面的扶持政策，完善专利激励机制和知识产权工作的配套政策措施，制定技术标准研制、资助、奖励和管理办法，以及推动我市中国名牌产品企业在体制、管理、技术和文化上的创新，鼓励和支持企业特别是中小企业逐步完成"夯实基础—创造品牌—抢注专利—制定标准—让他人为我做贴牌生产"五个阶段，最终成为世界名牌并进行品牌输出，从而实现由小到大、由弱到强、由无名到知名的跨越式发展。自主创新战略，旨在坚持走以市场为导向、以企业为主体、以人才为根本、以产业技术为重点的发展道路。通过政府规划引导、设立专项资金等措施，支持企业加大创新力度，实现自主创新能力的快速提升；通过利用高新技术、先进适用技术和信息化改造提升传统产业，加快发展新兴产业和高新技术产业，推进产业结构优化升级；通过健全完善研发平台，创建科技孵化器，完善创新服务体系，加强区域创新体系建设，促进科研成果向现实生产力转化。[①] 企业"五阶段"发展战略和自主创新战略实施以来，佛山产业结构明显趋于优化，企业自主创新能力和水平大幅提升。2017年，佛山三次产业结构比值为 1.4∶57.7∶40.9。第一产业比 1978 年下降 29.8 个百分点，第二产业、第三产业分别比 1978 年提升 7.3 个和 22.5 个百分点，产业结构实现了由"二、一、三"到"二、三、一"的跨越。2017 年，全市共有各级工程中心 2 170 家，比 2004 年的 163 家增长 12.3 倍；全市共有高新技术企业 2 561 家，比 2004 年的 274 家增长 8.3 倍；全市专利申请量 24 630 件，比 2004 年的 10 788 件增长 1.3 倍；全市新增广东省名牌产品 141 个，比 2004 年的 32 个增长 3.4 倍；全市共有中国驰名商标 161 件，位居全国地级市首位；佛山高新区全国排名由第 38 位上升到第 29 位。

改革开放 40 多年来，佛山不断强化"把科技放在经济发展首位"的思想，通过实施科教兴市人才强市战略，以及企业"五阶段"发展战略和自主创新战略，增加了对科技的投入，加速了科技进入经济的进程，有力地促进了佛山经济社会发展。

---

① 陈云贤. 2007 年政府工作报告 [R/OL]. (2017-12-15) [2018-4-2]. http：//www. fos-han. gov. cn, 2017 年 12 月 15 日。

(八) 大力发展民营经济，激发民众创业主动性

佛山是全国民营经济最发达的地区之一，民营经济已逐渐成为推动佛山经济快速发展的重要力量。改革开放以来，佛山民营企业通过加快技术创新步伐，增强集聚发展能力，大力实施品牌战略，逐步实现了量的扩张和质的提升，做大做强的战略意图。民营经济的发展不仅推动了佛山国民经济的快速增长，也促进了全市所有制结构多元化发展和产业结构转型升级。

改革开放40多年来，佛山民营经济迅猛发展，民营经济总量已经占据佛山经济总量的60%以上，民营工业总产值占佛山工业总产值的比重在70%以上。目前，佛山无论传统产业还是高新技术产业，民营经济均占据主体地位，轻纺、服装、建材、食品、家具和有色金属等都由民营企业主导，汽车配件、显示器件、电子信息、光机电一体化、生物医药、医疗器械、新材料、精细化工等新兴产业和高新技术产业也由民营企业支撑，民营企业已成为佛山社会经济发展的重要生力军和拉动经济增长的主要力量。2017年，佛山规模以上民营工业总产值为1.7万亿元，增长达10%，民营工业对佛山全市工业增长的贡献率达81.3%。

改革开放40多年来，佛山民营经济取得跨越式发展，得益于国家对民营经济发展的一系列鼓励政策，以及佛山历届市委、市政府对民营经济的大力扶持，注重激发民众创业的主动性和创新性是佛山民营经济取得辉煌成就的重要经验。1979年国务院批准了恢复和发展个体经济的提议，1987年国务院颁布《城乡个体工商户管理暂行条例》，标志着私营经济开始登上历史舞台。此后国务院先后出台了多项措施，如1988年的《私营企业暂行条例》，2005年的《国务院关于鼓励支持和引导个体私营等非公有制经济发展的若干意见》（简称"36条"）等，大力支持和引导私营经济的发展。在国家政策方针的指引下，佛山市委、市政府始终坚持把发展民营经济作为促进佛山经济发展的重要举措之一，不断优化中小企业和民营经济的发展环境。一方面，不断完善民营企业服务体系。设立"佛山市中小企业局"，负责制定民营经济发展战略，协调解决民营经济发展中的问题。建立起各类中小企业服务平台，包括企业技术中心、企业工程技术中心、公共创新服务平台、融资担保机构、行业协会等，为民营企业提供技术研发、政策咨询、企业诊断、融资担保、会展服务、人才培训、质量检测、专利申请、权益保护等多种服务。另一方面，多渠道解决民营企业融资难题。发动组织并指导企业申报各类项目，积极争取国家、省财政资金扶持，并加大本地财政资金的扶持力度。利用财政资金设立中小企业信用

担保资（基）金，构建政、银、保、企相结合的创新型担保模式，为企业提供低费优质的担保贷款。成立"佛山中小企业融资服务中心"，为中小企业提供集银行、担保、风投、证券、小额贷款为一体的融资服务。同时，相继制定了一系列政策措施：2003—2008年，先后出台了《中共佛山市委、市人民政府贯彻落实中共广东省委、广东省人民政府关于加快发展民营经济的决定的实施意见》《佛山市推进城市可经营项目投资多元化、市场化指导意见》《关于利用资本市场促进佛山市经济发展的若干意见》《佛山市人民政府关于转变经济发展方式加快推进产业强市战略的若干意见》《佛山市关于促进经济平稳较快发展的若干意见》等，① 为民营企业发展营造良好的政策氛围。"十二五"以来，佛山市加强了对大型民营企业的扶持力度，先后出台了《佛山市推动民营企业跨越发展实施方案》《佛山市推动民营企业跨越发展扶持办法》。各区也制定了相关政策，如：《禅城区促进民营企业提升发展"醒狮计划"》《南海区"北斗星计划"实施办法》《顺德区关于推动骨干企业做大做强扶持办法》《高明区推动民营企业跨越发展实施方案》《三水区推进企业自主创新和做大做强若干扶持政策》等，全市形成了促进民营企业跨越发展的政策环境。2017年出台了《佛山市降低制造业企业成本支持实体经济发展若干政策措施》（简称"佛十条"），围绕降低企业税收负担、用地成本、社会保险负担、用电用气成本、运输成本、融资成本、制度性交易成本、支持培育制造业新兴支柱产业、支持企业开展产业链整合、支持企业开展技术改造等10个方面，推出10条政策、25项具体措施，全方位为企业减负。这些措施的出台为民营企业在财政金融支持、产业链整合、竞争力提升等方面提供了强有力的政策支持，推动了佛山民营经济跨越式发展。

（九）加强对外合作交流，拓展国内国际合作空间

改革开放以来，佛山凭借毗邻香港的地理优势，大力发展"三来一补"贸易，加快发展外向型经济，使之成为经济增长的重要推动力量。特别是中国加入世贸组织后，佛山把握加入世贸组织的契机，加大国际市场开拓力度。一方面，大力发展出口贸易，优化出口市场结构，在巩固香港、欧盟、美国和日本市场的同时，进一步开拓俄罗斯及东欧、中东、非洲、拉美、印度等新兴市场。通过扩大机电产品、高新技术产品出口，提高纺织品、服装等传统大宗出

---

① 佛山市经贸局 佛山市委政研室. 佛山市民营经济发展的特色与做法 [EB/OL]. (2017-12-15) [2018-4-3]. http：//www. docin. com.

口商品的技术含量和附加值，不断调整优化出口商品结构，同时注重发展对外服务和技术贸易，培育外贸新增长点。另一方面，培育多元外贸主体，支持符合条件的企业尤其是民营企业取得进出口经营权，培育一批出口龙头企业。鼓励有条件的企业实施"走出去"战略，发展境外加工贸易，建立境外生产、销售和服务网络。同时抓住国际资本调整投资结构的有利时机，加大招商引资力度，以吸引国际大财团、跨国公司投资为主要目标，以优势产业为依托，坚持把引进外资和产业升级相结合，与发展壮大支柱产业相结合，积极有效利用外资。① 在国家"一带一路"倡议提出以后，围绕"一带一路"国家战略，以经贸往来、科技合作以及文化交流为主要内容，加快"走出去"和"引进来"的步伐，更加积极主动融入经济全球化进程。2017 年佛山进出口总额为642.60 亿美元，比 1998 年增长 8.0 倍，年均增长 12.2%。其中出口 464.80 亿美元，比 1998 年增长 9.6 倍，年均增长 13.2%；进口 177.80 亿美元，比 1998 年增长年均增长 5.5 倍，年均增长 10.4%。2017 年佛山新签外商直接投资合同 315 个，合同利用外资金额 15.84 亿美元，实际使用外资金额 16.23 亿美元，与 1978 年相比，实际利用外资增长了 8 000 多倍，年均增长 26.0%。

与此同时，佛山积极融入"广佛经济圈"和"粤港澳"经济区域，参与泛珠三角区域和国内其他地区的合作与发展；围绕广佛同城化和珠三角一体化发展，积极探索包括基础设施、产业发展、政务服务、社会治理、生态建设在内的多元合作发展；充分利用广州的发展优势和溢出效应，通过支持南海区与荔湾区、顺德区与番禺区、三水区与花都区的紧密合作，加快广佛同城共融，携手参与全球产业分工，携手打造珠三角世界级城市群核心区。并且，将广佛同城效应向粤西北辐射，拓展与中山、江门等周边城市合作交流渠道，携手云浮、清远等粤西北地区，着力打造广佛肇清云韶经济圈。围绕"泛珠三角"建设，扩大对港澳和内地城市的开放，积极参与珠江-西江经济带和粤桂黔高铁经济带建设，不断提升泛珠区域合作水平。② 利用粤桂黔高铁经济带合作试验区（广东园），积极加强与沿线城市在产业互补、科技金融、商务物流、文化旅游等领域的深度合作。同时，把佛山制造业优势与香港国际化优势充分结合起来，以"香港+佛山"面向全球配置资源，协作发展。[8] "广佛经济圈"

---

① 梁绍棠. 2002 年政府工作报告 [R/OL]. (2017-12-15) [2018-4-6]. http://www.foshan.gov.cn.

② 刘悦伦. 把握新常态激发新动力 努力争当"三个定位、两个率先"排头兵.——中共佛山市委十一届六次全会上的报告 [R/OL]. (2017-12-18) [2018-4-6]. http://www.foshan.gov.cn.

和"粤港澳"区域合作，已成为实现佛山经济持续发展的最好助推器。

三、改革开放以来佛山发展模式

改革开放40多年来，佛山始终不断探索适合自身的发展道路，形成了特有的发展模式，即"佛山模式"。"佛山模式"是佛山建设有中国特色的社会主义、实现社会主义现代化的一种战略选择，是在改革开放过程中逐渐形成的一套推动经济社会快速健康发展的管理机制和发展战略。[9]在40多年的探索和实践中，佛山始终坚持解放思想、求真务实、大胆创新，从实际出发寻找适合自身发展之路。40多年中，政府积极放权，区镇始终是经济社会发展的主战场；悉心培育本土企业，发展民营经济；推进工业化进程，坚持产业强市、工业主导；以专业镇和产业园区为载体，推动产业集群发展；实现农村工业化和城市化，推进城乡统筹发展。

经过改革开放40多年实践形成的佛山模式，具有鲜明的特色：积极政府、内生增长、工业主导、产业集群、城乡一体、富民强镇，这六个方面既是佛山40多年来探索适合自身实际的发展道路的实践结晶，更是佛山40多年来经济社会持续高速发展的重要保障。

（一）积极政府

积极政府的实质就是简政放权，激发基层政府、企业、社会的活力，构建政府、市场、社会三者相互协调、良性互动的格局，实现由建设型政府向服务型政府的转变。

佛山的简政放权体现在三个层面：一是上级政府向基层政府放权，发挥基层政府的主动性和创造性。按照权责一致、重心下移、减少层次、能放则放原则，市级向区级政府、区级向镇（街）政府，逐级下放行政审批及其相配套的行政管理事权，以及相应的财权。通过政府向基层下放事权、财权，构建了更加适应市场经济发展的分散化决策机制，激发了基层的活力，提高了整体施政效率。二是政府向市场放权，激发民营资本生产经营的积极性。20世纪80年代佛山对企业减税、多予、少取，为制造业发展奠定基础。20世纪90年代，佛山政府采取"五个一批"方式，即改组一批、股份经营，出租一批、公有民营，出售一批、私有私营，嫁接一批、合资经营，兼并一批、集团经营，在全国率先推行乡镇企业产权制度改革，政府全面退出市场，不再直接干预企业经营管理，不再投资兴办竞争性企业，民营企业由此迅速生长。2005年佛山首创可经营项目市场化的"经营城市"模式，将政府对公共资源的配置权转让给市场，让民营资本来"经营城市"，实现了政府、投资、市民三者共赢。三是政府向社会放权，孕育社会组织并发挥其职责。面对经济社会已进入经济结构多元、社会结构多元、公众利益和社会需求多元，公众自主意识增强的新阶段，佛山各级政府在向"下"简政放权的基础上，向社会放权，对传统的一包到底的"大政府""全能政府"进行变革，促进政府职能转变。各级政府积极推动社会组织发展，主动向社会组织转移服务职能领域，不断扩大政府购买服务范围，从而促使政府由养人办事向购买服务转变，使政府从大量繁琐的具体事务中解放出来，逐步形成了"小政府、大社会"模式。[10] 伴随着简政放权，佛山政府实现了由建设型政府向服务型政府的转变，履行现代政府的重要职能。改革开放以来，佛山始终不断提高公共设施建设和公共服务水平。一方面，注重基础设施建设，加强道路、桥梁及公共设施建设，为投资者和生产者提供良好的基础设施环境。另一方面，注重发展各项社会事业，增加养老保险、医疗卫生、义务教育、职业培训等公共服务支出在政府支出中所占比重，提高公共服务水平。同时，佛山尝试将外来务工人员纳入本地各种社会保障体系，推动同城发展、同城生活、同城便利、同享成果。[11]

（二）内生增长

佛山经济主要以本土企业、民营经济为主体，形成了门类相对齐全、产业链基本完整的制造业。主要依靠工业固定资产投资的增长，带动国民经济的快速发展，呈现出明显的内生式增长特征。

改革开放以来，佛山以内生增长模式实现了经济社会持续、健康、稳定的增长。佛山内生式增长主要表现在"两个主体"。一是以本土民营企业为主体。改革开放初期，佛山凭借毗邻香港的区位优势，积极实施外向型发展战略，以"三来一补"加工贸易为主要贸易式，大力发展外向型经济。在启蒙式的"三来一补"阶段后，佛山转向大力发展本土民营工业企业，逐步建立健全了以自主设计、自主生产、自主营销为主，门类相对齐全、产业链基本完整、以劳动密集型和资本密集型为主的制造业，[12] 并涌现出一大批全国乃至世界知名企业，如美的、碧桂园、格兰仕、东鹏、海天、万和、志高等，成为推动佛山经济增长的主要动力。2017年，佛山规模以上民营工业完成工业总产值1.7万亿元，占全市规模以上工业总产值比重80.0%，对全市工业增长的贡献率达81.3%。二是以工业投资为主体。虽然对GDP的贡献工业固定资产投资远不及房地产业来得迅猛，但 40 多年来佛山始终坚持工业投资为主体，坚持发展实体经济不动摇。改革开放初期，佛山工业完成固定资产投资规模额占固定资产投资总额的比重一直较高，1994 年高达 51.9%，之后略有下降，1995—2001 年，工业固定资产投资规模小于房地产业。但从 2002 年始，工业固定资产投资规模一直高于房地产业，工业固定资产投资额占固定资产投资额比重波动上升，由 2002 年的 37.0% 上升到 2017 年的 39.6%，最高为 2003 年为 45.5%。并且，这些投资大多投向工业设备，以投资促发展，以投资调结构，不断优化工业结构。在充分竞争行业实现民营企业为主有利于发挥企业家才能、释放企业经营活力；实现工业投资为主，有助于增强经济发展的后劲和潜能，促进产业优化升级。坚持民营企业为主体和工业投资为主体，保证了佛山经济增长内生性和可持续性。

（三）工业主导

以工业特别是制造业为主导是长期以来佛山产业结构的核心特征。在佛山国民经济结构中，工业增加值一直占 60% 左右，以传统制造业和现代制造业为主体的工业体系，是佛山经济发展的重要支撑。

佛山以工业为主导的发展模式主要体现在两方面：一是坚持以工业为主的发展道路。改革开放以来，佛山始终坚持走以工业为主的发展之路。改革开放伊始，佛山大力发展乡镇企业和"三来一补"加工贸易。在乡镇企业起步阶段，以兴办工业为方向，并在整个发展过程中始终坚持以工业为主，探索出"以集体经济为主、以工业为主、以骨干企业为主"的发展道路。[29] 通过乡镇工业的崛起和"三来一补"加工贸易的带动，促进了佛山工业的发展。随着改革开放的不断深入，"三个为主"的发展道路不断拓展，在所有制形态上注重发展多种经济成分，在产业结构上同时发展第二、第三产业，但以工业为主导的特征始终没有改变。进入 20 世纪以后，为适应新型工业化的要求，巩固和提高已有的工业基础，佛山提出并实施产业强市发展战略，通过做大做强工业企业，集约发展工业支柱产业和主导产业，使佛山工业经济的质量和水平得到进一步提升。二是形成以工业为主的产业结构。改革开放以来，佛山的产业结构由"二、一、三"调整变化为"二、三、一"的格局，但始终保持着第二产业占主导地位的特征。第二产业主要是工业，无论是总量还是比重，都在三大产业中占据绝对优势地位。从增加值看，第二产业增加值占 GDP 的比重均在 50% 以上，其中 20 世纪 80 年代，第二产业比重始终在 53%~60% 波动，20 世纪 90 年代一直在 52%~61% 徘徊，21 世纪前 5 年在 52%~57%，2005 年始第二产业比重不断上升，基本维持在 60% 以上，2017 年降至 57.7%。2012 年以来，佛山深入实施产业链招商行动计划，对新一代信息技术、新能源和生物医药等重点发展的战略性新兴产业进行"建链"，对平板显示、汽车制造和半导体照明等现有产业链条缺失的高附加值环节进行"补链"，对装备制造、家用电器等传统优势产业链的薄弱环节进行"强链"，健全了制造业产业链条，建立了配套能力日趋完善的现代工业体系，工业主导地位进一步增强。2017 年，佛山实现地区生产总值 9 398.52 亿元，比上年增长 8.5%；实现规模以上工业总产值 2.1 万亿元，比上年增长 8.7%；工业增加值 5 230.53 亿元，比上年增长 8.4%；先进装备制造业总产值达 1.02 万亿元，比上年增长 9.8%；三次产业比重为 1.4∶57.7∶40.9。

（四）产业集群

产业集群是佛山工业化过程中形成的显著特征，通过产业集群，加强了集群内企业间的资源共享和有效合作，增加了企业的创新能力和促进企业的成长，从而提高了佛山产业的整体竞争力。

在实施产业强市、工业主导战略过程中，政府着力推动产业集群发展，业已形成以家用电器、光机电一体化、装备制造、陶瓷及其他建材、纺织服装、金属材料加工与制品、塑料制品、精细化工及医药、食品饮料、家居用品制造十大优势行业为主体的发展格局，围绕主导产业和规模骨干企业，聚集了众多配套的中小企业，形成了大批上下游集群产业。如陶瓷、家电、纺织服装、金属材料、家具、机械装备、家居用品、塑料、食品饮料等产业集群等。在传统产业高速发展的同时，佛山的高新技术产业迅速成长，初步形成以电子信息、数码光学、生物医药、新材料等行业为主导的高新技术产业群。[14]专业镇和工业园区是佛山产业集群的重要载体。佛山充分依托专业镇优势，培育和打造了一批国内外知名的区域品牌，形成了各具特色的产业集群，如容桂、北滘家电，乐从、龙江家具，石湾、南庄陶瓷，大沥铝型材，陈村花卉，西樵纺织等。同时集中建设工业园区，从推进产业整合聚集、提高经济发展质量、培育新的经济增长点、赢得竞争和发展优势的战略高度加强园区建设，以十大工业园区为重点，以产业特色化为目标，加大对园区建设投入力度，高标准建设园区基础设施，园区经济簇群效应日益显现。目前，佛山共有国家级、省级特色产业基地 35 个，国家级产业集群升级示范区 3 个，省级产业集群升级示范区 9 个，省级专业镇 41 个。数量位居全省地级市之首，形成了家电、陶瓷、铝型材、家具等区域性优势产业集群。

（五）城乡一体

在改革开放过程中，佛山在加强城市建设的同时，大力推进农业农村发展，以调动农民生产积极性为目标，实行家庭联产承包制，提高农村经济效益和农民收入；以发展市场农业为导向，深化农业产业结构调整，提高农业生产的商品化、社会化和组织化程度；以推动农村经济社会科学、和谐发展为指导思想，实施统筹城乡发展战略，推进农村工业化、城镇化和农业现代化，[15]推行工业反哺农业、城市支持农村，推进社会主义新村镇建设，城乡经济社会融为一体。

佛山的城乡一体主要表现为四个方面：一是户籍管理一体化。从2004年7月1日起，佛山取消原有的"农业户口""非农业户口""自理口粮户口"等户口类别，把全市户籍人口统一登记为"佛山市居民户口"，全市户籍实行统一政策、统一管理、统一户口性质、统一准入标准的"一元化"模式。① 二是产业发展一体化。把农村产业发展规划纳入佛山产业发展规划，打破城乡土地所有权界限，整合土地资源，腾出空间引进优质项目、高新技术产业，推动城乡产业集聚高效、一体化发展。三是公共服务一体化。佛山在不同的发展阶段中注重健全公共服务体系，统筹教育、卫生、文化等公共资源在城乡之间的均衡配置，加快社会公共服务向农村延伸覆盖的步伐，促进城乡融合，实现城乡一体。统一城乡义务教育，从2006年起佛山城乡同步实施免费义务教育，2009年又将免费义务教育对象扩大到在佛山就读的省内户籍学生、省外政策性走读生。统一城乡卫生体系建设，将农村卫生体系纳入社区卫生服务体系一并建设，促进了镇街基层医疗单位的发展和服务能力的提升。统一城乡文化发展，以保障群众基本文化权益为出发点，通过各种惠民的公共文化体系建设工程，推进城乡文化共同繁荣。[16]四是社会保障一体化。统一城乡低保标准，从2007年1月起，全市建立了城乡统一的低保制度，实现了以区为单位的城乡统一低保标准。统一城乡居民基本医疗保险，2007年6月，按照"覆盖城乡、应保尽保"的原则，出台了《关于建立佛山市居民基本医疗保险制度的实施意见》，将参加农村居民基本医疗保险制度的人员以及未纳入城镇职工基本医疗保险制度范围的人员全部纳入"居民基本医疗保险制度"。[17]

---

① 佛山市人民政府.佛山市人民政府关于户籍管理制度的规定［EB/OL］.（2017-12-17）［2018-5-1］. https：//wenku. baidu. com.

（六）富民强镇

改革开放40多年来，佛山通过简政放权、科学引领、产业提升、科技创新、惠民利民，实现了镇域经济科学发展，社会和谐稳定，人民生活幸福的新局面，富民强镇特色明显。

富民强镇主要体现在两个方面：一是人民生活质量高。改革开放后，佛山城乡居民收入大幅增加，消费水平不断提升，总体来看，目前佛山已跨越小康水平，迈进相对富裕阶段。2017年，佛山城乡居民人民币储蓄存款余额达6 947亿元，城镇居民人均可支配收入46 849元，位居全国前列。当然富裕的佛山也存在困难群体，佛山通过不断提高最低工资标准、低保标准，发放临时生活补贴等措施，使不同阶层群体共享佛山改革发展的成果。二是镇（街）经济实力强。一直以来，佛山坚持区、镇是经济发展的主战场，不断壮大县域、镇级经济。特别是2003年佛山行政区划调整后，全市适应新的行政管理体制的需要，积极实施简政放权，把基层发展所需的权限责任，协调配套下放到基层，努力做到"小市政府、大区镇（街道）"。通过实施简政放权，市政府及各部门把精力集中在抓好全市重大规划的编制、重要政策的制订、公用事业和基础设施建设的统筹安排以及协调和监督管理。在市向区放权的基础上，各区也把相应的、可放的权责下放到镇（街道）[18]。由于佛山坚持分权化的经济发展和行政管理模式，将财力、资源和管理权限充分向基层下沉，推动了区和镇（街）经济快速发展，镇（街）综合经济实力持续提升。在2017年全国综合实力百强镇中，佛山共有11个镇进入100强，它们分别是狮山镇、北滘镇、大沥镇、里水镇、西樵镇、龙江镇、乐平镇、乐从镇、杏坛镇、丹灶镇和九江镇，其中，狮山镇和北滘镇进入前10强，分列第2和第8位。2017年广东省共有29个镇位列全国综合实力百强镇，佛山的百强镇占广东省的比重为37.9%。

改革开放以来，佛山坚持走适合自己的发展道路，经济社会发展取得了辉煌成就，积累了宝贵的经验。这些成就的取得，归功于改革开放以来党中央和政府一系列政策的强力引领，它既是佛山历届市委、市政府正确领导的结果，又是佛山人民务实求新的探索和实践的结果，更是"佛山模式"的必然结晶。2018年是改革开放40周年的节点，也是深化改革迈入新时代的转折点。在改革开放40周年这一重大历史节点上，习近平总书记对广东提出了"四个走在全国前列"的新要求——"在构建推动经济高质量发展体制机制、建设现代化经济体系、形成全面开放新格局、营造共建共治共享社会治理格局上走在全国前列"。"四个走在全国前列"是习近平总书记在新时代给广东未来工作赋予的新使命，为广东的发展指明了路径和重点，是新时代做好广东各项工作的重要遵循原则。

在新的历史时期，作为改革开放的前沿阵地和排头兵，佛山以"四个走在全国前列"的要求为指引，用好"改革开放"这关键一招，不忘初心，牢记使命，针对佛山当前存在的优势和短板，加固底板、补齐短板：通过强化市级统筹、深入供给侧改革、深化营商环境改革，构建推动经济高质量发展体制机制；通过坚持发展实体经济、深入实施创新驱动战略、强化人力资源支撑、实施乡村振兴战略，建设现代化经济体系；通过积极参与"一带一路"建设、主动融入"粤港澳大湾区"建设，形成全面开放新格局；通过推动社会治理中心下移、推进平安佛山和法治佛山建设，营造共建共治共享社会治理格局；奋力为全省实现"四个走在全国前列"的目标提供支撑，贡献佛山力量，在新时代改革开放的道路上阔步向前，再创辉煌。

第二章 佛山三次产业演变与提升

改革开放以来，佛山一直实施"产业强市"战略，坚持以工业为主体，特别是"十一五"以来，提出并实施了"建链、补链、强链"的制造业发展战略，进一步巩固了机械装备、家用电器、陶瓷建材、金属材料加工及制品、纺织服装、电子信息、食品饮料、精细化工及医药、家居用品制造等优势行业，光电、环保、新材料、新医药、新能源汽车等新兴产业迅速发展，使佛山成为全国著名的制造业基地，夯实了佛山经济社会发展基础。

本章主要分析"十一五"以来佛山三次产业的历史演变与调整优化。

一、佛山产业发展总体态势

（一）佛山产业发展的总体状况

"十一五"以来，佛山国民经济发展进入了一个新的阶段，2007 年佛山地区生产总值首次突破 3 000 亿大关，2017 年又突破 9 000 亿，经济发展跃上了新的水平。

从总量上看，2006—2017 年佛山地区生产总值逐年增加。表 2-1 数据显示，2006 年佛山地区生产总值为 2 984.00 亿元，2017 年达到 9 398.52 亿元，按当年价格计算增长了 215.0%。其中，第一产业增加值由 2006 年的 75.67 亿元增加到 2017 年的 133.65 亿元，增长了 76.6%；第二产业增加值由 2006 年的 1 871.64 亿元增加到 2017 年的 5 424.65 亿元，增长了 1.90 倍；第三产业增加值由 2006 年的 1 036.6 亿元增加到 2017 年的 3 840.22 亿元，增长了 2.71 倍。可见，2006—2017 年间，第一产业增加值增长幅度最小，比地区生产总值增长幅度低 138.4 个百分点；第二产业增长幅度居第二，比地区生产总值增长幅度低 25.1 个百分点；第三产业增加值增长幅度最大，比地区生产总值增长幅度高 55.5 个百分点。

从结构上看，2006—2017 年，佛山经济发展及产业结构有所提高和优化，第一产业比重不断减少，第二产业比重波动下降，第三产业比重波动上升，总体上工业仍然占据主导地位。从表 2-1 可以看出，在三次产业中，第一产业发展规模一直很小，2006 年至 2017 年其占 GDP 的比重不足 3%，且逐年下降，到 2017 年仅为 1.4%。第二产业规模最大，其占 GDP 的比重 2006—2017 年一直在 57% 以上，但呈逐年下降态势，由 2006 年的 62.7% 下降到 2017 年的 57.7%。第三产业的发展水平逐年上升，其占 GDP 的比重由 2006 年的 34.8% 上升到 2017 年的 40.9%。从三次产业占 GDP 的比重来看，2006 年第一、第二和第三产业的产值比为 1∶24.73∶13.70，第二、第三产业产值比为 1∶0.55，三次产业在 GDP 中所占的比重分别是 2.5%、62.7% 和 34.8%，呈现出二、三、一的格局。2017 年佛山产业结构中第一、二、三产业的实现产值相比为 1∶40.59∶28.73，第二、第三产业的产值比是 1∶0.71，三次产业产值在 GDP 中分别占 1.4%、57.7% 和 40.9%，依然呈现二、三、一的产业结构特点。

表 2-1　2006—2017 年佛山三次产业产值结构

单位：亿元、%

年份	GDP		第一产业		第二产业		第三产业	
	金额	比重	金额	比重	金额	比重	金额	比重
2006	2 984.00	100	75.67	2.5	1 871.64	62.7	1 036.60	34.8
2007	3 660.18	100	82.18	2.2	2 309.37	63.1	1 268.63	34.7
2008	4 378.30	100	97.02	2.2	2 789.30	63.9	1 482.97	33.9
2009	4 820.90	100	95.77	2.0	3 037.69	63.0	1 687.44	35.0
2010	5 651.52	100	105.41	1.9	3 542.49	62.7	2 003.63	35.4
2011	6 210.23	100	118.6	1.9	3 870.95	62.3	2 220.43	35.8
2012	6 613.02	100	130.53	2.0	4 113.34	62.2	2 369.16	35.8
2013	7 117.46	100	135.84	1.9	4 248.22	60.6	2 616.62	37.5
2014	7 441.60	100	133.75	1.8	4 602.17	61.8	2 707.50	36.4
2015	8 133.66	100	136.45	1.7	4 839.47	60.5	3 030.55	37.8
2016	8 360.92	100	145.31	1.7	5 146.02	59.6	3 343.18	38.7
2017	9 398.52	100	133.65	1.4	5 424.65	57.7	3 840.22	40.9
2017 年比 2006 年增长	215.0		76.6		189.8		270.5	

表2-1(续)

年份	GDP		第一产业		第二产业		第三产业	
	金额	比重	金额	比重	金额	比重	金额	比重
2006—2017年年均增长	11.0		5.3		10.2		12.6	

资料来源：根据《佛山市统计年鉴》2006—2018年数据计算。

（二）佛山第一产业发展的基本现状

如表2-2所示，从第一产业内部看，2006—2017年，佛山渔业在第一产业中的产值比重波动式上升，由2006年的41.5%上升到2017年43.7%，其在第一产业中的主导地位没有改变，产值总量和比重依然占据主体地位，在农林牧渔这个大农业范畴中一直占37%以上。农业产值逐年增加，在第一产业的比重波动式上升，由2006年的28.5%上升到2017年30.2%，基本维持在24%~30%之间；牧业产值波动式下降，在第一产业中的比重也略有下降，由2006年的29.2%下降到2017年18.9%，在18%~30%之间徘徊；农林牧渔服务业产值增幅最大，在第一产业中的比重也有较大幅度的增长，由2006年的4.5%上升到2017年6.7%，但比重较低，只有5%左右；林业产值增幅也较大，由2006年的0.3%上升到2017年0.5%，但比例相当低，仅占0.4%左右。

1. 总量持续增长

2012年佛山第一产业实现总产值278.45亿元，比2006年增长69.6%。其中农业总产值84.0亿元，增长79.3%；林业总产值1.45亿元，增长2.54倍；牧业总产值52.64亿元，增长9.7%；渔业总产值121.73亿元，增长78.8%；农林牧渔服务业总产值18.59亿元，增长1.53倍。

2. 农业生产条件得到改善

根据佛山统计年鉴数据显示，2017年末佛山可耕地面积为54.77万亩，比2006年减少了12.4万亩，农业机械化、水利化、电气化、化学化水平进一步得到提高。2017年，全市农田水利化有效灌溉面积为49.10亩，是总耕地面积的89.65%，比2006年提高了9.19个百分点；农村用电量2 282 684万千瓦时，比2006年增加789 841万千瓦时；农用化肥施用量按折纯量计算为27 564吨，每亩平均0.05吨/亩，比2006年减少了0.03吨/亩；农药施用量1 245吨，每亩平均0.002吨/亩，比2006年增加0.002吨/亩。

表 2-2   2006—2017 年佛山第一产业总产值及比重

单位：亿元、%

年份	农林牧渔业总产值		农业产值		林业产值		牧业产值		渔业产值		农林牧渔服务业产值	
	金额	比重	金额	比重	金额	比重	金额	比重	金额	比重	金额	比重
2006	164.22	100	46.86	28.5	0.41	0.3	47.97	29.2	68.09	41.5	7.36	4.5
2007	155.25	100	43.16	27.8	0.56	0.4	40.02	25.8	63.18	40.7	8.33	5.4
2008	174.11	100	43.05	24.7	0.57	0.3	51.51	29.6	69.90	40.2	9.08	5.2
2009	205.89	100	50.67	24.6	0.84	0.4	61.71	30.0	82.73	40.2	9.94	4.8
2010	202.50	100	56.06	27.7	0.58	0.3	58.00	28.6	78.54	38.8	9.32	4.6
2011	218.24	100	66.60	30.5	0.72	0.3	57.86	26.5	82.75	37.9	10.31	4.7
2012	242.52	100	72.82	30.0	0.93	0.4	67.31	27.8	89.86	37.1	11.60	4.8
2013	259.62	100	82.34	31.8	1.17	0.5	60.45	23.3	102.53	39.5	12.80	4.9
2014	268.24	100	95.30	35.5	1.40	0.5	53.55	20.0	104.00	38.8	14.02	5.2
2015	274.29	100	94.09	34.3	1.36	0.5	51.78	18.9	111.89	40.8	15.17	5.5
2016	281.44	100	97.27	34.6	1.33	0.5	53.07	18.9	113.90	40.5	15.86	5.6
2017	278.45	100	84.00	30.2	1.45	0.5	52.64	18.9	121.73	43.7	18.59	6.7
增长	69.6		79.3		253.7		9.7		78.8		152.6	

资料来源：根据《佛山市统计年鉴》2006—2018 年数据整理。

（三）佛山第二产业发展的基本现状

"十一五"以来，佛山第二产业特别是工业得到较快发展，从结构上来说，轻重工业比重相当，企业规模以中小型企业为主，高技术产业发展缓慢。

1. 第二产业总量保持较快增长

据相关数据显示，佛山 2017 年第二产业完成增加值 5 424.65 亿元，规模以上工业企业实现工业增加值 4 335.33 亿元，比 2006 年增长 1.49 倍，其中轻工业实现的增加值为 2 098.01 亿元，比 2006 年增长 1.46 倍；重工业实现增加值为 2 237.32 亿元，增长 1.51 倍。化学原料及化学制品制造业，橡胶和塑料制品业，非金属矿物制品业，有色金属冶炼及压延加工业，金属制品业，通用设备制造业，专用设备制造业，交通运输设备制造业，电器机械及器材制造业，通信设备、计算机及其他电子设备十大支柱产业实现的工业增加值为 3 073.44 亿元，占规模以上工业的 70.9%。其中，化学原料及化学制品制造业实现增加值 179.23 亿元，增长了 1.87 倍；橡胶和塑料制品业实现增加值 196.46 亿元，增长了 79.1%；非金属矿物制品业实现工业增加值为 305.19 亿元，增长了 85.1%；有色金属冶炼及压延加工业实现增加值 200.36 亿元，增长了 59.7%；金属制品业实现增加值 360.07 亿元，增长了 1.75 倍；通用设备制造业实现增加值 184.97 亿元，增长了 3.91 倍；专用设备制造业实现增加值 168.59 亿元，增长了 3.40 倍；交通运输设备制造业实现增加值 238.99 亿元，增长了 4.76 倍；电器机械及器材制造业实现增加值 1 056.67 亿元，增长了 1.62 倍；通信设备、计算机及其他电子设备实现增加值 182.91 亿元，增长了 1.41 倍。（见表 2-3）

表 2-3　2006—2012 年佛山规模以上工业增加值

单位：亿元、%

分类	2006 年	2008 年	2010 年	2012 年	2014 年	2017 年	增长
规模以上工业增加值	1 744.3	3 027.3	3 905.3	4 073.2	4 038.7	4 335.3	148.5
非金属矿采选业	0.85	0.77	1.73	0.46	0.81	1.09	28.2
农副食品加工业	30.16	37.17	52.15	30.69	39.97	48.71	61.5
食品制造业	18.62	32.22	49.54	56.39	85.64	71.97	286.5
饮料制造业	12.95	18.75	28.42	43.30	55.51	69.40	435.9
纺织业	62.60	107.08	176.36	172.71	158.87	151.37	141.8
纺织服装、鞋、帽制造业	51.96	74.86	119.24	124.49	116.41	107.28	106.5
皮革、毛皮、羽毛及其制品业	31.36	54.50	57.88	81.87	66.18	58.77	87.4
木材加工、木、竹、藤、棕、草制品业	9.98	19.90	32.53	40.76	28.86	30.20	202.6
家具制造业	29.11	68.05	89.13	95.22	99.29	116.27	299.4
造纸及纸制品业	33.02	61.82	76.89	63.83	56.08	57.44	74.0
印刷业和记录媒介的复制	17.37	27.08	42.24	40.10	40.95	38.88	123.8
文教体育用品制造业	23.77	36.28	37.49	119.76	127.45	74.47	213.3
石油加工、炼焦及核燃料加工业	25.64	45.51	65.50	29.14	27.55	27.78	8.3
化学原料及化学制品制造业	62.45	110.21	148.98	150.76	171.28	179.23	187.0
医药制造业	9.67	12.20	19.54	23.33	28.83	37.61	288.9
化学纤维制造业	1.92	4.18	4.21	5.32	6.01	8.66	351.0
橡胶和塑料制品业	109.67	157.20	223.85	255.56	214.52	196.46	79.1
非金属矿物制品业	164.92	289.65	277.65	335.52	315.13	305.19	85.1
黑色金属冶炼及压延加工业	31.33	68.44	97.73	55.22	102.24	70.22	124.1

表2-3(续)

分类	2006 年	2008 年	2010 年	2012 年	2014 年	2017 年	增长
有色金属冶炼及压延加工业	125.43	179.06	208.03	198.40	200.07	200.36	59.7
金属制品业	131.09	254.66	300.13	311.16	294.08	360.07	174.7
通用设备制造业	37.69	105.35	136.49	228.75	164.46	184.97	390.8
专用设备制造业	38.35	73.25	101.98	123.65	136.11	168.59	339.6
交通运输设备制造业	41.49	84.31	145.20	121.06	164.64	238.99	476.0
电器机械及器材制造业	402.94	673.79	869.14	900.27	941.59	1 056.67	162.2
通信设备、计算机及其他电子设备	75.76	146.94	184.80	216.00	213.53	182.91	141.4
仪表仪器及文化、办公用机械制造	49.66	71.09	55.61	24.25	22.08	28.47	-42.7
工艺品及其他制造业	24.82	42.33	56.30	3.34	4.15	3.85	-84.5
废弃资源和废旧材料回收加工业	4.56	34.50	55.30	79.00	87.97	95.97	2 004.6
电力和热力的生产和供应业	70.95	113.11	162.04	103.45	136.71	121.58	71.4
燃气生产和供应业	2.25	4.13	8.70	26.62	16.63	19.04	746.2
水的生产和供应业	7.73	14.26	15.06	12.83	15.12	22.58	192.1

资料来源：根据《佛山市统计年鉴》2006—2018 年数据整理。

2. 轻重工业发展速度相当，重工业比重略高

2017 年，佛山规模以上工业企业中，轻工业企业 2 846 个，重工业企业 3 366 个。2006 年规模以上轻工业完成工业增加值 851.89 亿元，占规模以上工业增加值的 48.8%，规模以上重工业完成工业增加值 892.45 亿元，占规模以上工业增加值的 51.2%。到 2017 年规模以上轻工业完成工业增加值 2 098.01 亿元，比 2006 年增长 1.46 倍，年均增长 8.5%；占规模以上工业增加值的 48.4%，比 2006 年下降 0.4 个百分点。规模以上重工业完成工业增加值 2 237.32 亿元，比 2006 年增长 1.51 倍，年均增长 8.7%；占规模以上工业增加值的 51.6%，2006 年提高 0.4 个百分点。(见表 2-4)

3. 企业规模以中小型企业为主，大型企业较少

2017 年，佛山规模以上工业企业 6 212 个，其中大型企业 164 个，中型企业 1 045 个，小型企业 5 003 个。2006 年规模以上大型企业完成工业增加值 427.09 亿元，占规模以上工业增加值的 24.5%，规模以上中型企业完成工业增加值 565.44 亿元，占规模以上工业增加值的 32.4%，规模以上小型企业完

成工业增加值 751.80 亿元，占规模以上工业增加值的 43.1%。到 2017 年规模以上大型企业完成工业增加值 1 636.30 亿元，比 2006 年增长 2.83 倍，年均增长 13.0%；占规模以上工业增加值的 37.7%，较 2006 年提高了 13.2 个百分点。规模以上中型企业完成工业增加值 1 365.67 亿元，比 2006 年增长 1.42 倍，年均增长 8.3%；占规模以上工业增加值的 31.5%，较 2006 年降低了 0.9 个百分点。规模以上小型企业完成工业增加值 1 333.36 亿元，比 2006 年增长 77.4%，年均增长 5.3%；占规模以上工业增加值的 30.8%，较 2006 年降低了 12.3 个百分点。（见表 2-4）

表 2-4　2006—2017 年佛山企业规模及轻重工业情况

单位：亿元、%

| 年份 | 企业规模 | | | | | | 轻重工业 | | | |
| | 大型企业 | | 中型企业 | | 小型企业 | | 轻工业 | | 重工业 | |
	金额	比重	金额	比重	金额	比重	金额	比重	金额	比重
2006	427.09	24.5	565.44	32.4	751.80	43.1	851.89	48.8	892.45	51.2
2007	587.53	25.2	658.37	28.2	1 086.58	46.6	1 149.73	49.3	1 182.75	50.7
2008	743.78	24.6	936.51	30.9	1 347.00	44.5	1 467.18	48.5	1 560.15	51.5
2009	700.97	21.7	949.38	29.4	1 584.03	49.0	1 602.81	49.6	1 631.62	50.4
2010	962.34	24.6	1 206.44	30.9	1 772.53	45.4	1 881.76	48.2	2 023.55	51.8
2011	1 132.96	31.9	663.68	18.8	1 758.47	49.5	1 728.91	48.6	1 826.20	51.4
2012	1 442.13	35.4	1 008.19	24.8	1 662.88	40.8	1 989.17	48.8	2 084.03	51.2
2013	1 419.44	36.7	940.37	24.3	1 513.00	39.1	1 897.53	49.0	1 975.27	51.0
2014	1 546.62	37.4	1 095.20	26.5	1 496.88	36.2	2 016.10	48.7	2 122.61	51.3
2015	1 629.19	37.3	1 266.42	29.0	1 468.72	33.7	2 080.85	47.7	2 283.48	52.3
2016	1 824.72	39.1	1 390.49	29.8	1 456.02	31.2	2 242.00	48.0	2 429.23	52.0
2017	1 636.30	37.7	1 365.67	31.5	1 333.36	30.8	2 098.01	48.4	2 237.32	51.6
增长	283.1		141.5		77.4		146.3		150.7	

资料来源：根据《佛山市统计年鉴》2006—2018 年数据计算。

注：表中数据是规模以上工业数据，比重是占规模以上工业增加值的比重。

4. 传统制造业比重不断减少，现代制造业比重不断增加

"十一五"以来，佛山现代制造业不断发展，在工业增加值中的比重逐年提高。2006 年佛山规模以上工业增加值为 1 744.34 亿元，其中传统产业工业增加值为 888.46 亿元，占规模以上工业增加值的比重为 50.9%；现代制造业工业增加值为 855.88 亿元，占工业增加值的比重为 49.1%。到 2017 年佛山规

模以上工业增加值为 4 335.33 亿元,其中传统产业工业增加值为 1 958.15 亿元,比 2006 年增加 1 069.69 亿元,占规模以上工业增加值的比重为 45.2%,比 2006 年下降了 5.7 个百分点;现代制造业工业增加值为 2 377.18 亿元,比 2006 年增加了 1 521.30 亿元,占工业增加值的比重为 54.8%,比 2006 年提高了 5.7 个百分点。(见表 2-5)

表 2-5　2006—2017 年佛山规模以上工业增加值

单位:亿元、%

行业	2006 年		2010 年		2012 年		2014 年		2017 年	
	金额	比重	金额	比重	金额	比重	金额	比重	金额	比重
传统制造业	888.46	50.9	1 870.99	48.0	2 025.44	49.7	2 022.06	48.9	1 958.15	45.2
现代制造业	855.88	49.1	2 028.85	52.0	2 024.77	50.3	2 116.66	51.1	2 377.18	54.8

资料来源:根据《佛山市统计年鉴》2006—2018 年数据计算。

(四) 佛山第三产业发展的基本现状

"十一五"以来,佛山第三产业取得了长足的发展。2006 年,佛山第三产业增加值为 1 036.60 亿元,到 2017 年底达到了 3 840.22 亿元,占 GDP 比重也由 2006 年的 34.8% 上升为 2017 年的 40.9%。在第三产业总量增长的同时,佛山第三产业内部结构也发生了变化。从表 2-6 和表 2-7 中可以看出,现代服务业已占主导地位,科学研究、技术服务和地质勘查业,卫生、社会保障和社会福利业,房地产业,金融业,信息传输、计算机服务和软件业,教育,公共管理和社会组织发展速度较快;交通运输、仓储和邮政业占比较大,但发展速度减慢;科学研究、技术服务和地质勘查业,水利、环境和公共设施管理业,居民服务业和其他服务业,文化、体育和娱乐业规模依然较小。

1. 总量保持快速增长

2017 年,佛山第三产业实现增加值 3 840.22 亿元,较 2006 年增长了 2.80 倍,年均增长 12.3%。2006 年增加值位列前五位的行业有批发和零售业、交通运输、仓储和邮政业、房地产业、租赁和商业服务业、住宿和餐饮业。从 2007 年开始,金融业取代了住宿和餐饮业成为服务业的五大支柱产业之一;2015 年信息传输、计算机服务和软件业又取代了租赁和商业服务业成为服务业的五大支柱产业之一。2017 年,房地产业实现增加值 838.19 亿元,比 2006 年增长了 5.63 倍;批发和零售业实现增加值 641.06 亿元,比 2006 年增长了 1.65 倍;金融业实现增加值 407.89 亿元,比 2006 年增长了 5.33 倍;交通运输、仓储和邮政业实现增加值 401.20 亿元,比 2006 年增长了 1.57 倍;信息

传输、计算机服务和软件业实现增加值 314.74 亿元，比 2006 年增长了 5.10 倍。（见表 2-6）

表 2-6　2006—2018 年佛山第三产业增加值

单位：亿元、%

行业	2006 年	2008 年	2010 年	2012 年	2015 年	2017 年	增长率
交通运输、仓储和邮政业	156.41	142.25	156.74	138.43	270.47	401.20	156.6
信息传输、计算机服务和软件业	51.60	108.51	125.17	136.79	176.90	314.74	510.0
批发和零售业	242.07	280.67	439.07	539.96	570.69	641.06	164.8
住宿和餐饮业	70.69	88.06	117.74	99.29	72.60	74.89	5.9
金融业	64.41	152.22	187.27	252.32	341.73	407.81	533.1
房地产业	126.38	229.08	316.90	414.03	628.94	838.19	563.3
租赁和商业服务业	100.44	135.21	188.14	269.81	154.38	197.23	96.4
科学研究、技术服务和地质勘查业	4.31	32.49	45.50	65.37	114.24	136.22	3 060.6
水利、环境和公共设施管理业	24.06	23.12	24.45	30.69	56.50	61.16	154.2
居民服务业和其他服务业	36.67	58.68	65.28	53.59	63.53	74.16	102.2
教育	42.26	69.90	101.53	121.87	197.42	209.06	394.7
卫生、社会保障和社会福利业	24.28	63.29	90.16	104.92	173.32	208.27	757.8
文化、体育和娱乐业	12.68	22.36	31.69	31.62	14.51	24.21	90.9
公共管理和社会组织	53.89	77.13	119.99	110.47	184.38	242.00	349.1

资料来源：根据《佛山市统计年鉴》2006—2018 年数据整理。

2. 现代服务业占主导地位

现代服务业主要包括金融业，信息传输、计算机服务和软件业，房地产业，租赁和商业服务业，科学研究、技术服务和地质勘查业，教育，卫生、社会保障和社会福利业，文化、体育和娱乐业，水利、环境和公共设施管理业。2006—2017 年，佛山现代服务业有较大发展。2006 年佛山现代服务业实现增加值 450.42 亿元，占服务业增加值比重为 44.6%；2017 年佛山现代服务业实现增加值 2 396.88 亿元，占服务业增加值比重为 62.4%；2017 年与 2006 年相比，现代服务业增加值增加 1 946.46 亿元，比重提高 17.8 个百分点。其中，房地产业增加值增加 711.81 亿元，比重提高 9.3 个百分点；金融业增加值增加 343.40 亿元，比重提高 4.2 个百分点；信息传输、计算机服务和软件业增加值增加 263.14 亿元，比重提高 3.1 个百分点；卫生、社会保障和社会福利业增加值增加 183.99 亿元，比重提高 3.0 个百分点；教育增加值增加 166.80

亿元，比重提高 1.2 个百分点；科学研究、技术服务和地质勘查业增加值增加 131.91 亿元，比重提高 3.2 个百分点；租赁和商业服务业增加值增加 96.79 亿元，比重下降 4.8 个百分点；水利、环境和公共设施管理业增加值增加 37.10 亿元，比重下降了 0.8 个百分点；文化、体育和娱乐业增加值增加 11.53 亿元，比重下降 0.7 个百分点。（见表 2-6 和表 2-7）

表 2-7　2006—2017 年佛山第三产业构成　　　　　　单位：%

行业	2006 年	2007 年	2008 年	2010 年	2012 年	2015 年	2017 年
交通运输、仓储和邮政业	15.5	15.3	9.6	7.8	5.8	8.9	10.5
信息传输、计算机服务和软件业	5.1	4.9	7.3	6.3	5.8	5.8	8.2
批发和零售业	24.0	22.3	18.9	21.9	22.8	18.9	16.7
住宿和餐饮业	7.0	7.4	5.9	5.9	4.2	2.4	2.0
金融业	6.4	8.0	10.3	9.4	10.7	11.3	10.6
房地产业	12.5	15.9	15.5	15.8	17.5	20.7	21.8
租赁和商业服务业	9.9	9.4	9.1	9.4	11.4	5.1	5.1
科学研究、技术和地质勘查业	0.4	0.3	2.2	2.3	2.8	3.8	3.6
水利、环境和公共设施管理业	2.4	1.6	1.6	1.2	1.3	1.9	1.6
居民服务和其他服务业	3.6	3.3	4.0	3.3	2.3	2.1	1.9
教育	4.2	3.9	4.7	5.1	5.1	6.3	5.4
卫生、社会保障和社会福利业	2.4	2.1	4.3	4.5	4.4	5.7	5.4
文化、体育和娱乐业	1.3	1.3	1.5	1.6	1.3	0.5	0.6
公共管理和社会组织	5.3	4.5	5.2	6.0	4.7	6.1	6.3

资料来源：根据《佛山市统计年鉴》2006—2018 年数据计算。

（五）佛山产业发展中存在的主要问题

1. 第一产业劳动生产率较低

理论上讲，GDP 的产业结构应与就业结构一致，即各产业相应比例的就业人员应创造相应份额的产业增加值。但佛山第一产业情况并不是如此，表 2-8 显示，2006 年佛山第一产业的产值仅占地区生产总值的 2.5%，但第一产业的就业人口占总量的 8.4%，错位幅度（产业结构和就业结构之间的变动关系）达-5.9%；2017 年佛山第一产业的产值仅占地区生产总值的 1.4%，但第一产业的就业人口占总量的 4.9%，错位幅度（产业结构和就业结构之间的变动关系）达-3.5%。这说明第一产业中存在一定的剩余劳动力，他们不仅没有对产业做出贡献，甚至做出负贡献，第一产业劳动生产率较低。

结构偏离度（即各产业的增加值比重和就业比重之比与1的差）可更为细致地度量就业结构与产业结构的不对称状态，结构偏离度的绝对值越大，表明结构越失衡；结构偏离度的绝对值越小，表明结构越均衡；结构偏离度为正值，表明产业增加值份额大于就业份额；结构偏离度为负数，表明产业增加值份额小于就业结构份额。并且，根据经济学家的研究成果，随着人均国内生产总值的提高，三次产业的结构偏离度将越来越小，逐步趋向零。

根据表 2-8 数据显示，2006—2017 年，佛山第一产业保持着较高的负偏离。"十一五"以来，佛山第一产业结构偏离度在波动中上升，其绝对值一直在 0.63 以上。第一产业结构偏离度的绝对值由 2006 年的 0.70 上升到 2017 年的 0.71，且保持负偏离状态。佛山第一产业呈现的结构负偏离趋势表明，第一产业就业结构与产出结构极其不对称，结构效益极低。一般来说，随着人均收入的增加，产业结构偏离度应逐步降低。而佛山第一产业结构偏离度的绝对值近年来一直居高不下的趋势表明，第一产业劳动力严重过剩，劳动生产率低，也说明第一产业的劳动力向第二、三产业转移比较困难。

表 2-8　2006—2017 年佛山产业结构和就业结构

年份	产业结构			就业结构			结构偏离度		
	第一产业	第二产业	第三产业	第一产业	第二产业	第三产业	第一产业	第二产业	第三产业
2006	2.5	62.7	34.8	8.4	56.1	35.5	-0.70	0.12	-0.02
2007	2.2	63.1	34.7	7.7	56.6	35.7	-0.71	0.11	-0.03
2008	2.2	63.9	33.9	7.7	54.5	37.8	-0.71	0.17	-0.10
2009	2.0	63.0	35.0	7.1	53.9	38.9	-0.72	0.17	-0.10
2010	1.9	62.7	35.4	6.0	59.5	34.6	-0.68	0.06	0.02
2011	1.9	62.3	35.8	5.9	59.6	34.5	-0.68	0.05	0.04
2012	2.0	62.2	35.8	6.1	59.1	34.8	-0.67	0.05	0.03
2013	1.9	60.6	37.5	5.7	58.7	35.6	-0.67	0.03	0.05
2014	1.8	61.8	36.4	4.9	58.7	36.4	-0.63	0.05	0.00
2015	1.7	60.5	37.8	4.9	57.8	37.3	-0.65	0.05	0.01
2016	1.7	59.6	38.7	5.0	57.4	37.5	-0.66	0.04	0.03

表2-8(续)

年份	产业结构			就业结构			结构偏离度		
	第一产业	第二产业	第三产业	第一产业	第二产业	第三产业	第一产业	第二产业	第三产业
2017	1.4	57.7	40.9	4.9	56.7	38.4	-0.71	0.02	0.07

资料来源：根据《佛山市统计年鉴》2006—2018年数据整理。

注：表中产业结构是各产业产值占GDP的比重；就业结构数据是各产业从业人员占总从业人数的比重。

2. 制造业大而不强

"十一五"以来，虽然佛山传统制造业增加值占规模以上工业增加值的比重不断减少，由2006年的50.9%下降到2017年的45.2%；现代制造业增加值占规模以上工业增加值的比重不断增加，由2006年的49.1%上升到2017年的54.8%；但传统制造业增加值仍占到45%以上。（见表2-5）

从珠三角及全省范围来看，2017年佛山规模以上工业增加值占佛山GDP的46.1%，占珠三角工业增加值的16.8%，占全省工业增加值的13.8%，工业规模在珠三角和全省均居第二位。但佛山先进制造业增加值和高技术制造业增加值，与其制造业规模极不相称。2017年佛山先进制造业增加值为2 033.04亿元，占珠三角规模以上工业的13.5%，全省的11.8%，其规模在珠三角和全市均居第三位；高技术制造业增加值仅为266.78亿元，占珠三角规模以上工业的2.9%，低于深圳（59.1%）、东莞（16.1%）、惠州（9.0%）、广州（6.2%）和珠海（3.2%），居珠三角第六位。（见表2-9）

从先进制造业增加值和高技术增加值占各市规模以上工业的比重来看，2017年佛山先进制造业增加值占佛山规模以上工业的比重为46.9%，位居珠三角第六位；佛山高技术增加值占佛山规模以上工业的比重仅为6.2%，与最高者深圳的66.7%相差60.5个百分点，在珠三角九市中比例最低。（见表2-10）

表2-9　2017年珠三角各市规模以上工业及现代制造业增加值占珠三角及全省比重

地区	工业增加值占比（%）		先进制造业占比（%）		高技术制造业占比（%）	
	占珠三角	占全省	占珠三角	占全省	占珠三角	占全省
广州	16.0	13.2	16.3	14.2	6.2	5.9
深圳	31.1	25.6	37.9	33.1	59.1	56.3
珠海	4.4	3.6	4.8	4.2	3.2	3.1

表2-9（续）

地区	工业增加值占比（%）		先进制造业占比（%）		高技术制造业占比（%）	
	占珠三角	占全省	占珠三角	占全省	占珠三角	占全省
佛山	16.8	13.8	13.5	11.8	2.9	2.8
惠州	7.2	5.9	7.9	6.9	9.0	8.5
东莞	14.0	11.5	12.7	11.1	16.1	15.3
中山	4.2	3.4	3.2	2.8	1.9	1.8
江门	3.8	3.2	2.5	2.2	0.9	0.8
肇庆	2.4	1.9	1.2	1.0	0.6	0.5

资料来源：根据《广东统计年鉴》2018年数据整理。

表2-10　2017年珠三角九市规模以上现代制造业增加值及比重

单位：亿元、%

地区	先进制造业		高技术制造业	
	增加值	比重	增加值	比重
广州	2 456.01	59.5	564.25	13.7
深圳	5 716.06	71.2	5 353.06	66.7
珠海	731.96	64.2	293.35	25.7
佛山	2 033.04	46.9	266.78	6.2
惠州	1 195.16	64.6	811.99	43.7
东莞	1 920.33	53.1	1 459.03	40.3
中山	485.55	45.2	173.39	16.1
江门	384.04	38.7	80.46	8.1
肇庆	179.19	29.6	51.03	8.4
全省	17 250.14	55.0	9 507.81	30.3
珠三角	15 101.35	58.6	9 053.34	35.1

资料来源：根据《广东统计年鉴》2018年数据整理。

3. 服务业发展严重滞后

"十一五"以来，佛山加大发展服务业的力度，通过发展生产性服务业促进产业转型升级，也使佛山服务业占GDP的比重不断增加。2006—2017年，服务业占GDP的比重分别为34.8%、34.7%、33.9%、35.0%、35.4%、

35.8%、35.8%、37.5%、36.4%、37.8%、38.7%和40.9%。虽然服务业比重
逐年提高，但无论与广东省先进城市水平相比，还是与广东省平均水平相比，
都存在较大差距。2017年佛山服务业增加值占GDP的比重为40.9%，不仅低
于广州（71.0%）、深圳（58.5%）、东莞（51.4%）、珠海（50.1%）、中山
（48.1%）、肇庆（47.9%）、江门（43.8%）和惠州（43.0%）等珠三角城市
水平，也低于广东省53.6%的平均水平。在广东省21个城市中，仅高于汕尾
（40.3%）和揭阳（39.6%），居第19位。（见表2-11）

表2-11 2017年广东省各市三次产业构成

单位:%

地区	第一产业	第二产业	第三产业
广州	1.0	28.0	71.0
深圳	0.1	41.4	58.5
珠海	1.8	48.1	50.1
汕头	4.4	50.3	45.3
佛山	1.4	57.7	40.9
韶关	11.9	33.8	54.3
河源	10.8	39.8	49.4
梅州	17.5	33.3	49.2
惠州	4.3	52.7	43.0
汕尾	14.6	45.1	40.3
东莞	0.3	48.3	51.4
中山	1.6	50.3	48.1
江门	7.0	49.2	43.8
阳江	16.1	37.0	46.9
湛江	17.5	37.7	44.8
茂名	16.2	38.9	44.9
肇庆	15.5	36.6	47.9
清远	14.9	34.1	51.0
潮州	7.0	49.9	43.1
揭阳	7.9	52.5	39.6
云浮	17.7	39.4	42.9
珠三角	1.5	41.7	56.8
全省	4.0	42.4	53.6

资料来源：根据《广东统计年鉴》2018年数据整理。

"十一五"以来佛山十分重视服务业，出台了许多政策措施来促进服务业的发展，但时至今日服务业发展仍较缓慢。究其原因主要有两个方面：一是以工业为主的现实制约。改革开放以来，佛山凭借地处改革开放前沿的地缘优势、毗邻港澳台的区位优势、著名侨乡的人缘优势和敢为人先的改革创新精神，促进了工业经济的大发展。目前，佛山已发展成为全国乃至国际著名的制造业城市。2017年，工业经济总量位居全省第二位。三大产业间是此消彼长的关系，工业比重高，服务业比重就会偏低。佛山以工业为主且工业比重居高不下，是造成服务业发展缓慢的主要原因。二是地理位置的制约。由于广州完善的设施和环境，汇集了发展服务业的优势资源，佛山紧邻广州，不仅服务业发展的资源短缺，而且对佛山服务业的需求也受到一定程度的抑制。很多佛山企业直接受到广州工业服务业辐射，导致佛山生产性服务发展缓慢；许多消费者乐于到广州购物和进行其他消费，也在一定程度上制约了佛山生活服务业的发展。

二、佛山产业竞争力历史变迁

（一）产业竞争力的理论

1. 产业竞争力内涵

国际竞争力的概念是20世纪70年代以来，在世界经济日益全球化的背景下被正式提出的。对于竞争力的争论由来已久，不同时期、不同学者和不同机构，对于竞争力的定义存在着不同理解。迈克尔·波特是第一位从产业层次研究竞争力的学者，他将产业定义为生产直接相互竞争产品或服务的企业集合，把产业国际竞争力定义为：一个国家能否创造一个良好的商业环境，使该国企业获得竞争优势的能力。竞争力的概念是多角度、多层次和动态的。我国学者对于产业竞争力内涵的认识，可以归纳为以下四个方面：

（1）从层次性看，产业竞争力是中观层次的竞争力

从宏观、中观和微观的不同层面看，竞争力可分为国家竞争力、产业竞争力、企业竞争力等不同层次。产业竞争力位于国家和企业之间的中间层次，它既和企业竞争力紧密相连，又和国家竞争力密不可分，是联系企业竞争力和国家竞争力的纽带，是一个国家、地区综合竞争力在各个产业中的具体体现，国家（区域、城市）竞争力则是宏观层次的竞争力。产业竞争力增强的基础是区域内企业竞争力的增强，众多产业竞争力的提高则可提升国家竞争力。三个

层次的竞争力内涵、侧重点不同，但又彼此联系、融合。

（2）从空间性看，产业竞争力有国际、国内两个层面

区域产业的国际竞争力是指特定区域的特定产业在国际市场的竞争力，区域产业的竞争力则是一国内部特定区域的特定产业在国内市场上的竞争力，简称区域产业竞争力。从本质上看，区域产业竞争力是指在一国内部各区域之间的竞争中，特定区域的特定产业在国内市场上的表现和地位，这种表现或地位通常是由该区域产业所提供有效产品或服务的能力显示出来的。

（3）从产业分类看，包括产业总体竞争力和具体产业竞争力

产业总体竞争力是指综合考察区域内第一、第二和第三产业后，得到的区域产业整体竞争能力。具体产业竞争力是指区域内具体某一产业，如工业竞争力、服务业竞争力等。

2. 产业竞争力影响因素模型

（1）波特钻石模型

迈克尔·波特教授经过对许多国家的产业竞争力比较研究后认为：一个国家的特定产业是否具有竞争力，取决于六个方面的因素：①生产要素条件。波特把生产要素分为两类，一类是初级要素，如自然资源、人力资源等；另一类是被创造出来的要素，如知识资源、资本资源等。但随着科学技术的发展，产业对于创造要素的需求与日俱增。②需求条件。指本国市场对该项产业所提供产品或服务的需求如何，包括市场需求的质和量、需求的结构、市场的大小和成长速度、需求的国际化程度等方面。③相关与支援性产业。指这些产业的相关产业和上游产业是否具有国际竞争力。④企业战略、结构与竞争状态。企业战略、结构和竞争状态不可避免地要受到国家经济政治体制、文化传统和价值观念等因素的影响。比如有的企业采用长期经营战略，而有的企业的战略决策可能出现短视化现象。⑤机遇，指那些超出企业控制范围内的突发事件，具有偶然性、突发性。⑥政府行为。政府可以通过经济、法律等手段，实施产业政策，提高本区域的产业竞争力，因此它对产业竞争力的影响作用是综合的。其中前四个是决定产业竞争力的主要因素，后两个则是辅助因素。

（2）九因素模型

波特的"钻石模型"很好地解释了发达国家经济的国际竞争力来源，然而对于欠发达国家或发展中国家而言，它们的现实经济并不必然地具备与波特"钻石模型"相称的国内经济环境，它们不得不依靠自身不断地为提高本国的产业国际竞争力创造条件。为此，很多学者对"钻石模型"进行了修改和完善，以适合不同的国情。韩国汉城大学教授赵东成根据波特的钻石模型，结合

韩国的实际，提出了九要素模型。他认为，新模型应符合以下两个目标的要求：一是更好地评估创造欠发达国家国际竞争力的因素；二是说明一国如何增强其国家优势。他将决定产业国际竞争力的要素分为三大类九个要素：有四种决定国际竞争力的物理因素，即资源禀赋、商业环境、相关和支持产业与国内需求；同时也有四种决定国际竞争力的人力因素，即工人、政治家和官僚、企业家和职业经理、工程师；外部机遇是决定国际竞争力的第九个因素。

（3）金碚工业品国际竞争力模型

中国社科院研究员金碚等指出波特的分析范式尽管十分富于启发性，但也不是完美无缺的。对于不同的国家、不同的经济发展阶段，分析范式也未必一成不变。由于我国关于产业国际竞争力的研究尚处于起步阶段，研究的视野应集中于经济分析较易把握的领域以及因果性比较清晰的关系。因此，可以从对工业品的国际竞争力研究开始，因为目前我国大多数企业参与市场竞争的关键之一，是必须能生产出可以为市场接受的产品，所以从国产工业品的市场占有率和盈利状况及其直接和间接决定因素的分析入手，逐步建立起适合我国产业发展具体情况，并易于进行更深入的国际比较研究的经济分析范式。在此基础上，他构建了工业品国际竞争力的"原因-结果模型"，认为一国某种工业品国际竞争力的强弱，可以从结果和原因两个方面来分析。其中，反映竞争结果的指标被称为工业品国际竞争力的实现指标，如市场份额等，因为它们表现了国际竞争力在市场上的实现程度；而反映竞争实力和潜力，即竞争力强弱原因的指标被称为工业品国际竞争力的直接因素指标和间接因素指标，前者如产品的价格、产品的质量、产品的品牌和产品的结构等，后者如成本、技术、经营管理、企业规模和资本实力等。

（二）佛山产业总体竞争力分析与评价

1. 佛山产业总体竞争力评价的基本原则和思路

（1）竞争力评价的基本原则

在对区域产业的竞争力进行评价之前，有必要选择一系列合适的评价指标。选取指标时要遵循以下原则：

客观性原则。要尽量在排除和减少各种主观因素的影响的前提下筛选评价指标，对于所选指标的经济含义要客观地分析，并以此为依据做出取舍。

系统性原则。要把指标体系视为一个系统，以系统整体目标的优化为准绳，协调体系各个评价指标的相互关系，使评价体系完整、平衡，尽量以较少的指标（数量较少，层次较少）较全面系统地反映评价内容。

可行性原则。就是对选取的各项指标要有数据支撑，要舍弃无法得到数据的各种指标。

可比性原则。这一原则有两重含义：一是要使不同区域之间同一产业的同一指标具有一致性，相互之间要可比；二是要把涉及价值量的时间性的指标，调整为可比价格。

（2）评价体系设计的基本思路

依据以上原则，结合产业总体竞争力的内涵，并根据珠三角经济发展状况，建立包括四个一级指标、16 个二级指标在内的产业总体竞争力评价指标体系，并根据每一个指标在产业发展中的作用给予不同的权重，具体如表 2-12 所示。

表 2-12　产业总体竞争力的评价指标体系

一级指标	权重	二级指标	权重
经济总量及增长速度（A）	0.3	A1GDP 总量（亿元）	0.4
		A2GDP 年均增长率	0.3
		A3 人均 GDP（万元）	0.3
第一产业（B）	0.05	B1 第一产业从业人员占总就业人数比重	0.1
		B2 第一产业增加值占 GDP 比重	0.2
		B3 第一产业人均增加值（万元）	0.4
		B4 近 5 年来第一产业平均增长率	0.3
第二产业（C）	0.3	C1 第二产业从业人员占总就业人数比重	0.2
		C2 第二产业增加值占 GDP 比重	0.2
		C3 第二产业人均增加值（万元）	0.2
		C4 规模以上工业企业年均产值（亿元）	0.2
		C5 近 5 年来第二产业平均增长率	0.2
第三产业（D）	0.35	D1 第三产业从业人员占总就业人数比重	0.2
		D2 第三产业增加值占 GDP 比重	0.3
		D3 第三产业人均增加值（万元）	0.2
		D4 近 5 年来第三产业平均增长率	0.3

2. 佛山产业总体竞争力分析

根据上述评价指标体系，对佛山产业总体竞争力进行纵向和横向比较分析。

（1）纵向比较分析

利用佛山2006—2017年的统计数据，来计算佛山2006—2017年三大产业竞争力得分，从而比较分析出佛山产业总体竞争力的变化。在数据处理方面，以佛山2006年的各类数据为基数1，计算出各年佛山的相对数，再根据以上权重，分别计算各年相关指标得分，计算结果如表2-13所示。

由表2-13可以看出，2006—2017年，佛山产业总体竞争力的变化经过两个阶段：一是2006—2010年，竞争力不断上升，并达到顶峰；二是2011—2017年，2011年竞争力较2010年下降，但从2012年始竞争力逐年上升，2006—2017年佛山三次产业竞争力总体呈现上升趋势。具体来看，2017年的竞争力是最高的，其经济总量及增长速度、第三产业指标分值在各年中均位列第1位，第一产业分值在各年中位列第9位，第二产业指标分值在各年中位列第3位；2016年的竞争力排在第2位，其经济总量及增长速度、第三产业指标分值均位列第2位，第一产业、第二产业指标分值分列第7、第1位；2015的年竞争力排在第3位，其经济总量及增长速度、第三产业指标分值分列第3、第6位，第一、第二产业指标分值均位列第4位；2014年的竞争力排在第4位，其经济总量及增长速度、第一、第二和第三产业指标分值分列第4、第3、第5、第9位；2013年的竞争力排在第5位，其经济总量及增长速度、第一、第二和第三产业指标分值分列第5、第5、第8、第5位；2012年的竞争力排在第6位，其经济总量及增长速度、第一、第二和第三产业指标分值分列第6、第1、第9、第8位；2010年的竞争力排在第7位，其经济总量及增长速度、第一、第二和第三产业指标分值分列第8、第6、第2、第4位；2011年的竞争力排在第8位，其经济总量及增长速度、第一、第二和第三产业指标分值分列第7、第2、第11、第3位；2009年的竞争力排在第9位，其经济总量及增长速度、第一、第二和第三产业指标分值分列第9、第10、第7、第7位；2008年的竞争力排在第10位，其经济总量及增长速度、第一、第二和第三产业指标分值分列第10、第8、第6、第10位；2007年的竞争力排在第11位，其经济总量及增长速度、第一、第二和第三产业指标分值分列第11、第12、第10、第11位；2006年的竞争力排在第12位，其经济总量及增长速度、第一、第二和第三产业指标分值分列第12、第11、第12、第12位。

表 2-13　2006—2017 年佛山产业总体竞争力得分

年份	经济总量及增长速度	第一产业	第二产业	第三产业	综合得分
2006	0.300	0.041	0.300	0.350	0.991
2007	0.354	0.025	0.345	0.377	1.100
2008	0.403	0.058	0.388	0.389	1.238
2009	0.415	0.054	0.386	0.396	1.251
2010	0.457	0.063	0.410	0.406	1.336
2011	0.478	0.079	0.343	0.407	1.307
2012	0.490	0.103	0.355	0.395	1.343
2013	0.505	0.064	0.379	0.405	1.353
2014	0.529	0.073	0.397	0.389	1.388
2015	0.556	0.065	0.405	0.399	1.425
2016	0.593	0.062	0.422	0.417	1.494
2017	0.631	0.054	0.406	0.460	1.551

资料来源：根据《佛山市统计年鉴》2006—2018 年数据整理。

通过对佛山产业总体竞争力的纵向比较可以看出，2006—2017 年，佛山经济总量及增长速度的分值是不断上升的，表明佛山经济总量和发展速度是逐年增加的；第二和第三产业分值的变化呈现出相同的规律，均呈现波动上升趋势。其中，第二产业分值由 2006 年的第 12 位上升到 2017 年的第 3 位，第三产业分值由 2006 年的第 12 位上升到 2017 年的第 1 位，说明佛山第一产业和第二产业的发展是不断向好的。第一产业分值先上升，在 2012 年达到最高点，分值位列各年的第 1 位，而后不断下降，到 2017 年其分值位列各年的第 9 位，说明第一产业的发展水平仍需进一步提高。导致第一产业分值下降的主要原因有三个：一是第一产业增加值占 GDP 的比重逐年下降；二是第一产业年均增长速度不断下降；三是第一产业从业人员占总从业人员的比重不断减少。

（2）横向比较分析

利用珠江三角洲九市 2006—2017 年的统计数据，来计算珠江三角洲九市三大产业竞争力得分，从而比较分析出佛山产业总体竞争力情况。在数据处理方面，以佛山 2006 年的各类数据为基数，计算出 2017 年九市的相对数，再根据以上权重，分别计算各市相关指标得分，计算结果如表 2-14 所示。

表 2-14　2017 年珠江三角洲九市产业总体竞争力得分

地区	经济总量及增长速度	第一产业	第二产业	第三产业	综合得分
广州	1.167	0.101	0.329	0.568	2.165
深圳	1.275	0.484	0.520	0.501	2.780
珠海	0.433	0.183	0.307	0.478	1.401
佛山	0.629	0.138	0.410	0.398	1.575
惠州	0.332	0.167	0.269	0.362	1.130
东莞	0.500	0.117	0.314	0.372	1.303
中山	0.352	0.093	0.219	0.425	1.089
江门	0.244	0.177	0.212	0.338	0.971
肇庆	0.200	0.289	0.156	0.379	1.024

资料来源：根据《广东统计年鉴》2018 年数据整理计算。

由上表可以看出，在产业总体竞争力上，深圳是最高的，其经济总量及增长速度，第一、第二产业指标分值在九市中均位列第 1 位，第三产业分值在九市中位列第 2 位；广州的产业总体竞争力排第 2，其经济总量及增长速度分值位列第 2 位，第一产业指标分值位列第 8 位，第二产业指标分值位列第 3 位，第三产业指标分值位列第 1 位；佛山的产业总体竞争力排在第 3 位，其经济总量及增长速度分值位列第 3 位，第一产业指标分值位列第 6 位，第二产业指标分值位列第 2 位，第三产业指标分值位列第 5 位；珠海的产业总体竞争力排在第 4 位，其经济总量及增长速度，第一、第二和第三产业指标分值分列第 5、第 3、第 5、第 3 位；东莞的产业总体竞争力排在第 5 位，其经济总量及增长速度，第一、第二和第三产业指标分值分别位列第 4、第 7、第 4、第 7 位；惠州的产业总体竞争力排在第 6 位，其经济总量及增长速度，第一、第二和第三产业指标分值分别位列第 7、第 5、第 6、第 8 位；中山的产业总体竞争力排在第 7 位，其经济总量及增长速度，第一、第二和第三产业指标分值分别位列第 6、第 9、第 7、第 4 位；肇庆的产业总体竞争力排在第 8 位，其经济总量及增长速度，第一、第二和第三产业指标分值分别位列第 9、第 2、第 9、第 6 位；江门的产业总体竞争力排在第 9 位，其经济总量及增长速度，第一、第二和第三产业指标分值分别位列第 8、第 4、第 8、第 9 位。

通过以上九市的横向对比可以看出，与同处珠三角的其他八市相比，佛山的产业具有一定的竞争力。在综合得分上，佛山的排名是第 3 位，表明佛山的产业总体竞争力较强，其中第二产业指标的分值位列第 2 位。但第一和第三产业分值较低，在九市中分位列第 6 位和第 5 位，说明佛山第一和第三产业的发展水平仍需进一步提高。

（三）佛山工业产业竞争力分析与评价

1. 佛山工业竞争力评价的基本思路

对同一地区产业的竞争力，可以采用全员劳动生产率来进行比较。全员劳动生产率计算公式为：$P_i = (G_J / L_J)$，其中，P_i 即为 i 地区关于 j 产业的劳动生产率；G_J 表示 i 地区 j 产业的国内生产增加值；L_J 表示 i 地区 j 产业上投入的平均劳动人数。

对不同经济区域内产业的竞争力比较，可以采用对比劳动生产率的方法进行研究。比较劳动生产率是指某一产业在某一地区的劳动生产率与另一地区的劳动生产率之比。通过这样的比较，可以说明一个地区与另一个地区在相同产业上的效益情况。

$$RP_i = (G_J / L_J) / (G_k / L_k)$$

其中：RP_i 表示 i 产业比较劳动生产率；G_J、G_k 分别表示 j 地区、k 地区 i 产业的国内生产增加值；L_J、L_k 分别表示 j 地区、k 地区 i 产业上投入的平均劳动人数。

2. 佛山工业竞争力的实证分析

（1）比较分析 2006—2017 年佛山工业各行业竞争力

通过对佛山 2006—2017 年工业 32 个行业全员劳动生产率的计算与对比，分析佛山工业产业的国内竞争力历史变迁。（见表 2-15）

表 2-15　2006—2017 年佛山规模以上工业劳动生产率比较

单位：元/人

行业	2006 年	2007 年	2009 年	2011 年	2013 年	2015 年	2017 年
非金属矿采选业	160 783	199 140	360 607	231 122	159 202	210 240	248 957
农副产品加工业	147 431	93 322	361 842	267 953	320 199	360 581	358 548
食品制造业	137 685	172 507	361 382	297 849	557 462	784 367	760 442
饮料制造业	147 281	181 635	282 861	357 718	536 895	582 100	699 642
纺织业	62 356	74 901	144 625	164 791	221 989	251 356	239 335
纺织服装、鞋、帽制造业	44 405	51 371	96 092	86 882	170 398	128 814	146 489

表2-15（续）

行业	2006年	2007年	2009年	2011年	2013年	2015年	2017年
皮革、毛皮、羽毛（绒）及其制品业	34 408	42 025	69 127	80 609	112 430	133 371	140 322
木材加工及木、竹、藤、棕、草制	88 110	90 851	143 955	240 227	242 205	247 135	246 957
家具制造业	55 714	62 806	129 777	139 028	158 149	183 431	185 034
造纸及纸制品业	118 754	122 543	231 337	214 702	223 134	263 310	250 629
印刷业和记录媒介的复制	74 350	77 844	175 733	205 028	235 611	250 606	245 748
文教体育用品制造业	63 757	81 106	106 193	103 012	241 528	256 374	168 391
石油加工、炼焦及核燃料加工业	728 100	975 390	2 168 392	1 678 417	1 397 129	1 526 768	1 279 998
化学原料及化学制品制造业	158 071	166 333	314 507	289 619	332 953	359 979	346 346
医药制造业	129 037	133 481	122 653	216 186	357 542	321 764	313 663
化学纤维制造业	64 236	176 819	356 802	401 725	622 806	678 549	824 400
橡胶和塑料制品业	69 210	92 416	211 432	218 948	244 995	274 969	260 693
非金属矿物制品业	88 059	102 730	175 297	178 396	208 657	245 759	226 162
黑色金属冶炼及压延加工业	178 346	233 804	443 700	260 691	431 438	406 321	353 002
有色金属冶炼及压延加工业	161 261	194 651	340 250	282 354	303 224	304 392	311 944
金属制品业	67 572	83 660	191 009	192 630	215 400	227 834	223 840
通用设备制造业	73 747	76 542	194 182	146 679	206 720	215 043	226 516
专用设备制造业	95 558	107 263	211 331	204 263	250 466	287 242	288 376
交通运输设备制造业	73 839	124 243	211 707	187 051	243 944	222 687	216 121
电气机械及器材制造业	79 665	96 877	192 324	144 067	194 587	231 870	298 346
通信设备、计算机及其他电子设备	84 018	80 842	208 276	158 788	192 005	258 255	202 785

表2-15(续)

行业	2006 年	2007 年	2009 年	2011 年	2013 年	2015 年	2017 年
仪器仪表及文化、办公用机械制造	60 031	103 598	116 653	118 029	105 829	115 447	128 264
工艺品及其他制造业	53 185	61 650	149 537	205 687	158 355	183 983	177 552
废弃资源和废旧材料回收加工业	128 043	183 922	442 373	525 537	870 904	953 628	900 373
电力、热力的生产和供应业	962 917	1 351 804	441 087	572 885	541 529	638 225	556 148
燃气生产和供应业	146 262	236 153	370 854	330 749	546 736	1 119 914	975 643
水的生产和供应业	238 966	243 022	242 782	304 413	290 789	339 636	467 015
平均值	83 727	99 846	194 092	175 550	228 583	257 741	265 622

资料来源：根据《佛山市统计年鉴》2006—2018 年数据整理。

从表 2-15 数据可以看出，2006 年以来，除电力、热力的生产和供应业行业外，佛山其他工业行业全员劳动生产率都在增长，平均劳动生产率从 2006 年的 83 727 元/人增加到 2017 年的 265 622 元/人，增长了 2.17 倍，年均增长 9.9%，表明佛山工业竞争力在不断提升。从增长速度的快慢看，2017 年化学纤维制造业全员劳动生产率为 824 400 元/人，比 2006 年增长了 11.83 倍，年均增长 26.1%；废弃资源和废旧材料回收加工业全员劳动生产率为 900 373 元/人，增长了 6.03 倍，年均增长 19.4%；燃气生产和供应业全员劳动生产率为 975 643 元/人，增长了 5.67 倍，年均增长 18.8%；食品制造业全员劳动生产率为 760 442 元/人，增长了 4.52 倍，年均增长 16.8%；饮料制造业全员劳动生产率为 699 642 元/人，增长了 3.75 倍，年均增长 15.2%；皮革、毛皮、羽毛（绒）及其制品业全员劳动生产率为 140 322 元/人，增长了 3.08 倍，年均增长 13.6%；纺织业全员劳动生产率为 239 335 元/人，增长了 2.84 倍，年均增长 13.0%；橡胶和塑料制品业全员劳动生产率为 260 693 元/人，增长了 2.77 倍，年均增长 12.8%；电气机械及器材制造业全员劳动生产率为 298 346 元/人，增长了 2.75 倍，年均增长 12.8%；工艺品及其他制造业全员劳动生产率为 177 552 元/人，增长了 2.34 倍，年均增长 11.6%；家具制造业全员劳动生产率为 185 034 元/人，增长了 2.32 倍，年均增长 11.5%；金属制品业全员劳动生产率为 223 840 元/人，增长了 2.31 倍，年均增长 11.5%；印刷业和记录媒介的复制全员劳动生产率为 245 748 元/人，增长了 2.31 倍，年均增长

11.5%；纺织服装、鞋、帽制造业全员劳动生产率为146 489元/人，增长了2.30倍，年均增长11.5%；通用设备制造业全员劳动生产率为226 516元/人，增长了2.07倍，年均增长10.7%；专用设备制造业全员劳动生产率为288 376元/人，增长了2.02倍，年均增长10.6%；交通运输设备制造业全员劳动生产率为216 121元/人，增长了1.93倍，年均增长10.3%；木材加工及其木、竹、藤、棕草制品业全员劳动生产率为246 957元/人，增长了1.80倍，年均增长9.3%；文教体育用品制造业全员劳动生产率为168 391元/人，增长了1.64倍，年均增长9.2%；非金属矿物制品业全员劳动生产率为226 162元/人，增长了1.57倍，年均增长9.0%；农副食品加工业全员劳动生产率为358 548元/人，增长了1.43倍，年均增长8.4%；医药制造业全员劳动生产率为313 663元/人，增长了1.43倍，年均增长8.4%；通信设备、计算机及其他电子设备全员劳动生产率为202 785元/人，增长了1.41倍，年均增长8.3%；化学原料及化学制品业全员劳动生产率为346 346元/人，增长了1.19倍，年均增长7.4%；仪器仪表及文化、办公机械制造业全员劳动生产率为128 264元/人，增长了1.14倍，年均增长7.5%；造纸及纸制品业全员劳动生产率为250 629元/人，增长了1.11倍，年均增长7.0%；黑色金属冶炼及压延加工业全员劳动生产率为353 002元/人，增长了97.93%，年均增长6.4%；水的生产和供应业全员劳动生产率为467 015元/人，增长了95.4%，年均增长6.3%；有色金属冶炼及压延加工业全员劳动生产率为311 944元/人，增长了93.4%，年均增长6.2%；石油加工、炼焦及核燃料加工业全员劳动生产率为1 279 998元/人，增长了75.8%，年均增长5.2%；非金属矿采选业全员劳动生产率为248 957元/人，增长了54.8%，年均增长4.1%。但电力、热力的生产和供应业的劳动全员劳动生产率下降了，其全员劳动生产率为556 148元/人，下降了42.2%，年均下降4.9%。

（2）比较分析2006年和2012年珠三角九市工业竞争力

通过对佛山与广东工业全员劳动生产率的计算与对比，评价佛山工业产业的国内竞争力。这里选取2006年和2017年数据，将佛山和广东的32个行业的劳动生产率进行对比分析。（见表2-16）

表 2-16　2006 年和 2017 年佛山与广东规模
以上工业劳动生产率比较

单位：元/人

行业	佛山劳动生产率		广东劳动生产率		比较劳动生产率 （以广东为 100）		佛山劳动 生产率 增加值	比较劳动 生产率 增加值
	2006 年	2017 年	2006 年	2017 年	2006 年	2017 年		
非金属矿采选业	160 783	248 957	85 581	335 134	187.87	74.29	88 175	-113.59
农副食品加工业	147 431	358 548	148 775	239 485	99.10	149.72	211 117	50.62
食品制造业	137 685	760 442	125 161	353 000	110.01	215.42	622 757	105.42
饮料制造业	147 281	699 642	247 505	382 567	59.51	182.88	552 362	123.37
纺织业	62 356	239 335	53 426	162 834	116.71	146.98	176 980	30.27
纺织服装、鞋、帽制造业	44 405	146 489	33 919	115 875	130.92	126.42	102 084	-4.50
皮革、毛皮、羽毛（绒）及其制品业	34 408	140 322	27 724	107 598	124.11	130.41	105 914	6.30
木材加工及木、竹、藤、棕、草制	88 110	246 957	72 112	216 046	122.19	114.31	158 847	-7.88
家具制造业	55 714	185 034	42 437	146 756	131.28	126.08	129 321	-5.20
造纸及纸制品业	118 754	250 629	86 744	229 838	136.90	109.05	131 876	-27.86
印刷业和记录媒介的复制	74 350	245 748	67 122	150 092	110.77	163.73	171 397	52.96
文教体育用品制造业	63 757	168 391	28 820	101 998	221.23	165.09	104 634	-56.13
石油加工、炼焦及核燃料加工业	728 100	1 279 998	962 561	4 175 185	75.64	30.66	551 899	-44.98
化学原料及化学制品制造业	158 071	346 346	273 005	360 959	57.90	95.95	188 275	38.05
医药制造业	129 037	313 663	167 732	380 720	76.93	82.39	184 626	5.46
化学纤维制造业	64 236	824 400	134 153	253 133	47.88	325.68	760 164	277.80
橡胶和塑料制品业	69 210	260 693	58 344	138 712	118.62	187.94	191 483	69.31
非金属矿物制品业	88 059	226 162	81 509	203 666	108.04	111.05	138 104	3.01
黑色金属冶炼及压延加工业	178 346	353 002	269 061	438 635	66.28	80.48	174 656	14.19
有色金属冶炼及压延加工业	161 261	311 944	208 899	244 886	77.20	127.38	150 683	50.19
金属制品业	67 572	223 840	70 194	163 823	96.26	136.64	156 269	40.37
通用设备制造业	73 747	226 516	81 926	180 785	90.02	125.30	152 769	35.28
专用设备制造业	95 558	288 376	77 904	192 828	122.66	149.55	192 819	26.89
交通运输设备制造业	73 839	216 121	209 452	193 367	35.25	111.77	142 282	76.51
电气机械及器材制造业	79 665	298 346	81 749	176 515	97.45	169.02	218 681	71.57
通信设备、计算机及其他电子设备	84 018	202 785	111 885	237 782	75.09	85.28	118 767	10.19
仪器仪表及文化、办公用机械制造	60 031	128 264	79 249	135 000	75.75	95.01	68 234	19.26
工艺品及其他制造业	53 185	177 552	44 496	100 505	119.53	176.66	124 367	57.13
废弃资源和废旧材料回收加工业	128 043	900 373	146 809	486 737	87.22	184.98	772 331	97.76

表2-16(续)

行业	佛山劳动生产率		广东劳动生产率		比较劳动生产率(以广东为100)		佛山劳动生产率增加值	比较劳动生产率增加值
	2006年	2017年	2006年	2017年	2006年	2017年		
电力、热力的生产和供应业	962 917	556 148	597 835	871 450	161.07	63.82	-406 769	-97.25
燃气生产和供应业	146 262	975 643	396 622	928 827	36.88	105.04	829 382	68.16
水的生产和供应业	238 966	467 015	160 335	385 939	149.04	121.01	228 050	-28.03
平均值	83 727	265 622	84 430	211 567	99.17	125.55	181 895	26.38

资料来源：根据《佛山统计年鉴》2006—2018年、《广东统计年鉴》2006—2018年数据整理。

由表2-16得到佛山与广东32个行业劳动生产率分类比较，见图2-1和图2-2。

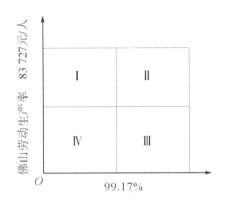

图2-1 2006年佛山工业劳动生产率比较

图2-1中，处于Ⅰ区域的行业有：农副食品加工业，饮料制造业，石油加工、炼焦及核燃料加工业，化学原料及化学制品制造业，医药制造业，黑色金属冶炼及压延加工业，有色金属冶炼及压延加工业，通信设备、计算机及其他电子设备制造业，废弃资源和废旧材料回收加工业，燃气生产和供应业。

处于Ⅱ区域的行业有：非金属矿采选业，食品制造业，木材加工及木、竹、藤、棕、草制品业，造纸及纸制品业，非金属矿物制品业，专用设备制造业，电力、热力的生产和供应业，水的生产和供应业。

处于Ⅲ区域的行业有：纺织业，纺织服装、鞋、帽制造业，皮革、毛皮、羽毛（绒）及其制品业，家具制造业，印刷业和记录媒介的复制，文教体育用品制造业，橡胶和塑料制品业，工艺品及其他制造业。

处于Ⅳ区域的行业有：化学纤维制造业，金属制品业，通用设备制造业，交通运输设备制造业，电气机械及器材制造业，仪器仪表及文化、办公用机械制造业。

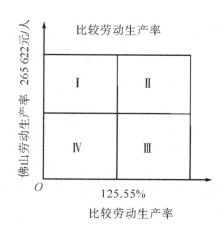

图 2-2　2017 年佛山工业劳动生产率比较

图 2-2 中，处于 I 区域的行业有：石油加工、炼焦及核燃料加工业，化学原料及化学制品制造业，医药制造业，黑色金属冶炼及压延加工业，电力、热力的生产和供应业，燃气生产和供应业，水的生产和供应业。

处于 II 区域的行业有：农副食品加工业，食品制造业，饮料制造业，化学纤维制造业，有色金属冶炼及压延加工业，专用设备制造业，电气机械及器材制造业，废弃资源和废旧材料回收加工业。

处于 III 区域的行业有：纺织业，纺织服装、鞋、帽制造业，皮革、毛皮、羽毛（绒）及其制品业，家具制造业，印刷业和记录媒介的复制，文教体育用品制造业，橡胶和塑料制品业，金属制品业，通用设备制造业，工艺品及其他制造业。

处于 IV 区域的行业有：木材加工及木、竹、藤、棕、草制品业，造纸及纸制品业，非金属矿采选业，非金属矿物制品业，交通运输设备制造业，通信设备、计算机及其他电子设备制造业，仪器仪表及文化、办公用机械制造业。

图 2-1、图 2-2 中，处于 I 区域的行业表明：在佛山 32 个行业中，其纵向比较属于高生产率、处于领先地位的行业，但在广东省各市的同类行业中，其横向比较又属于低于全省平均水平、处于竞争劣势的行业。处于 II 区域的行业表明：其不仅在佛山的 32 个行业的纵向比较中，还是在广东省同类行业的横向比较中，均处于有利地位。处于 III 区域的行业表明，其在佛山工业行业中处于劣势地位，却在广东的同类行业中占优势地位，竞争力强于广东平均水平。处区 IV 区域的行业属于佛山的弱势行业，并且竞争能力低于广东的平均水平。

综上所述，对佛山工业竞争力做出如下评价：

第一，从整体上看，佛山 32 个行业的平均比较劳动生产率高于广东水平，说明佛山工业竞争力总体水平较高。从 2006 年和 2017 年的平均比较劳动生产率对比来看，由 2006 年的 99.17% 上升到 2017 年的 125.55%，上升了 26.38 个百分点；高于广东平均比较劳动生产率的行业由 2006 年的 16 个上升到 2012 的 17 个，低于广东平均比较劳动生产率的行业由 2006 年的 16 个下降到 2017 的 15 个。其中，食品制造业，纺织业，纺织服装、鞋、帽制造业，皮革、毛皮、羽毛（绒）及其制品业，家具制造业，印刷业和记录媒介的复制，文教体育用品制造业，橡胶和塑料制品业，专用设备制造业，工艺品及其他制造业等 10 个行业劳动生产率一直高于广东平均水平。农副产品加工业，饮料制造业，化学纤维制造业，有色金属冶炼及压延加工业，金属制品业，电器机械及器材制造业，废弃资源和废旧材料回收加工业等 7 个行业的劳动生产率则由低于广东平均水平发展到高于广东平均水平。

　　第二，从产业增长的角度分析，佛山劳动生产率增加值前 10 位的行业有：燃气生产和供应业，废弃资源和废旧材料回收加工业，化学纤维制造业，食品制造业，饮料制造业，石油加工、炼焦及核燃料加工业，水的生产和供应业，电器机械及器材制造业，农副产品加工业，专用设备制造业，这 10 个行业近年来随着佛山经济的迅速发展，依靠自身的开发创新，取得了高速发展。（见图 2-3）。

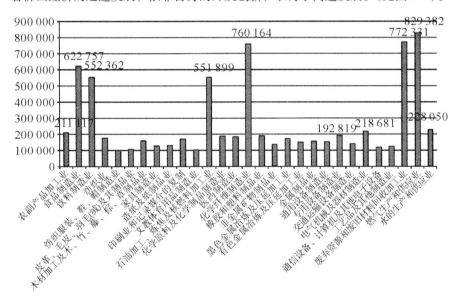

图 2-3　2017 年与 2006 年佛山劳动生产率增加值比较（单位：元/人）

　　第三，从显示竞争力的角度来分析，比较劳动生产率增加值前 10 位的行业为化学纤维制造业，饮料制造业，食品制造业，废弃资源和废旧材料回收加工业，交通设备制造业，电器机械及器材制造业，橡胶和塑料制品业，燃气生产和供应业，工艺品及其他制造业，印刷业和记录媒介的复制（见图2-4）。其中，食品制造业，橡胶和塑料制品业，工艺品及其他制造业，印刷业和记录媒介的复制4个行业的比较劳动生产率在2006年和2017年均高于广东平均水平；化学纤维制造业，饮料制造业，废弃资源和废旧材料回收加工业，电器机械及器材制造业4个行业的比较劳动生产率均由2006年的低于广东平均水平发展到2017年的高于广东平均水平。这说明这些行业的发展势头很猛，效率很高，在市场上的竞争能力很强，对佛山的经济综合竞争力起到了很好的支撑作用。

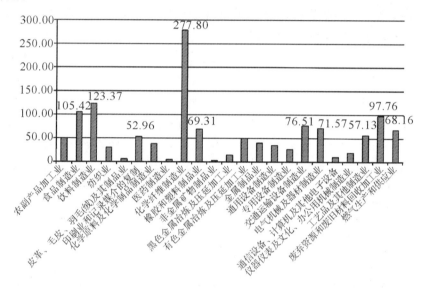

图2-4 2017年与2006年佛山比较劳动生产率增加值比较（单位:%）

3. 佛山工业竞争力存在的问题

（1）高技术制造业竞争力相对较弱

2017年与2006年相比，佛山的非金属矿采选业，木材加工及木、竹、藤、棕、草制品业，造纸及纸制品业，非金属矿物制品业，工艺品及其他制造业，水的生产和供应业6个行业的劳动生产率由高于广东平均水平下降到低于广东平均水平。石油加工、炼焦及核燃料加工业，化学原料及化学制品制造业，医药制造业，黑色金属冶炼及压延加工业，通用设备制造业，交通运输设备制造业，通信设备、计算机及其他电子设备制造业，仪器仪表及文化、办公用机械制造业，燃气生产和供应业9个行业的劳动生产率一直低于广东平均水平。根据相关分类标准，制造业中高技术产业包括：医药制造业，通信设备、计算机及其他电子设备制造业，仪器仪表及文化、办公用机械制造业，石油加工、炼焦及核燃料加工业。按照上述标准，2017 年佛山工业劳动生产率低于广东劳动生产率的 9 个行业中，有 4 个行业属于高技术产业，即石油加工、炼焦及核燃料加工业，医药制造业，通信设备、计算机及其他电子设备制造业，仪器仪表及文化、办公用机械制造业。并且，2017 年佛山规模以上高技术制造业增加值占规模以上工业增加值的比重为 6.4%，而同期广东为 31.7%（见表 2-17）。这表明虽然佛山工业竞争力总体水平较强，但高技术产业竞争力相对较弱，需进一步提升。

表 2-17　2017 年佛山与广东规模以上高技术制造业增加值比较

单位：亿元

指标		广东	佛山
规模以上工业增加值		31 349.47	4 335.33
规模以上高技术制造业增加值	石油加工、炼焦及核燃料加工业	1 014.57	27.78
	医药制造业	502.55	37.61
	通信设备、计算机及其他电子设备制造业	8 122.15	182.91
	仪器仪表及文化、办公用机械制造业	306.45	28.47
	合计	9 945.72	276.77
规模以上高技术制造业增加值占规模以上工业增加值的比重（%）		31.7	6.4

资料来源：根据《广东统计年鉴》2018 年、《佛山统计年鉴》2018 年数据整理。

（2）决定工业竞争力的要素质量尚需进一步提高

根据美国管理学家迈克尔·波特的"钻石模型"，一个国家或地区的产业竞争力取决于四个因素：生产要素条件，需求条件，相关与支援性产业，企业战略、结构与竞争状态。下面就以上四个要素进行分析。

第一，生产要素条件。它们是产业必备的竞争要素。生产要素包括两部分：基本生产要素和高级生产要素。基本生产要素指传统的资源要素，主要包括自然资源和初级劳动力，高级生产要素指依赖于个人、企业和政府行为的要素，主要包括现代化通信的基础设施、高科技人才、高校研究中心、科研设施及专门的技术知识等。

从基本生产要素来看，佛山的自然资源匮乏，在资源密集型产业（如非金属矿采选业，农副产品加工业，石油加工业，非金属矿物制品业，黑色金属冶炼及压延加工业，有色金属冶炼及压延加工业等）竞争力较弱。而佛山初级劳动力较为丰富，在劳动密集型产业如（食品加工业，纺织业，纺织服装、鞋、帽制造业，皮革、毛皮、羽毛（绒）及其制品业，家具制造业，造纸及纸制品业，印刷业和记录媒介的复制，文教体育用品制造业，橡胶和塑料制品业，等）具有一定的竞争力。从高级生产要素来看，佛山人才资源缺乏，技术创新能力较弱，高等教育及科研水平较低，这使得佛山在技术密集型和知识密集型产业（如医药制造业，通信设备、计算机及其他电子设备制造业，化学原料及化学制品制造业，交通运输设备制造业，仪器仪表及文化、办公用机械制造业等）处于竞争劣势地位。而当今产业的竞争受自然资源、人力资源等基本生产要素的影响越来越小，相反，对知识、人才、通信手段等高级生产要素的依赖却越来越大。因此，缺乏高级生产要素已成为制约佛山产业竞争力的突出问题之一。

第二，需求条件，指国内市场对产业的需求本质，具体包括国内市场需求的规模和国内消费者的素质，它对一国或地区产业竞争力的形成具有相当重要的作用。需求条件对一国或地区产业技术革新和质量提高产生压力，并通过国内需求的扩大增加规模经济效益，从而对产业竞争力的提高起着强有力的推动作用。

从佛山产业国内需求规模来看，目前，传统制造业产品国内市场需求规模较大，已经形成规模经济，具有较强的竞争优势；高技术制造业产品，国内市场需求规模较小，尚未形成规模经济，因而生产成本较高，竞争力较弱。从产业的国内消费者素质来看，由于经济发展水平的限制，佛山乃至全国绝大多数消费者对物质产品需求已发展得较为成熟，这就使企业有了改善、创新和提升自我的压力，有助于企业竞争力的提升。

第三，相关与支援性产业，指与主导产业密切结合的产业。一个产业若要形成竞争优势，就必须拥有世界一流的供应商及相关产业，而且彼此之间必须维持紧密的合作关系。如果一个地区的某个产业拥有健全而且具备国际竞争力的相关产业和支援性产业，从而形成强大的产业簇群，则易形成产业的竞争优势。

从佛山实际情况来看，经过多年的发展，佛山业已形成以家用电器、光机电一体化、装备制造、陶瓷及其它建材、纺织服装、金属材料加工与制品、塑料制品、精细化工及医药、食品饮料、家居用品制造十大优势行业为主体的发展格局，围绕主导产业和规模骨干企业，聚集了大批配套的中小企业，形成了大批上下游集群产业，如陶瓷、家电、纺织服装、金属材料、家具、机械装备、家居用品、塑料、食品饮料等产业集群。在传统产业高速发展的同时，佛山的高新技术产业迅速成长，初步形成以电子信息、数码光学、环保家电、生物工程、新材料等行业为主导的高新技术产业群。但目前佛山产业集群发展存在一些问题，主要表现在：传统制造业产业链虽较完整，但长期停留在世界价值链的中低端环节，劳动密集、耗能耗源、技术含量和产品附加值较低的产业居多，利润比较薄弱。大多数传统优势产业都存在生产制造优势明显，原材料和销售环节控制能力薄弱，研发设计能力不够，自主品牌缺乏等问题。它们主要靠成本、规模优势参与市场竞争，同质化竞争比较严重，存在被模仿、被超越的隐忧。新兴产业尚未形成较完善的产业集群，没有建立起上下游较完整的产业链。服务业相关的大多数产业缺乏竞争力，服务业与其相关产业之间难以产生相互受益与自我强化的效果，严重影响了服务业的整体优势。

第四，企业战略、结构和竞争状态，主要指企业如何创建、组织和管理的国内条件，以及该国的国内竞争性质。这是决定其竞争力的因素之一，特别是行业中存在激烈的国内竞争与该行业具有竞争力两者之间存在密切联系。首先，产业的竞争力来自企业的组织和管理模式。不同的国家有不同的组织和管理模式，能使产业获得竞争优势的组织和管理模式，必须是能适应产业动态和本国国情的。其次，行业的国内竞争程度也影响产业竞争力。国内竞争创造了企业创新的压力，这些压力会使企业时时有落后的忧患意识和超前的欲望，推动企业创新，促使企业降低产品成本，改善服务质量，以便获得竞争优势。而且，竞争愈激烈，竞争优势愈大，竞争所创造的压力将会使竞争优势创新升级。

从佛山各企业的组织和管理模式来看，企业的管理意识较为开放，营销观念较为先进。从产业的国内竞争来看，制造业形成了较充分的竞争状态。这些都有助于提升工业竞争力。

（3）科技创新能力不强

一是区域创新能力较弱。虽然佛山工程中心、专业镇的数量和比例都位居全省之首，但与其制造业企业总量相比，佛山工程中心和专业镇的比例还是极低的，特别是高水平的研发机构数量不足，专业镇内集群创新组织能力较弱。同时，企业研发投入不足，企业产品结构水平偏低，高新技术产品占比仍然不高，自主开展产学研合作的企业、高水平产业技术研发项目总量不够。二是人才匮乏。佛山科技人才队伍虽然不断壮大，但人才总量、结构和整体素质与先进地区仍然存在一定差距，特别是高端创新人才短缺，领军人才和优秀团队严重不足，同时创新人才的支持和培养力度较弱，人才环境还需要进一步优化。三是科技投入不足。从科技投入强度来看，近几年佛山科技投入持续加大，佛山全社会 R&D 经费从 2008 年的 1.3% 上升到 2017 年的 2.7%，高于全省 2.6% 的平均水平。但与深圳 2017 年的全社会 R&D 经费高达 4.0% 的水平相比，佛山全社会 R&D 经费的投入明显不足，仍需进一步提高。

三、佛山服务业发展趋势

（一）佛山服务业发展规模

经过近十多年的发展，佛山的产业结构不断优化，形成了"二、三、一"的产业格局。数据显示，2006—2017 年，佛山第二产业以每年 10.2% 的增长速度发展，第二产业增加值占 GDP 的比重从 2006 年的 62.7% 下降到 2017 年的 57.7%。同期，第三产业以每年 12.6% 的增长速度发展，此消彼长之下，第三产业增加值占 GDP 的比重从 2006 年的 34.8% 上升到 2017 年的 40.9%，第二、三产业比重差距不断缩小。近年来随着地区生产总值的扩大，服务业规模也有所增长，2017 年服务业增加值为 3 840.22 亿，全省排名第四；但服务业占 GDP 比重较低，2017 年佛山第三产业增加值占 GDP 的比重为 40.9%，在全省倒数第三。

1. 服务业增加值

自 2006 年以来，佛山服务业增加值以 12.6% 的年均增长速度快速增长，高于同期佛山地区生产总值年均 11.0% 的增长速度。2017 年佛山服务业增加值为 3 840.22 亿元，比 2006 年增长 2.70 倍。从图 2-5 以看出，佛山服务业的增长可分为三个阶段：第一阶段为 2006—2009 年，这一阶段佛山服务业增加值从 1 000 亿增加到 1 600 亿，每年以 17.6% 的平均增长速度快速增长；第二阶段为 2010—2014 年，这一阶段佛山服务业增加值超过 2 000 亿元，但发展速度大幅减缓，以每年 7.8% 的平均增长速度平缓增长；第三阶段为 2015—2017 年，这一阶段佛山服务业增加值超过 3 000 亿元，发展速度大幅增加，以每年 12.6% 的平均增长速度快速增长。

从总体上看，佛山服务业发展迅速是由于自身规模较小，从发展增速上来看，已经超越地区生产总值的增长速度，这说明佛山的产业结构正在逐步优化。虽然仍以第二产业为主导，但第二产业的发展不仅带动地区生产总值的快速增加，也带动了服务业的快速发展。

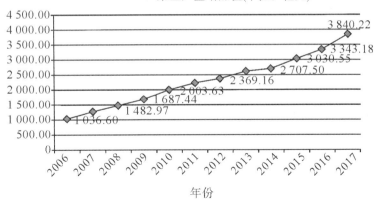

图 2-5　佛山服务业增加值

资料来源：根据《佛山市统计年鉴》2006—2018 年数据整理

2. 固定资产投资

表 2-18 数据显示，2006 年以来佛山投资的重点领域是服务业，服务业投资完成额一直占全市投资完成额的 56% 以上，2010 年达到最高，占佛山投资完成额 64.4%。2017 年佛山投资完成额为 4 265.79 亿元，同 2006 年佛山投资完成额 909.83 亿元相比增长了 3.69 倍，服务业投资完成额为 2 556.53 亿元，同 2006 年佛山服务业投资完成额 51.24 亿元相比增长了 3.99 倍，高于同期全市投资完成额的增长幅度，这表明佛山对服务业的投资规模逐步扩大。

从服务业行业投资增长速度来看，固定资产投资完成额增长速度位于前三位的是租赁和商务服务业，交通运输、仓储和邮政业，金融业。其中，2017年租赁和商务服务业投资完成额 50.57 亿元，比 2006 年的 5.16 亿元增长了 8.80 倍；交通运输、仓储和邮政业投资完成额 321.26 亿元，比 2006 年的 34.51 亿元增长了 8.32 倍；金融业投资完成额 0.49 亿元，比 2006 年的 0.06 亿元增长了 7.17 倍。房地产业，信息传输、计算机服务和软件业，卫生、社会保障和社会福利业，居民服务和其他服务业，科学研究、技术服务和地质勘查业，水利、环境和公共设施管理业等行业都有较大增长，与 2006 年相比分别增长 5.67 倍、5.57 倍、3.53 倍、3.26 倍、2.07 倍和 1.92 倍。公共管理和社会组织，文化、体育和娱乐业，批发和零售业等行业增长速度较小，分别增长 34.2%、30.1%、2.2%；而住宿和餐饮业则为负增长，2017 年与 2006 年相比下降了 10.8%。

从服务业各行业投资规模看，服务业的投资主要集中于房地产业，水利、环境和公共设施管理业，交通运输、仓储和邮政业。2017 年三个行业投资完成额为 2 314.48 亿元，占当年佛山服务业投资完成额的 90.6%。其中房地产业投资完成额 1 562.88 亿元，占服务业投资完成额的 61.1%；水利、环境和公共设施管理业投资完成额 429.98 亿元，占服务业投资完成额的 16.8%；交通运输、仓储和邮政业投资完成额 321.62 亿元，占服务业投资完成额的 12.6%。租赁和商务服务业，教育，信息传输、计算机服务和软件业，批发和零售业的投资完成额较小，这四个行业的投资完成额占服务业投资完成额的比重在 2% 及以下，分别为 2.0%、1.8%、1.3%、1.3%。其余行业的投资完成额占服务业投资完成额的比重均不足 1%。（见表 2-19）

表 2-18　2006—2017 年佛山固定资产投资情况

单位：亿元，%

年份	全市投资完成额	制造业投资完成额		服务业投资完成额	
		金额	比重	金额	比重
2006	909.83	350.98	38.6	512.39	56.3
2007	1 089.69	426.31	39.1	619.45	56.8
2008	1 258.75	450.19	35.8	758.97	60.3
2009	1 470.56	435.74	29.6	908.72	61.8
2010	1 719.63	461.55	26.8	1 108.18	64.4
2011	1 933.96	666.66	34.5	1 199.80	62.0
2012	2 128.33	772.31	36.3	1 281.43	60.2
2013	2 375.60	844.73	35.6	1 457.26	61.3
2014	2 612.45	899.02	34.4	1 633.21	62.5
2015	3 035.52	1 154.01	38.0	1 805.16	59.5
2016	3 512.04	1 466.57	41.8	2 028.62	57.8
2017	4 265.79	1 690.42	39.6	2 556.53	59.9
2017 年比 2006 年增长	368.9	381.6		398.9	

资料来源：根据《佛山市统计年鉴》2006—2018 年数据整理。

表 2-19 2006 年和 2017 年佛山服务业行业固定资产投资情况

单位:亿元、%

指标	2006 年		2017 年		增长
	金额	比重	金额	比重	
交通运输、仓储和邮政业	34.51	6.7	321.62	12.6	831.9
信息传输、计算机服务和软件业	5.19	1.0	34.09	1.3	556.8
批发和零售业	31.95	6.2	32.64	1.3	2.2
住宿和餐饮业	15.68	3.1	13.99	0.5	-10.8
金融业	0.06	0.01	0.49	0.02	716.7
房地产业	234.27	45.7	1 562.88	61.1	550.1
租赁和商业服务业	5.16	1.0	50.57	2.0	880.0
科学研究、技术服务和地质勘查业	2.38	0.5	7.30	0.3	206.7
水利、环境和公共设施管理业	147.21	28.7	429.98	16.8	192.1
居民服务和其他服务业	0.88	0.2	3.75	0.1	326.1
教育	7.49	1.5	45.32	1.8	505.1
卫生、社会保障和社会福利业	5.07	1.0	22.95	0.9	352.7
文化、体育和娱乐业	18.40	3.6	23.94	0.9	30.1
公共管理和社会组织	4.12	0.8	5.53	0.2	34.2

资料来源:根据《佛山市统计年鉴》2006—2018 年数据整理。

3. 就业人数

从就业人数看,2006 年至 2017 年,佛山社会从业人员从 350.77 万人增加到 435.51 万人,增长幅度达到 24.2%;同期,服务业就业人数则从 2006 年的 124.63 万人增长至 2017 年的 167.10 万人,增长幅度达到 34.1%;而第二产业的就业人数从 2006 年的 196.71 万人,增长至 2017 年的 247.04 万人,增长幅度为 25.6%。由于服务业从业人员基数较第二产业小,所以服务业的就业人数增长速度快于第二产业就业人数的增长速度。

从就业比重看,第二产业仍然是佛山吸纳劳动力的主要产业,其就业比重在 55% 左右波动,而服务业的就业比重在近年来一直在 36% 左右波动。但

2017年与2006年相比，第二产业就业人数占总就业人数的比重在波动中小幅上升，由2006年的56.1%上升到2017年的56.7%，上升了0.6个百分点；同期第三产业就业人数占总就业人数的比重也在波动中上升，由2006年的35.5%上升到2017年的38.4%，上升了2.9个百分点。（见表2-20）

总体来说，2006年至2017年，佛山服务业就业人数增幅最大，但就业规模低于第二产业。在经济增长放缓，产业结构转型的背景下，以工业占主体的佛山经济，其服务业的发展只能循序渐进，但从产业未来发展空间角度考虑，服务业无疑是佛山下一个吸纳劳动力的主要产业。

表2-20　2006—2017年佛山产业就业人口占比

单位：万人，%

年份	全社会从业人员	第一产业		第二产业		第三产业	
		人数	比重	人数	比重	人数	比重
2006	350.77	29.43	8.4	196.71	56.1	124.63	35.5
2007	358.88	27.81	7.7	202.98	56.6	128.09	35.7
2008	397.80	30.74	7.7	216.65	54.5	150.41	37.8
2009	424.38	30.31	7.1	228.90	53.9	165.17	38.9
2010	443.46	26.44	6.0	263.65	59.5	153.37	34.6
2011	445.13	26.40	5.9	265.23	59.6	153.50	34.5
2012	437.25	26.76	6.1	258.28	59.1	152.21	34.8
2013	437.29	24.74	5.7	256.89	58.7	155.66	35.6
2014	438.09	21.59	4.9	257.24	58.7	159.26	36.4
2015	438.41	21.63	4.9	253.23	57.8	163.55	37.3
2016	438.81	22.06	5.0	252.06	57.4	164.69	37.5
2017	435.51	21.37	4.9	247.04	56.7	167.10	38.4
2017年比2006年增长	24.2	-27.4		25.6		34.1	

资料来源：根据《佛山市统计年鉴》2006—2018年数据整理。

（二）佛山服务业内部结构

1. 行业结构

2006年以来，佛山服务业总体结构并没有发生太大变化，占服务业增加值最大比重的依然是生活性服务业，其水平一直处于48%左右。生产性服务业

占服务业增加值比重为37%左右，而公共服务业占服务业增加值比重为14%
左右。（见表2-21）

表2-21　2006—2017年佛山各类服务业占服务业的比重

单位:%

年份	生产性服务业	生活性服务业	公共服务业
2006	37.3	48.4	14.3
2007	37.8	50.3	11.9
2008	38.5	45.8	15.7
2009	35.3	48.2	16.5
2010	35.1	48.2	16.8
2011	35.5	48.7	15.8
2012	36.4	48.1	15.5
2015	34.9	44.6	20.2
2016	35.5	44.6	19.7
2017	38.0	43.0	18.8

资料来源：根据《佛山市统计年鉴》2006—2018年数据整理。

就生产性服务业而言，从生产性服务业的行业发展水平来看，各行业的发展差距较大，2006—2017年，信息传输、计算机服务和软件业，金融业，科学研究、技术服务和地质勘查业的增长速度都快于服务业的平均增长速度，其中以科学研究、技术服务和地质勘查业的增长速度最为迅猛。2017年与2006年相比，科学研究、技术服务和地质勘查业增长30.61倍；金融业增长了5.33倍，信息传输、计算机服务和软件业增长了5.10倍。相对于上述发展迅速的行业，交通运输、仓储和邮政业，租赁和商业服务业的发展相对缓慢，落后于服务业的平均增长速度，2017年比2006年分别增长1.57倍和96.4%。从占服务业比重来看，金融业，信息传输、计算机服务和软件业，科学研究、技术服务和地质勘查业占服务业的比重有所提高，其中，金融业由2006年的6.4%提高到2017年10.6%；信息传输、计算机服务和软件业由2006年的5.1%提高到2017年8.2%；科学研究、技术服务和地质勘查业由2006年的0.4%提高到2017年3.5%。其他生产性服务行业增加值占比则有所下降，其中交通运输、仓储和邮政业由2006年的15.5%下降到2017年10.4%；租赁和商业服务业由2006年的9.9%下降到2017年5.1%（见表2-22）

就生活性服务业而言，发展最快的是房地产业，其增加值从 2006 年的 126.37 亿元增长至 2017 年的 563.27 亿元，增长了 5.63 倍；同期，房地产业增加值占生活性服务业增加值的比重从 2006 年的 12.5% 增加至 2017 年的 21.8%。增长幅度居第二位的是批发和零售业，增长了 1.65 倍。居第三位的是居民服务和其他服务业，增长了 1.02 倍。文化、体育和娱乐业增长速度居第四位，其增长幅度为 90.9%。相较于上述发展迅速的行业，住宿和餐饮业的发展则比较缓慢，其增长幅度仅为 5.9%，其增加值总和占服务业增加值的比重也从 2006 的 7.0% 下降至 2017 年的 2.0%。

在公共服务业中，增长幅度最大的是卫生、社会保障和社会福利业，2017 年比 2006 年增长了 7.58 倍；增幅居第二和第三位的分别是教育，公共管理和社会组织，分别增长 3.96 倍和 3.49 倍。相较于上述发展迅速的行业，水利、环境和公共设施管理业的发展相对缓慢，增长了 1.54 倍，总体来说，公共服务业的发展较为均衡，教育，卫生、社会保障和社会福利业，公共管理和社会组织，其增加值所占公共服务业增加值比重一直处于 16% 左右的稳定水平。

表 2-22　2006 年和 2017 年佛山服务业行业结构情况表

单位：亿元、%

行业	2006 年		2017 年		增长
	金额	比重	金额	比重	
交通运输、仓储和邮政业	156.41	15.5	401.20	10.4	156.5
信息传输、计算机服务和软件业	51.60	5.1	314.74	8.2	510.0
批发和零售业	242.07	24.0	641.06	16.7	164.8
住宿和餐饮业	70.69	7.0	74.89	2.0	5.9
金融业	64.41	6.4	407.81	10.6	533.1
房地产业	126.37	12.5	838.19	21.8	563.3
租赁和商业服务业	100.44	9.9	197.23	5.1	96.4
科学研究、技术服务和地质勘查业	4.31	0.4	136.22	3.5	3 060.6
水利、环境和公共设施管理业	24.06	2.4	61.16	1.6	154.2
居民服务和其他服务业	36.67	3.6	74.16	1.9	102.2
教育	42.26	4.2	209.06	5.4	394.7

表2-22(续)

行业	2006 年		2017 年		增长
	金额	比重	金额	比重	
卫生、社会保障和社会福利业	24.28	2.4	208.27	5.4	757.8
文化、体育和娱乐业	12.68	1.3	24.21	0.6	90.9
公共管理和社会组织	53.89	5.3	242.00	6.3	349.1

资料来源：根据《佛山市统计年鉴》2006—2018 年数据整理。

2. 就业结构

从表 2-23 可以看出，2006—2017 年，批发与零售业一直是吸纳就业的主要行业，其就业人口一直占服务业就业人口的 40% 以上。其次，住宿和餐饮的就业比重也一直处于 11% 左右的水平，而批发零售业，居民服务和其他服务业的就业比重则呈现下降的趋势，分别由 2006 年的 53.0% 和 6.7% 下降至 2017 年的 40.0% 和 6.6%。文化、体育和娱乐业，水利、环境和公共设施管理业，科学研究、技术服务和地质勘查业，信息传输、计算机服务和软件业的就业比重则呈现缓慢增长趋势，2017 年其就业比重分别为 1.3%、2.0%、2.2% 和 3.0%。

总的来说，佛山服务业就业情况表明，吸纳大部分就业人口的是较为传统的服务行业，而在高附加值的生产性服务行业方面，如科学研究、技术服务等行业，信息传输、计算机和软件服务的就业人数一直较少，以 2017 年数据为例，其行业就业总和仅占服务业就业人数的 5.2%。这也表明了，佛山高附加值的服务业发展仍然不足，所提供的就业岗位较少。

表 2-23　2006 年和 2017 年佛山服务业就业情况

单位：万人、%

行业	2006 年		2009 年		2012 年		2015 年		2017 年	
	人数	比重	人数	比重	人数	比重	人数	比重	人数	比重
第三产业	130.35	100	165.17	100	152.21	100	163.55	100	167.10	100
交通运输、仓储和邮政业	5.15	4.0	15.22	9.2	11.17	7.3	10.24	6.3	10.38	6.2
信息传输、计算机服务和软件业	3.21	2.5	4.14	2.5	4.32	2.8	4.80	2.9	5.03	3.0
批发和零售业	68.98	53.0	73.73	44.6	62.80	41.3	65.79	40.2	66.75	40.0
住宿和餐饮业	12.30	9.4	18.98	11.5	17.18	11.3	17.33	10.6	17.83	10.7
金融业	3.44	2.6	4.16	2.5	6.02	4.0	6.18	3.8	6.15	3.7

表2-23(续)

行业	2006年		2009年		2012年		2015年		2017年	
	人数	比重	人数	比重	人数	比重	人数	比重	人数	比重
房地产业	3.28	2.5	3.43	2.1	5.05	3.3	7.31	4.5	7.58	4.5
租赁和商业服务业	5.52	4.2	10.48	6.3	4.72	3.1	8.22	5.0	8.52	5.1
科学研究、技术服务和地质勘查业	0.97	0.7	1.17	0.7	1.46	1.0	3.26	2.0	3.60	2.2
水利、环境和公共设施管理业	1.12	0.9	1.82	1.1	2.49	1.6	3.06	1.9	3.32	2.0
居民服务和其他服务业	8.74	6.7	11.98	7.3	11.37	7.8	11.05	6.8	11.10	6.6
教育	6.61	5.1	7.80	4.7	9.14	6.0	10.11	6.2	10.19	6.1
卫生、社会保障和社会福利业	3.53	2.7	3.90	2.4	4.95	3.3	5.06	3.1	5.33	3.2
文化、体育和娱乐业	1.29	1.0	1.72	1.0	2.36	1.6	1.97	1.2	2.11	1.3
公共管理和社会组织	6.21	4.8	6.63	4.0	9.17	6.0	9.03	5.5	9.04	5.4

资料来源：根据《佛山市统计年鉴》2006—2018年数据整理。

3. 地区结构

从表2-24可以看出，佛山市五区服务业的发展差异明显，从发展规模来看，顺德区服务业规模最大，2017年其服务业增加值占全市增加值的比重为33.2%；其次是南海区，占比为29.6%；位居第三的是禅城区，占比为25.3%；三水区和高明区服务业发展规模相对较小，其增加值占全市的比重分别为7.1%和4.5%。

从服务业的增长幅度来看，禅城区服务业的增长幅度最大，2017年与2006年相比，其服务业增加值增长了3.05倍；位居第二的是高明区，增长了3.03倍；三水区、顺德区和南海区分列第三、第四和第五位，分别增长了2.83倍、2.42倍和2.19倍。

表2-24 2006年和2017年佛山市各区服务业发展情况

单位：亿元、%

地区	2006年			2017年			2017年比2006年增长
	增加值	占全市比重	占全区比重	增加值	占全市比重	占全区比重	
禅城区	232.87	21.6	41.5	943.39	25.3	56.6	305.1
南海区	357.08	33.1	36.4	1 138.11	29.6	42.7	218.7
顺德区	372.38	34.5	35.1	1 274.94	33.2	42.3	242.4

表2-24(续)

地区	2006 年			2017 年			2017 年比2006 年增长
	增加值	占全市比重	占全区比重	增加值	占全市比重	占全区比重	
高明区	44.79	4.2	20.9	180.42	4.7	21.5	302.8
三水区	71.43	6.6	28.0	273.36	7.1	23.8	282.7

资料来源：根据《佛山市统计年鉴》2006—2018 年数据整理。

注：表中占全市比重指各区服务业增加值占佛山服务业增加值的比重，占全区比重指服务业占各区生产总值比重

（3）佛山服务业发展中存在的主要问题

1. 发展规模小

近年来，佛山经济发展迅速，人均 GDP 位居全国前 20，但其服务业规模却只占 GDP 总量的 40%左右，制造业仍然作为经济发展的支柱产业，与广州、深圳和珠海等珠三角城市相比，佛山服务业相对规模较小，与上述城市相比仍存在较大差距。2017 年，佛山服务业增加值占 GDP 比重为 40.9%；同期，广州、深圳、珠海增加值占 GDP 比重分别为 71.0%、58.5%、50.1%，佛山服务业增加值占 GDP 比重比广州、深圳和珠海分别低 30.1 个、17.6 个和 9.2 个百分点。

2. 服务业内部结构不合理

随着近年来经济发展，佛山服务业的规模也呈等比例增长的趋势，在此过程中，信息传输、计算机服务和软件业，金融业，房地产业，科学研究、技术服务和地质勘查业，教育，卫生、社会保障和社会福利业，公共管理和社会组织的增长速度都大幅领先于行业的平均发展速度。其中，以科学研究、技术服务和地质勘查业的发展速度最为迅猛，相对于上述发展迅速的部门，交通运输、仓储和邮政业，批发和零售业，住宿和餐饮业，租赁和商业服务业，水利、环境和公共设施管理业，居民服务和其他服务业，文化、体育和娱乐业的发展较为缓慢，落后于行业的平均发展速度。从行业增加值角度来看，信息技术、科研、技术服务等技术含量高的服务行业比重小，占绝大部分比重的依然为房地产业，批发和零售业，金融业，交通运输、仓储和邮政业。可见，佛山服务业内部结构不合理，能为佛山庞大的制造业提供转型支持的生产性服务业发展不足。

从产业转型以及可持续发展的角度来看，佛山服务业占 GDP 比重比较低，特别是生产性服务业。数据显示，2006 年以来佛山生产性服务业占 GDP 的比

重一直在 22%以下，这对佛山这一制造业强市的产业转型升级是极为不利的。由于生产性服务业在佛山经济中的规模较小，导致制造业和服务业的发展不匹配，主要表现在生产性服务业供给与制造业转型升级的需求不匹配。根据经验，制造业的产出与生产性服务业的产出比例应在 1∶1 以上，也就是说当生产性服务业的产出大于制造业的产出，才能为制造业提供配套服务。数据显示，2006—2017 年，佛山生产性服务业增加值远小于工业增加值，这意味着在此期间，佛山生产性服务业供给量远小于需求量。并且，随着生产性服务业的发展速度慢于工业发展速度，生产性服务业供求的缺口越来越多。两者缺口额由 2006 年的 1 179.00 亿元扩大到 2017 年的 3 132.27 亿元。（见表 2-25）这种巨大的缺口，导致佛山大部分高技术、高附加值的生产性服务业仍依赖于进口以及周边第三产业发达的城市，如广州和深圳。

表 2-25　2006—2017 年佛山市生产性服务业供需缺口

单位：亿元、%

年份	生产性服务业供给量	生产性服务业需求量	生产性服务业供求缺口
2006	619.25	1 798.25	1 179.00
2007	718.61	2 221.74	1 503.13
2008	851.35	2 731.03	1 879.68
2009	952.65	2 961.10	2 008.45
2010	1 141.88	3 451.28	2 309.4
2011	1 267.13	3 784.50	2 517.37
2012	1 402.68	4 030.00	2 627.32
2015	1 628.41	4 811.50	3 183.09
2016	1 804.08	5 100.56	3 296.48
2017	2 098.26	5 230.53	3 132.27
2017 年比2006 年增长	238.8	190.9	165.7

资料来源：根据《佛山市统计年鉴》2006—2018 年数据整理。

3. 服务业固定资产投资比重失衡

"十一五"以来，佛山服务业固定资产投资占总投资比例一直处于 60%左右，其投资水平处于全国中上水平，但相较于深圳、广州、珠海等城市 70%以上的服务业投资占比，以及自身庞大的制造业规模，佛山服务业投资仍然略显不足；同时，佛山服务业行业间投资比重差距明显，从服务业投资完成额行业占比情况来看，服务业的投资主要集中于房地产业，水利、环境和公共设施管理业，交通运输、仓储和邮政业，2017 年这三个行业的投资额分别占服务业投资完成额的 61.1%、16.8% 和 12.6%。而金融业，居民服务和其他服务业，公共管理和社会组织，科学研究、技术服务和地质勘查业的占比最少，分别为服务业投资完成额的 0.02%、0.1%、0.2 和 0.3%。

4. 缺乏高端技术人才

人才是影响地区服务业发展的重要因素，尤其对于知识技术密集型服务业来说，人才是推动行业发展的主力。近年来，佛山提出工业 4.0、佛山智造等发展战略，其出发点就是以知识密集型服务业推动制造业的转型，对此，高端的人才储备显得尤为重要。但从目前来看服务业人才结构，服务业从业人员的素质未能满足服务业的发展需求，在信息技术和服务，金融业等现代服务业方面这一问题尤为突出。总的来说，服务业需要依靠高级的生产要素才能保持长久的竞争力。

四、佛山产业提升路径

（一）制造业方面

1. 科学把握先进制造业发展方向

（1）产业升级从产业链延伸向"4+1"价值链转变

当今全球制造业的竞争已不仅仅是企业、产品或者产业链的竞争，而是价值链的竞争。制造业价值链是一个"4+1"模式：其中"4"是指产品设计、原料和零部件采购、物流运输和批发零售四个环节，"1"是指生产制造环节。在"4+1"模式中，当"1"这个环节创造了 1/10 的价值时，其他"4"个环节便创造了 9/10 的价值。但目前佛山制造业的价值链模式并不是以"4"为主，而是以"1"为主。这样的模式导致了其他四个环节在全球制造业价值链上处于弱势和低端地位。因此，必须使佛山产业升级从产业链延伸向"4+1"价值链转变，要通过整合生产研发和整合供应链，促进佛山制造业价值链升级。

（2）自主创新从技术、产品的创新向企业整体变革转变

发展先进制造业仅仅模仿别人的产品是难以成长壮大的，企业必须注重自主创新。真正的创新远不只是纯粹的生产设计和推出新产品，也不仅限于技术

变革，而是指企业的整体变革，包括管理模式和商业模式的创新，增加产品附加值和富有影响力的服务解决方案，以及产生产品的构想与机制。

（3）技术创新从技术模仿与改进向尖端前沿技术研发转变

先进制造业的技术创新，可以从技术模仿和改进开始，但绝不能停留在技术模仿改进阶段，要在加大科技投入、加强产学研合作的基础上，逐渐向产业尖端和前沿技术研发的方向转变。应特别注重研究开发符合国家产业、技术政策，技术含量高，技术处于国际领先水平的制造技术。

2. 有效实施提升制造业的措施

（1）推动制造业基地向制造业中心发展

制造业基地就是制造业的生产基地，它一般不具有技术研发、市场营销和品牌经营的功能。制造业中心一般包括产品制造、市场营销和技术研发三大内容，是制造中心、营销中心和研发中心的统一，在此基础上，一般也形成了品牌中心。制造业中心是制造业发展成熟阶段的表现形式，在此阶段，营销过程和研发过程已经完全从制造过程中独立出来，并反过来对制造过程起主导作用和带动作用。从制造业基地发展成为制造业中心的技术路线一般是：OEM—ODM—OBM，其中，E为配件，D为设计，B为品牌。第一个阶段OEM（Original Equipment Manufacturing）即"原配件生产"，也称为"贴牌生产"，它是指原始的加工制造。第二个阶段ODM（Original Design Manufacturing）即"原设计生产"，这是比OEM更高的层次，是在加工制造过程中不断学习，逐步提高产品的设计能力、生产能力。第三阶段OBM（Original Brand Manufacturing）即"原品牌生产"，是指有自有品牌的生产制造，也就是打造制造业基地所要实现的目标。

佛山的一些产业和产品已经成为广东乃至全国制造业基地，如家电、家具、陶瓷等，但由于技术、研发、营销、品牌等方面的落后，离制造业中心还有相当远的距离。目前，佛山虽然拥有了一些自己的品牌，但这些品牌基本上都是国家级或省级品牌，真正具有国际声誉和影响的品牌还很少，大多数制造业产业的发展仍处于第一、二个阶段，佛山应当努力推动支柱产业和主导产品向第三个阶段发展。建设制造业中心应成为佛山制造业发展的战略目标。

（2）大力实施品牌战略

市场竞争是产品竞争，产品竞争是质量竞争，而质量竞争往往是通过品牌竞争来实现的。一个国家或地区的名牌状况是其经济实力的反映。名牌在市场上具有强大的竞争力，因而带来巨大的名牌效益。质量意识，在市场经济条件下，必然升华为名牌意识。因此佛山应把实施名牌战略作为提升制造业的重要抓手。

创名牌是一项社会系统工程，所以，在实施的过程中，必须有明确的战略。在最核心的意义上，名牌战略主要是两个侧面的结合。一个侧面是创造名牌的战略，一个侧面是利用名牌的战略。而名牌战略的实施主体有两个，即企业和政府，对于企业来说，主要是"创名牌"的战略，对于政府等来说，主要是"用名牌"战略。具体而言：第一，企业名牌战略。宗旨是解决名牌成长的母体问题，其战略目标选择原则：一是企业和产品的恰当的市场定位；二是强大的市场竞争能力。因此，企业要制定、实施各项具体战略，如产品战略、商标战略、质量战略、科技战略、营销战略、管理战略、投资战略和人才战略等。第二，政府名牌战略。宗旨是解决名牌成长的社会条件问题，其战略目标选择原则：一是提高区域经济的素质和效益；二是增强区域经济的国际竞争力。因此，政府要将名牌战略的要素贯穿在法制建设、体制改革、资产重组、产业政策、宏观调控、市场管理、社会文化和名牌管理等各项方针政策领域。

（3）积极实施科技创新和人才兴业战略

区域制造业的竞争，大体上要经历三个相互联系的阶段：第一阶段是争资金。这属于一般招商引资的竞争，第二阶段是争技术。就是围绕引进高新技术产业和重大投资项目进行竞争。第三阶段是争人才。通过引进人才，相应就带来了技术、资金和项目，同时能够支撑高新技术产业和重大投资项目的发展。

佛山下一步的发展，既要争大项目，更要注意争人才，要面向海内外招聘高素质的职业经理人和技术创新者，打造科技创新和人才聚集新高地。为此，要大力实施技术创新体系建设和人才战略，一是提高企业自主创新能力，加大政府资金扶持力度，鼓励企业争创国家和省级（工程）技术中心；二是充分利用现有科技资源，加强与大专院校、科研院所的合作，继续引进一批名牌大学、科研院所到佛山设立分院分所，依托佛山的大学和科研机构，围绕支柱产业及相关行业，创造条件建立行业性技术中心，面向全行业提供技术开发、集成和转移等服务；三是加快信息化工程建设，提高重点领域和企业的产品设计水平和对市场的快速反应能力。四是加快人才的培养和引进，进一步完善人才激励机制，落实知识、技术、管理等生产要素参与分配的政策规定，大力引进学科带头人、拔尖人才和复合型人才，加快发展成人教育和职业技术教育，培养制造业发展急需的高级技术工人。

3. 加速提升区域技术创新能力

（1）实施企业技术创新战略，提升企业自主创新能力

一是建设创新型企业梯队。在全市主导行业和优势产业中选择 10 家大中型企业和 20 家成长性好的科技型中小企业开展创建创新型企业活动，鼓励和引导企业走"专、精、特、新"的发展路子。二是加强企业研发机构的建设。扶持培育一批掌握自主知识产权和具有自主品牌的行业骨干科技型企业研发机构，增强企业技术研发实力。三是提升中小企业创新能力。实施科技型中小企业培育计划，整合技术、人才、资金等要素，引导企业加强产学研合作，加大研发投入，引进新技术，开发新产品，支持 30 家科技型中小企业做大做强。四是继续大力推进"产学研"结合。引导企业走"产学研"结合道路，鼓励企业走出去，寻求与高校、科研院所的密切合作，共同开发新产品，借助"外脑"发展自身。

（2）实施知识产权战略，加强知识产权保护

建立健全归属清晰、权责明确、管理规范、流转顺畅的现代知识产权制度，激发发明创造活力，加强知识产权保护，推进专利成果产业化。一是宣传普及知识产权知识。利用各种传播媒介，采取各种方式，宣传知识产权法律法规，普及知识产权知识，大幅度地提高社会公众尊重和保护知识产权的意识。二是加强知识产权指导管理。指导和支持企业、个人对具备申请专利条件的自主知识产权及时申请专利，继续加大对授权专利的奖励和实施专利的扶持力度。三是深入开展保护专项行动。采取专项整治与经常查处相结合、治标与治本相结合的方法，查处打击专利侵权、假冒专利行为，净化技术创新环境，保护各方面技术创新的积极性。

（3）实施人才战略，建设一支高素质的科技创新队伍

一是加强人才的培养和培训。着力提高劳动者的素质，提高各级领导和企业管理人员的素质，尤其是企业领导的创新素质。充分利用高校的师资设备，办好各种培训班。二是管好和用好现有人才。建立人尽其才、才尽其用、人才脱颖而出的用人机制。不断改善科技人员的工作和生活条件，解决好他们的后顾之忧。三是引进和激励人才。重点引进具有高级职称和研究生学历的高素质人才，充分发挥拔尖人才在企业中的重要作用。建立以业绩和能力为重点的自主创新人才评价体系，加大人力资本要素在分配中的比重，建立按科技创新促进科技成果转化为贡献大小参与分配的人才激励机制。形成重视科技创新、重奖科技人才的社会气氛，以调动科技工作人员的创新积极性。

（4）实施多元化的科技创新投入战略，加大科技创新投入力度

一是政府要逐渐加大科技投入，发挥好财政投入的引导作用；二是积极争取上级科技部门支持。市科技部门要协助企业做好每年省级科技计划项目和科技重大专项的申报，以科技项目为载体，开展技术创新和技术研发；三是鼓励企业增加科技投入，调动企业技术创新的积极性，真正形成政府引导、企业主体的投入的机制。

4. 进一步推进产业、金融、科技、文化的深度融合

（1）完善有利于融合的政策措施

进一步制定完善科技、金融与产业融合发展的政策措施，构建较为完备的促进融合的政策体系，强化配套政策之间的衔接和互动，形成促进科技、金融与产业融合发展的政策合力。以协同创新，整合科技、金融、产业各类资源要素；以强化载体建设，提升优质项目、重大项目的承接能力；以金融创新，保障融合的资金投入；以创新财政资金投入，提高财政投入的效率；以强化人才队伍建设、加强创新保护、完善服务体系、培育创新创业文化，营造融合环境氛围；大力推进全市技术创新模式、商业发展模式和产业赢利模式的系统革新，实现科技、金融与产业的融合发展。

（2）培育致力于融合的市场主体

强化企业作为科技、金融与产业融合的主体地位，根据企业发展不同阶段的需要，引入各类科技、金融要素，增强企业实力和核心竞争力，加快培育高新技术产业集群。对处于种子期、初创期的企业，完善孵化体系，提供创业平台，降低创业门槛。设立创业引导资金，鼓励民间资本对企业进行投资。对处于成长期的企业，加快各级载体设施建设，搭建公共技术服务平台，帮助企业提高科技创新能力；利用创业投资、知识产权质押、科技小额贷款、贷款担保等投融资平台，为成长期企业提供高效、快捷的融资服务。对处于壮大期的企业，鼓励建设研发机构，进行重大技术创新和科技成果转化；树立知名品牌，扩大市场规模；通过股权改造，吸引风险投资、产业投资募集发展资金，进一步做大做强，成为行业领军企业。

（3）丰富有利于融合的金融工具

一是完善创新型企业信贷体系。鼓励各商业银行设立专营机构，专门从事科技企业金融服务。鼓励科技小额贷款公司的发展，面向科技型中小企业发放贷款，加快建立适合科技型中小企业的信贷与投资的管理模式。鼓励商业金融机构制定专门的科技企业信贷政策，扩大信贷规模，简化信贷审批手续，对政府推荐且给予风险补贴的重点科技企业开辟金融服务"绿色通道"。建立"科

技贷款+科技担保+政府风险补偿"的风险管控体系，探索支持科技型中小企业的新模式。

二是推动创新型企业上市融资。完善企业上市支持政策和工作推进机制，按照"培育一批、申报一批、上市一批、做强一批"的要求，做好上市后备企业的筛选和培育。强化对企业上市工作的分类指导和培育，推动科技企业利用资本市场做强做大。支持和鼓励具备条件的创新型企业开展股份制改造，帮助企业合法合规地解决上市过程中存在的问题。

（二）服务业方面

1. 明确服务业的发展重点

当前和今后一个时期，佛山要充分发挥各种政策叠加、产业基础扎实和交通运输便捷等优势，坚持市场化、社会化和产业化等原则，以扩大规模、优化结构和提高层次为主线，优先发展生产性服务业，提升发展生活性服务业，加快发展公共性服务业，努力促进服务业平稳、健康、持续发展。

（1）优先发展生产性服务业

以佛山市经济发展需要为重点，加快构建工业生产的上游、中游、下游各个环节的服务体系，努力使生产性服务成为全市服务业跨越发展的主体。

——现代物流业。现代物流业要坚持专业化、信息化、网络化的原则，加快打造佛山现代物流基地。一是围绕优势资源、重要产业和货物集散等，以生产生活配送物流为中心，加快现代物流公共服务平台建设。重点抓好禅城港区国际物流园区和城北铁路物流园区等一批物流园区建设，并尽快将其打造成为区域现代物流的示范园区。同时，加快居民消费品物流和特色商品物流等的科学布局，着力构建配套、便捷、高效的现代物流网络体系。二是围绕陶瓷、不锈钢、纺织、童服产品等，大力发展现代专业物流业。重点推进陶瓷物流配送中心、不锈钢物流配送中心、纺织品物流配送中心和童服物流配送中心建设，并加大现代物流技术、设备、工艺的应用力度，搞好铁路、公路和水运等各种运输网络的有机衔接。三是围绕企业升级、设备利用和效益提高等，大力发展第三方现代物流业。遵循物流市场规律，强化物流资源整合，优化物流资源配置，打破行业、部门、区域各自为政、分散管理及自我封闭的格局，促进社会物流资源进入市场。

——信息服务业。信息服务业要坚持完善网络、提升功能、相互融合的原则，大力拓展信息服务业的领域。一是搞好新一代移动通信、下一代互联网络和数字电视网络设施建设，积极推动通讯网、互联网和广电网"三网"融合发展，加快形成超高速、大容量、高智能干线传输网络，着力构建服务到社区的综合信息服务网络。二是提升核心政务信息系统，完善便民信息服务体系，建设标准统一、互联互通、安全可靠的电子政务网络平台，覆盖政务协同办公、公共信用信息和突发事件应急指挥系统，进一步完善"一站式""一线式"电子政务服务格局。三是大力实施工业信息化和服务业信息化等系列工程，重点推进用信息技术改造传统产业，进而提高制造业的整体实力；同时，着力提高社会公众信息化运用水平，积极推进政府、企业和社区等信息资源的开发利用，加快建设诚信信息系统，积极推进公共服务领域的信息化应用。

——金融服务业。金融业要坚持产业化、一体化、差异化的原则，全面提升其综合实力。一是加快金融市场建设，着力构建货币、资本和保险等一体化发展的金融市场体系，并规范融资平台建设，发展各类产业基金、担保公司和财务公司等金融企业，不断发展提升金融市场。二是搞好金融服务产品创新，支持开发市场细分化、差异化、特色化的金融业务品种，创新发展各类抵押担保方式，提高金融服务水平。三是鼓励发展各类保险机构，加快扩大保险覆盖面，丰富大众服务品种，拓展资产保险市场，提高保险信用度。同时，大力优化金融生态环境，提高全民金融信用意识；依法科学监管，切实保障金融债权人、投资人和担保人的合法权益；维护金融秩序，促进经济社会发展。

——商务服务业。商务服务业要坚持市场化、贸易化、品牌化的原则，努力提高服务质量。一是着力发展会计和审计等财务类、律师和公证等法律类、代理和经纪等交易类中介服务业，并积极推进其标准化建设；突出发展人事代理、人才推荐和劳务派遣等服务业。二是以佛山市国际会议展览中心为依托，建立会展承办机构，提高会展策划水平，强化会展规范管理，努力把"陶交会"等培育成国内外具有较大影响的会展品牌，并提高陶瓷机械博览会、汽车零部件博览会等专业会展的影响力。三是加快商务服务业"硬件"建设，尤其是会展设施建设；同时，加快商务服务业"软件"建设，积极培育一批专业性强、品牌突出、影响力大的商务服务业企业。

——科技服务业。科技服务业要坚持现代化、产业化、社会化的原则，努力为转变经济发展方式提供科技支撑。一是健全科技服务网络，拓展科技服务范围，加快科技创业园区建设；支持重点企业建立技术研发机构，鼓励企业与高等院校、科研机构共建工程实验室、企业技术中心和产业技术创新联盟等，逐步形成功能社会化、经营产业化、管理现代化的科技服务体系。二是优化整合创新资源，引进吸收先进技术，切实加大资金投入。围绕实现绿色增长的目标，创新清洁能源、可再生能源和资源循环利用技术；围绕陶瓷装备、精密制造、汽车配件、家用电器等先进制造业，突破关键材料、技术和装备研发；围绕保障人们身体健康，大力扶持生物技术药物和现代中成药的研制。三是大力促进科技成果尽快实现产业化，支持各类科技成果转化孵化的基地建设，鼓励市外大企业在佛山建立研发中心和产业化基地。

（2）提升发展生活性服务业

以佛山市居民生活需要为重点，增加服务的科技含量，规范服务标准，提高服务质量，加快构建向居民提供物质和精神生活消费产品及服务的体系，努力使生活性服务业成为全市扩大内需的有效载体。

——住宿饮食业。住宿饮食业要坚持特色化、标准化、规范化的原则，努力提高其服务水平。一是以满足人们住宿饮食消费为重点，在搞好其规划布局的基础上，加快基础设施建设，重点抓好酒店、小吃街和美食城等一批工程建设，着力提升服务"硬件"水平。二是大力培育饮食特色品牌，壮大发展名优饮食企业、弘扬光大饮食文化，实施饮食服务提升工程，加快形成高、中、低档次相匹配，大、中、小型相协调，早、中、晚餐多样化的饮食服务格局。三是加快住宿饮食业"软件"建设，实施标准化、规范化、人性化管理，倡导开展国际质量、安全、环保、卫生管理体系认证；鼓励名牌、老字号住宿饮食企业连锁经营、集团化发展，推动中式快餐工业化、系列化和品牌化生产，促进家庭饮食服务社会化。

——批发零售业。批发零售业要坚持网络化、信息化、便利化的原则，加快建设区域性商品批发零售中心。一是大力推进商业结构和业态调整，加快发展超市、综合购物中心等新型业态；在更大范围、更深层次、更高标准的基础上发展连锁经营，并合理布局商业网点，切实增强商业聚集效应。二是应用现代信息技术，改造整合一批综合批发市场、专业市场和城乡集贸市场，建立适合不同层次消费需求的市场网络。三是打造在产品生产中心，发展提升一批特色批发市场，重点抓好南庄陶瓷市场、张槎针织市场、石湾不锈钢市场的建设；完善一批大型综合批发市场，重点抓好城北综合批发市场的建设。三是应用现代信息，改造提升一批城市综合体、大型购物中心和连锁超市，重点提升九鼎国际、兴华商场和顺联国际等。

——文化旅游业。文化旅游业要坚持政府引导和市场运作相结合、旅游开发与文化提升相结合、产业增效与传承文明相结合的原则，加快形成特色鲜明、主题突出、优势互补的文化旅游业发展格局。一是围绕打造"岭南文化"的地方特色，重点抓好岭南建筑、历史文化、民间艺术、美食和武术等旅游线路建设，突出抓好祖庙东华里——岭南天地旅游景区、梁园旅游景区和南方古灶旅游景区等支撑项目建设，着力抓好现代文化旅游和历史文化旅游等综合体建设。二是围绕民间工艺、文化艺术等，搞好文化旅游产品的研发、挖掘和加工包装，提高其商品转化率。同时，鼓励以资产为纽带，推进文化旅游企业的重组、兼并、联合，并命名一批文化旅游指定产品，开设一批文化旅游商品专卖店。三是围绕中国粤曲之乡、武术之乡、民间艺术之乡等品牌，聘请文化旅游方面的专家学者，对其进行形象设计、全面包装和精心策划，并通过广播电视、报纸书刊和互联网络等媒体，加大对外宣传、推广、引导力度，进一步提高禅城文化旅游的知名度、认知度和吸引度。

——房地产业。房地产业要坚持规模化、合理化、市场化原则，努力促进房地产业健康发展。一是以旧城改造、新区建设为重点，加快城市廉租住房、公共租赁住房建设，提高中小户型、中低价位普通商品房供应；加快实施城中村改造工程，限制高档住宅建设，扩大经济适用住房建设规模，着力解决城市中低收入和特困人员的住房问题。二是引导健全住房金融支持体系，推进住房消费信贷，完善住房融资机制，提高住房消费需求；引导开发企业更多采用新技术、新材料、新设备等，实现住宅建设的集约化，着力提高其综合质量；引导住宅建设以节水、节地和节材等为着力点，发展节能型住宅，建设生态宜居城区。

——社区服务业。社区服务业要坚持专业化、多元化、网络化的原则，建立健全其服务体系。一是以满足社区成员的物质文化生活需要、保持社会和谐稳定为宗旨，强化政策引导，支持社会资本投资建设老年公寓、活动中心和从事养老服务业经营，加快培育一批规模大、实力强、效益好的养老服务业和连锁集团，并按照行业标准，规范服务行为，面对市场运作，提供多元化的养老服务。二是搞好公益信息平台建设，构筑社区服务网络，完善供需对接、信息咨询、服务监督等功能，并整合服务资源，加快形成便利的社区服务体系；同时，加强便民服务设施建设，着力增加服务网点。三是适应人们生活节奏加快的趋势，重点发展家政服务、照料服务和陪护服务等，以满足家庭的基本需求；鼓励各类服务企业进入城乡社区，从事代购、喜庆和咨询等服务业，拓展社区服务业领域。规范社区服务市场，提高服务质量，维护合法权益；并搞好职业技能培训，提升经营管理者素质，着力打造社区服务品牌。

（3）加快发展公共性服务业

以佛山市社会发展需要为重点，增强服务供给能力，扩展服务覆盖范围，提高社会满意水平，加快构建为公众参与社会、经济、文化等活动的服务体系，努力使公共性服务业成为全市持续发展的"助推器"。

——教育服务业。教育服务业要坚持均衡性、协调性、持续性的原则，努力完善现代教育体系。一是加快发展学前教育，支持街道、社区办幼儿园，鼓励行政事业单位、企业和社会力量办幼儿园，引导民办幼儿园提供面向大众、收费较低的普惠性服务。二是加强普通高中内涵建设，提高高中阶段教育质量和普及水平；重视发展特殊教育和职业教育等，规划建设一批规范化、特色化、品牌化的示范学校，提升完善一批教学、生产、经营相结合的实训基地，鼓励发展一批校企联合的职业教育集团。三是启动"高校内涵提升计划"，有序推进佛山科学技术学院的规划建设，并吸引国内高等院校在佛山设立分校区，支持高等院校与国内知名院校合作办学。同时，健全继续教育推进机制，大力发展非学历继续教育，稳步发展学历继续教育，加快发展成人教育。

——文体服务业。文体服务业要坚持整合资源、打造品牌、普及提升的原则，着力打造佛山"文体发展"高地。一是加大文化设施建设力度，重点抓好图书馆、博物馆、科学馆和艺术馆建设，着力规划民俗文化产业园、文化创意产业基地建设。二是加大文化品牌打造力度，重点打造戏曲之乡、武术之乡等核心文化品牌，积极打造石湾公仔等工艺文化品牌，加快形成特色鲜明的文化品牌体系。三是加大文化产业发展力度，成立艺术团，搞好艺术培训，建设集戏曲、影视剧场和文化用品经营于一体的娱乐城；同时，加大体育设施建设力度，重点抓好学校、社区健身场的建设，进一步完善全民健身服务体系。大力发展体育竞技表演、体育技术培训、休闲健身等体育产业，培育体育产业集团和体育休闲会所，着力满足多层次个性化体育健身需求。

——医疗卫生业。医疗卫生业要坚持完善体系、健全机构、提升服务的原则，促进居民医疗保健水平再上新台阶。一是以公立医院为主导地位，支持名医、名专科、名医院与社会力量合资合作，鼓励社会资本兴办医疗卫生机构，加快形成多渠道增加医疗资源、多元化办医疗机构的格局。二是完善以社区为基础的新型城市医疗卫生服务体系，开展社区首诊试点，加快形成基本医疗卫生机构和大医院功能合理、协作配合、相互转诊的服务体系。三是加强疫病预防控制、传染病救治和突发事件卫生应急能力建设，落实基本和重大公共卫生服务项目，实施以人力支持和技术帮扶为主要内容的"卫生强基"工程，完善基层公共卫生机构补偿机制，促进基本公共卫生服务均等化。

2. 采取有效的政策措施

根据国内外经验，一个国家或地区服务业发展的规模、速度和质量等，在很大程度上取决于扶持政策、保障措施和工作力度。佛山要从发展实际出发，结合产业特征，运用现代理论，加快研究制定一系列引导政策、保障措施和工作机制等，以确保服务业科学发展、和谐发展、跨越发展。

（1）加大政策支持力度

佛山要在深入研究中央、省促进服务业发展政策措施的基础上，出台配套的实施细则，并采取全面督导、专项调度、责任追究等方式，确保政策措施真正落到实处。同时，要结合实际，学习先进，瞄准目标，搞好政策措施的深化、配套和延伸，研究制定促进佛山市服务业跨越发展的政策措施。如研究制定加快城市化的政策措施，进一步拓展服务业发展空间；研究制定促进消费升级的政策措施，进一步扩大服务业消费；研究制定扩大服务贸易的政策措施，进一步促进服务产品出口等。要在提高政策措施的针对性、有效性和持续性上下功夫，以政策措施优势打造产业优势、经济优势、高地优势。

（2）优化服务业投资结构

在扩大服务业投资规模的同时，更要重视优化服务业投资结构问题。适度减少房地产业的投资，增加高技术服务业、软件与信息服务业、电子商务、人力资源服务业、文化创意产业、节能环保服务业等领域的投资。这些服务业基础薄弱，但市场潜力大、发展前景较为广阔，是服务业投资的重点领域。要充分发挥政府投资对社会投资的引领带动作用，吸引社会资本进入，实现"以政府投资为主"向"以社会投资为主"的有序转换。政府对服务业的投资重在引导和带动，服务业发展的资金主要还是要依靠市场力量解决。通过改善投资环境，创造公平准入条件，吸引社会资本、民间资本投资服务业，是解决服务业发展资金问题的根本途径。

（3）拓宽筹资融资渠道

建立健全以政府投入为引导、企业投入为主体、境内外投资共同参与的服务业多元化投融资机制，千方百计拓宽筹资融资渠道。一是加大财政资金投入力度，引导社会资金投向服务业，利用资本市场扩大服务业融资，重点支持服务业关键领域、薄弱环节和新兴行业等发展。二是引导金融机构调整优化信贷结构，推进知识产权融资和优势资源融资等新模式，并努力搞好银企有机对接，争取更多的信贷资金投向服务业。三是采取资源招商、产业招商和项目招商等方式，吸引国内外的知名企业集团来佛山投资发展服务业；同时，进一步放宽服务业市场准入标准，大力吸引民间资本投向服务业。

（4）强化科技创新支持

建立以企业为主体、市场为导向、产学研相结合的服务业创新体系，努力在电子商务、金融保险和现代物流等关键技术上取得进展，并加快信息技术、网络技术和数字技术在服务业的普及应用。鼓励企业大力发展实用技术、核心技术和高端技术，切实提高产品质量、市场信誉和服务水平；支持企业引进现代服务业态、创新服务方式、挖掘服务潜力，并强化服务管理，延伸服务内容，提高服务附加值。重视信息资源开发，加快电子政务建设；依靠科技进步，拓展服务领域，实现经营方式变革；大力发展公共服务网，提高服务效率，降低服务成本，增强服务企业综合竞争力。

（5）实施品牌带动战略

加快建立健全佛山服务业品牌评价体系，增强企业的竞争意识、商标意识和品牌意识，引导企业搞好商标注册、品牌认证、质量体系建设，全面提升企业形象。采取综合措施，努力打造服务业知名品牌，以品牌产品推动品牌企业发展，以品牌企业推动服务业升级。集中人力、物力和财力，着力培育发展一批在省内、国内同行中知名的品牌产品，并借助国内外知名企业的资本、技术和管理等，嫁接拓展一批特色产品。要以实施品牌带动战略为着力点，加快佛山服务业产品走向国内外的步伐。

（6）加强人才队伍建设

采取以学校培养为主、职业培训为辅、招聘引进为补充的措施，全面提高服务业从业人员的业务素质，适应服务业发展的需求。一是根据服务业发展的需要，有计划地在高等院校开设服务业急需专业，重点培养现代物流、市场开发和技术服务以及熟悉国际贸易规则等方面的人才，不断优化其人才队伍结构。二是充分利用佛山科学技术学院、佛山职业技术学院和顺德职业技术学院等教育资源，针对不同类型服务业从业人员特点，开展多层次、多形式的职业培训和再就业培训，着力提高其服务技能。三是营造良好的招聘引进人才的环境，重点引进一批高学历、高素质、高技能人才，以及懂经营、懂法律、懂管理的复合型人才。同时，加快构筑人才高地，千方百计吸引人才、用好人才、留住人才。

（7）优化提升发展环境

充分释放国家支持文化创意和设计服务、旅游、体育休闲、物联网、养老健康、现代保险等新兴服务业态发展的政策红利，发挥"十三五"规划对服务业发展的引领和促进作用。进一步开放服务业市场，建立公开、平等、规范的准入制度，打破部门和行业垄断，创造公平竞争环境，形成政府、市场、企业良性互动格局。充分发挥产业引导股权投资基金的重要作用，吸引社会资本投入现代服务业。完善支持企业创新转型的配套政策，放大政策支持的杠杆效应。加快完善服务业相关法律规范，强化市场监管，营造公开透明的行业发展环境。

第三章　佛山生产性服务业发展与优化

服务业已成为经济持续发展中的主要增长点，生产性服务业逐渐成为服务业的核心，也是增强国家或地区竞争力不可忽略的关键因素。大力发展服务业特别是生产性服务业，是"十一五"以来佛山转型升级、实现服务业跨越式发展的一项重要战略任务。禅城区是佛山服务业集聚区，其生产性服务业自"十一五"以来取得了快速发展，成为禅城区乃至佛山经济增长的重要产业之一，在佛山经济增长中占有重要地位。本章以禅城区为例，阐述佛山生产性服务业的发展。

一、生产性服务业相关理论

（一）生产性服务业的概念和分类

1. 生产性服务业的概念

首次提出生产性服务定义的是经济学家格林菲尔（Greenfield），他认为生产性服务是生产期间中间服务投入时，为了用于进一步生产商品和服务，而非最终消费服务。对于生产性服务业的概念，目前国内外的学术界依旧没有统一的定论，但一般都主要围绕着投入产出、服务对象和所包含的服务类型三个方面进行界定（如表3-1所示）。

表3-1　生产性服务业定义

类型	作者	定义
投入产出	Machlup	是知识产出行业，主要提供各类专业知识
	Grubel &Walker	产出包含有大量人力资本和知识资本的服务，其促进了生产的专业化，扩大了资本与知识密集型的生产

表3-1(续)

类型	作者	定义
服务对象	Juleff	依靠制造业，为其提供所需服务的行业
	Stull & Madden	包含中间产出的服务行业，是为企业、组织提供服务从而生产其他产品或劳务的行业，私人、家庭部门并不是其服务的对象
包含的服务类型	Browning& ingelman	主要包括金融、保险、法律、工商服务等知识密集型行业，提供专业化服务的行业
	Martinelli	主要包含两大类的产业：一是商业服务业，如法律、广告、产品设计、管理咨询服务等行业；二是基础服务业如银行业、地产、海运业和其他流通服务业。

资料来源：根据相关文献整理。

总之，生产性服务业是指伴随着技术进步与分工深化，从生产环节中逐步分离出来的，直接或间接向生产过程输入知识资本、人力资本，提供专业性服务的中间投入的行业。

2. 生产性服务业分类

根据上述对生产性服务业概念的阐述，可以看出，对于生产性服务业的定义，国内外的专家学者有着普遍的共识，即它是一种中间投入的行业。但对于生产性服务业的分类，各国、各地区的政府组织、经济组织以及不同的学者都有着不同的标准，所包含的行业种类、数量都有所差别，表3-2列出了包括美国商务部、美国统计局、英国标准产业分类、香港贸易局以及众多国内外学者在内的关于生产性服务业制定的分类（如表3-2所示）。

表3-2　生产性服务业分类

组织或作者	分类
世界贸易组织	商务服务、通信服务、分销服务、建筑和相关工程服务、金融服务、运输服务
美国商务部	商业及专门技术、教育、金融、保险、电子通信
美国统计局	金融服务、保险服务、不动产、商务服务、法律服务、其他专业服务
英国标准产业分类	批发业、废弃物处理业、货运业、金融保险、广告、研究开发服务
香港贸易发展局	专业服务、信息和中间服务、金融服务、与贸易相关服务

表3-2（续）

组织或作者	分类
国民经济和社会发展第十二个五年规划纲要	金融服务业、现代物流业、高技术服务业、商务服务业
北京市统计局	流通服务、信息服务、金融服务、商务服务、科技服务
上海市统计局	金融保险服务、商务服务、物流服务、科技研发服务、设计创意服务、职业教育服务
Browning & Singelman（1975）	金融、管理、保险、会计、法律、决策咨询、开发设计、研究开发、市场营销、产品维修、运输、仓储和通信服务等
Ashton & Sternal（1978）	广告、企业咨询及法律会计、研究开发、会计审计、工程测量与建筑服务
Marshall（1987）	信息加工服务（如银行、保险、营销、会计等）、与商品有关的服务（如销售、交通管理、基础设施维护与安装等）、人员支持的服务（如福利、食品提供等）
Hansen（1990）	金融、保险、运输、大众传播、会计、研发

资料来源：根据相关文献整理。

依据国家"十二五"规划纲要，结合我国经济发达城市上海市和政治中心北京市生产性服务业的统计分类，以及禅城区和佛山市目前的行业统计体系，本章研究的生产性服务业分类主要包括交通运输、仓储和邮政业，信息传输、计算机服务和软件业，金融业，租赁和商务服务业、科学研究技术服务和地质勘查业。

（二）生产性服务业的特征

服务产品的一般特性为非实物性和不可存储性，生产性服务业作为服务业的重要组成部分也具有服务产品的这两种一般特性，也就是说生产性服务是无形的，且其生产和消费在时间和空间上同时进行。即在服务供给时，必须有服务的接受行为同时进行，两个环节缺少其中任何一个，服务产品也就不存在了。生产性服务业作为具备高集聚性、高辐射性、较强的吸纳就业能力以及较大的成长空间等特性的现代服务产业，它还具备一些自身独有的特征：

1. 中间投入性和服务外部化性

中间投入性是生产性服务业所具备的最基本特征，也是其与其他类型服务业相区别的标志。生产性服务业作为生产环节所需要投入的消耗品，在生产商品和服务的过程中担任着中间需求品的角色。因而其本质是为了提供最终消费商品或服务企业用来投入商品生产或者经过再加工产生新的服务产品的服务，企业消费生产性服务产品的最终目的是用来生产有市场需求的产品和服务。因此，企业购买生产性服务产品的目标不是为了消费，而是为了生产和创造更多的收益所进行的中间性的生产投入。

服务外部化性趋势越来越明显也是生产性服务业区别于其他服务业的一个重要特征。受经济全球化浪潮的影响，跨国经营成为企业规模扩张的有效途径，这就使得市场竞争加剧，企业为了生存不得不通过提升产品和服务的质量来加强自身核心竞争力，这就需要企业在其核心产品和服务上加大投入力度，因而在一定程度上弱化了企业内部为生产而服务的部门的重要性，一些企业为了更加集中精力经营好其核心业务开始选择逐渐将其内部自给的中间服务外包出去，使得生产和中间投入服务相分离，专门提供服务的生产性服务行业应运而生。服务的外包不仅能够使企业专注核心业务，还大大降低了企业的生产成本、提高了生产效率、增强了企业核心竞争力以及适应外部环境变化的能力。

2. 产业的融合性、关联性和集聚性

生产的社会化大分工导致生产性服务业的产生，使其成为不仅仅依靠制造业而存在，而且成为贯穿于整个企业生产链条的一部分，与制造业融合程度的不断增强更是使得其在制造业的产前、产中和产后服务中所起的作用越来越重要。而在生产性服务业自身的内部结构中，各产业之间的相互融合趋势也越来越明显，并衍生出许多新的服务形态。举例来说，电子商务服务业，作为一种新兴的服务形态，其根本的目标就是将企业的商业活动进行电子化处理，但又不仅仅只包涵电子化的处理，同时它又将金融、物流和通信等行业融合进来，综合利用了各种信息技术，但同时又有管理和营销服务在里面，是产业融合的典型代表。

生产性服务业的产业关联特性则来源于其作为企业生产中间投入的属性，作为连接产品和最终消费服务生产的中间纽带，它与生产的上下游各个环节紧密关联、相互依存，是产业链条中不可或缺的一环。生产性服务业的形成和快速的规模扩张不仅提高了企业的生产效率、降低了企业的生产成本，而且是顺应当今世界经济发展潮流的必然要求。此外，伴随着全球经济的一体化和信息化趋势迅猛发展，生产性服务业产业集聚现象也越来越明显，在很多服务业发达的国家和地区均形成了具有一定规模的产业集群，并对城市的经济起到了很好的辐射带动作用。比如一些高端生产性服务业，它们通过跨国投资，在重要城市设置分支机构来实现跨国生产和销售。这些有实力的跨国公司不仅实现了企业的跨国经营，扩大了企业品牌在全球的知名度，也对其所在城市的发展产生了辐射作用，利于该城市学习高新技术和先进管理理念。

3. 服务知识性、要素密集性和技术创新性

生产性服务业的核心生产要素是先进的科技和专业化的人才，因此该行业具备较高的科技和知识含量。例如信息传输和计算机技术、科技研发等行业，这些行业所提供的服务产品主要以脑力和智力为基础，具备知识和技术密集度的特征。金融和电信作为重要的基础设施类行业则主要依靠资本和技术要素投入来发展，研发、中介、法律、管理、咨询、外包等为企业生产活动服务的行业所投入的要素最多的则是知识资本和人力资本，这些行业知识和科技含量也较高。因此，加强对生产性服务业的发展力度对充分发挥资本投入对产业发展的重要作用、积极提升劳动者素质、增强企业创新能力等有着重要的现实意义。生产性服务业作为一种中间投入品，是新品研发和新技术开发的重要推动力量，在制造业企业技术变革和创新中起着重要的带头作用，因此，我们又可称其为技术创新型产业。例如，IBM公司的业务转型就是通过生产性服务业这一载体来实现的。IBM公司起初的核心业务是生产大型计算机，随着信息技术行业日新月异的发展和行业竞争力的加剧，公司将经营目光转向了IC设计服务和全球化的IT服务，成功将公司打造成一个集制造和服务于一体的企业，公司提出的"云计算""数字化地球""智能城市"概念对信息技术行业的发展有着深远的影响。

（三）发展生产性服务业对禅城区"强中心"的推动作用

1. 生产性服务业将改变禅城区的产业发展方式

生产性服务业将逐步推动禅城区各产业由以资源消耗为主的粗放式发展向以结构调整为主的内涵式发展转变，主要通过两条途径：一是改变制造业的发展方式。生产性服务业以中间投入者的身份，将人力、技术、知识等资本注入制造业产品的整个生产过程中，其重点作用于产业链的两端，如上游的产品研发、设计、市场考察，下游的营销、广告、售后等环节，同时将先进的技术带入生产加工环节，提高产品技术含量、降低产品对不可再生资源的依赖度，从而转变制造业企业的发展模式。二是生产性服务业自身的不断发展。生产性服务业属于低耗能、高产出的行业，它的发展带动了服务业内部结构的优化，服务业的发展、优化直接推动整个中心城区产业发展方式的改变。

2. 生产性服务业将优化禅城区城市的空间结构

综合现有的国内外生产性服务业研究文献，可以得出生产性服务业呈现向区域中心城市内部集聚的态势。从区域大范围内来看，生产性服务业企业向中

心城市集聚的过程中，人才、资本、政策等相关资源要素也在集聚，形成了众多生产性服务业企业以及其他行业企业的总部机构集聚在中心城市的发展格局，从而迫使制造业企业在地租等因素下搬离中心城市。另一方面，在中心城市内部，生产性服务业因其对交通和通信通达性的要求，会形成若干个集聚区，促使中心城市形成多极、多中心的发展格局。

3. 生产性服务业将改善禅城区的发展环境

这里所说的发展环境主要包括生态环境、投资环境、创新环境。首先，生产性服务业属于资源、能源的消耗量低，知识密集度高的低耗能、高产出的行业，其发展将改变以资源消耗带动经济增长的传统模式，有助于缓解生态环境的压力。其次，生产性服务业能够促进禅城区在金融、信息、物流等方面的发展，改善地区投资环境，能够吸引更多国内外资本。最后，生产性服务业作为人力、技术、知识密集型行业，本身就属于创新领域的前端，具有极强的创新能力，同时其对创新主体如人才、创新型企业、科研机构等也有着较强的吸引、集聚能力，生产性服务业的发展将增强区域中心的创新能力。

二、禅城区生产性服务业发展现状及特点

（一）禅城区服务业发展的总体状况

"十一五"以来，禅城区服务业进入全面快速发展的新时期，发展速度加快，规模壮大。

从发展速度来看，2006 年禅城区服务业实现增加值 226.22 亿元，突破 200 亿大关；2009 年服务业实现增加值 410.11 亿元，突破 400 亿大关；2011 年服务业实现增加值 623.77 亿元，突破 600 亿大关；2014 年服务业增加值突破 700 亿大关，到 2017 年达到 973.39 亿元，比 2006 年增长 3.30 倍，年均增长 14.2%，高于同期禅城区地区生产总值年均增速 2.9 个百分点，也高于同期全市服务业增加值年均增速 1.6 个百分点。并且，除 2013 年和 2016 年外，服务业当年增速均高于第一、第二产业的增速，也高于全区生产总值增长速度。这表明禅城区服务业已进入加快发展的良性阶段。（见表 3-3）

表 3-3　2006—2017 年禅城区三次产业增加值

单位：亿元、%

年份	全区生产总值		第一产业		第二产业		第三产业	
	金额	比上年增长	金额	比上年增长	金额	比上年增长	金额	比上年增长
2006	532.04	21.0	0.39	-1.2	305.43	20.1	226.22	22.3
2007	651.15	19.2	0.51	-15.0	368.82	17.4	281.82	21.7
2008	790.17	16.5	0.61	12.8	448.85	16.0	340.71	17.1
2009	886.33	14.5	0.59	-2.4	475.63	10.0	410.11	20.2
2010	1 052.55	14.5	0.59	0.4	533.64	11.3	518.32	18.3
2011	1 072.40	11.6	0.66	-0.8	447.97	-5.3	623.77	26.3
2012	1 145.23	8.0	0.57	-3.1	527.04	7.9	617.62	8.1
2013	1 282.14	10.2	0.57	-5.2	592.52	12.1	689.04	8.6
2014	1 368.67	8.7	0.59	8.5	647.92	8.1	720.15	9.2
2015	1 468.67	8.2	0.49	-17.2	674.32	6.6	793.86	9.8
2016	1 604.90	8.1	0.31	16.0	752.98	6.8	851.63	9.3
2017	1 722.49	7.8	0.27	-10.1	748.84	5.8	973.39	9.6
2017 年比2006 年增长	223.8		-30.8		145.2		330.3	
2006—2017 年年均增长	11.3		-4.9		8.5		14.2	

资料来源：根据《禅城区统计年鉴》2012—2018 年数据整理。

　　从发展规模来看，禅城区服务业增加值逐年增加，其占全区生产总值的比重呈上升趋势。2006 年服务业增加值为 226.22 亿元，占全区生产总值的比重为 42.52%，低于当年第二产业增加值占全区生产总值的比重（57.41%）14.89 个百分点；2017 年服务业增加值为 973.39 亿元，占全区生产总值的比重为 56.51%，高于第一产业（0.02%）56.49 个百分点，高于第二产业（43.47%）13.04 个百分点，也高于全市平均水平（40.86%）15.65 个百分点。同时，禅城区服务业增加值占全市服务业增加值的比重也逐步提高，2006 年禅城区服务业增加值占全市服务业增加值的比重为 22.39%，2017 年为 25.35%，比 2006 年提高 2.96 个百分点。（见表 3-4）

表 3-4　2006—2017 年禅城区和佛山各产业增加值比重

单位：%

年份	禅城区			佛山市			禅城区服务业占全市比重
	第一产业	第二产业	第三产业	第一产业	第二产业	第三产业	
2006	0.07	57.41	42.52	2.76	62.80	34.43	22.39
2007	0.08	56.64	43.28	2.28	64.57	33.15	23.58
2008	0.08	56.81	43.12	2.22	63.91	33.87	22.87
2009	0.07	53.66	46.27	1.99	63.01	35.00	24.25
2010	0.06	51.38	48.50	1.86	62.68	35.45	25.84
2011	0.06	41.77	58.17	1.91	62.33	35.75	28.04
2012	0.05	46.02	53.93	1.97	62.20	35.83	25.90
2013	0.04	46.21	53.74	1.98	61.92	36.10	26.16
2014	0.04	47.34	52.62	1.80	61.84	36.36	26.60
2015	0.03	45.91	54.05	1.70	60.46	37.83	26.20
2016	0.04	46.24	53.72	1.68	59.63	38.69	25.47
2017	0.02	43.47	56.51	1.42	57.72	40.86	25.35

资料来源：《禅城区统计年鉴》2007—2018 年、《佛山统计年鉴》2007—2018 年数据整理。

（二）禅城区生产性服务业发展现状

1. 生产性服务业发展规模

从生产性服务业增加值来看，2006—2017 年禅城区生产性服务业产值规模呈现逐年递增快速发展的态势。2006 年生产性服务业的增加值为 77.78 亿元，经过十余年的发展，2017 年生产性服务业增加值达到 371.57 亿元的规模，比 2006 年增长 3.78 倍，年均增速达到 15.3%，高于同期禅城区服务业的发展速度，也远高于同时期禅城区地区生产总值的发展速度。（见表 3-5）

表 3-5 数据显示，2006—2017 年，禅城区生产性服务业增加值占全区 GDP 的比重一直保持在比较稳定的水平，2006—2017 年一直处在 15%~21% 区间内，没有出现较大的波动。其增加值占全区服务业增加值的比重也基本维持在比较稳定的水平，2006—2017 年一直处在 33%~40% 区间内。具体来看，禅城区生产性服务业增加值占全区 GDP 的比重总体上处于上升趋势，从 2006 年的 14.6% 上升到 2017 年 21.6%，上升了 7.0 个百分点。其中，2006 年至 2013

年波动上升，2013 年生产性服务业增加值占 GDP 的比重达到最大值为21.7%，之后波动下降。同期，生产性服务业增加值占全区服务业增加值的比重也呈波动上升态势，从 2006 年的 34.4%上升到 2017 年的 38.2%，上升了 3.8 个百分点。其中，2006 至 2013 年波动上升，2013 年生产性服务业增加值占全区服务业增加值的比重达到最大值为 40.5%，尔后呈下降趋势。

表 3-5　2006—2017 年禅城区生产性服务业增加值及比重

单位：亿元、%

年份	生产性服务业增加值	生产性服务业占全区 GDP 比重	生产性服务业占全区服务业比重
2006	77.78	14.6	34.4
2007	106.59	16.4	37.8
2008	118.18	15.0	34.7
2009	134.77	15.2	32.9
2010	167.28	16.0	33.1
2011	205.64	19.2	33.0
2012	236.82	20.7	38.3
2013	278.73	21.7	40.5
2014	273.44	20.0	38.0
2015	292.15	19.9	36.8
2016	313.52	19.8	36.8
2017	371.57	21.6	38.2
2017 年比 2006 年增长	377.7		
2006—2017 年年均增长	15.3		

资料来源：根据《禅城区统计年鉴》2007—2018 年数据整理。

从生产性服务业吸纳就业的能力来看，2006 至 2017 年禅城区生产性服务业从业人数逐年增多，由 2006 年的 60 286 人增加至 2017 年的 99 950 人，增长了 65.8%，年均增长率为 4.7%。同期，全区就业增长率为 14.7%，年均增长率为 1.3%，生产性服务业就业增长率和年均就业增长率比全区分别高出 51.1 个和 3.4 个百分点。（见表 3-6）

分行业看，2017 年就业人员规模最大的行业是租赁和商务服务业，就业人数为 36 132 人，占生产性服务业从业人员总数的 36.2%；其次是信息传输、计算机服务和软件业，就业人数为 21 796 人，占生产性服务业从业人员总数的 21.8%；第三位是交通运输、仓储和邮政业，就业人数为 21 063 人，占生产性服务业从业人员总数的 21.1%；第四位是金融业，就业人数为 15 063 人，占生产性服务业从业人员总数的 15.1%；第五位是科学研究、技术服务和地质勘查业，就业人数为 5 896 人，占生产性服务业从业人员总数的 5.9%。因此，从就业人员数量的角度考虑，禅城区生产性服务业发展最具优势的行业为租赁和商务服务业，其就业人数占生产性服务业总就业人数的 1/3，而科学研究、技术服务和地质勘查业发展有待进一步加强。从就业增长势头来看，信息传输、计算机服务和软件业增长尤为明显，以年均 6.9% 的增长速度位于生产性服务业之首；其次为租赁和商务服务业，年均增长 4.5%；位居第三、第四的分别是科学研究、技术服务和地质勘查业，交通运输、仓储和邮政业，年均增长分别为 4.1% 和 3.7%；而金融业增长速度最为缓慢，年均增长率仅为 2.0%。（见表 3-7）

表 3-6　2006—2017 年禅城区生产性服务业就业及比重

单位：人,%

年份	总就业 （人）	服务业 就业 （人）	生产性 服务业 就业 （人）	生产性服务业 就业/服务业 （%）	服务业/ 总就业 （%）
2006	548 715	235 940	60 286	25.6	43.0
2007	542 073	225 319	59 568	26.4	41.6
2008	561 843	241 148	66 240	27.5	42.9
2009	568 735	249 091	67 830	27.2	43.8
2010	605 422	284 480	75 017	26.4	47.0
2011	611 480	295 430	77 135	26.1	48.3
2012	615 700	306 652	79 645	26.0	49.8
2013	618 920	333 234	86 756	26.0	53.8
2014	620 158	339 429	89 242	26.3	54.7
2015	626 444	363 191	219 262	60.4	58.0
2016	627 275	369 768	98 383	26.6	58.9
2017	629 588	377 983	99 950	26.4	60.0
2017 年比 2006 年增长	14.7	60.2	65.8		
2006—2017 年 年均增长	1.3	4.4	4.7		

资料来源：根据《禅城区统计年鉴》2007—2018 年数据整理。

表 3-7　2006—2017 年禅城区生产性服务业就业人数

单位：人、%

年份	交通运输、仓储和邮政业		金融业		信息传输、计算机服务和软件业		租赁和商务服务业		科学研究、技术服务和地质勘查业	
	人数	比重	人数	比重	人数	比重	人数	比重	人数	比重
2006	13 599	22.6	11 864	19.7	9 833	16.3	21 370	35.4	3 620	6.0
2007	14 064	23.6	11 651	19.6	11 309	19.0	19 027	31.9	3 517	5.9
2008	15 143	22.9	13 596	20.5	12 305	18.6	21 279	32.1	3 917	5.9
2009	15 600	23.0	14 312	21.1	12 198	18.0	21 800	32.1	3 920	5.8
2010	22 552	30.1	17 088	22.8	18 425	24.6	11 589	15.4	5 363	7.1
2011	23 560	30.5	16 624	21.6	18 816	24.4	12 590	16.3	5 545	7.2
2012	24 560	30.8	16 724	21.0	18 952	23.8	13 590	17.1	5 819	7.3
2013	15 649	18.0	15 774	18.2	17 093	19.7	32 520	37.5	5 720	6.6
2014	18 095	20.3	15 379	17.2	17 058	19.1	32 960	36.9	5 750	6.4
2015	142 797	65.1	14 656	6.7	20 369	9.3	35 680	16.3	5 760	2.6
2016	21 040	21.4	14 368	14.6	21 365	21.7	35 860	36.4	5 750	5.8
2017	21 063	21.1	15 063	15.1	21 796	21.8	36 132	36.2	5 896	5.9
2017 年比 2006 年增长	54.9		27.0		121.7		69.1		62.9	
2006—2017 年年均增长	3.7		2.0		6.9		4.5		4.1	

资料来源：根据《禅城区统计年鉴》2007—2018 年数据整理。

综上所述，2006—2017 年，禅城区生产性服务业逐年增长，增长速度高于同期禅城区地区生产总值增长速度，也高于同期禅城区服务业增长速度。生产性服务业吸纳劳动力水平稳步上升，其就业人数增长率高于全区总就业人数增长率，也高于全区服务业就业人数增长率。从就业规模来看，租赁和商务服务业就业人数最多，科学研究、技术服务和地质勘查业就业人数最少。从就业增长势头来看，信息传输、计算机服务和软件业增长幅度最大，增长速度高于同期禅城区生产性服务业整体就业增长速度；交通运输、仓储和邮政业及金融业就业增长缓慢，尤以金融业增幅最低。

2. 生产性服务业内部结构

2006 年以来，禅城区生产性服务业整体保持着快速增长的趋势，各细分行业也在相应地增长，但增长速度参差不齐，增长趋势各有特点。

2006—2017 年数据显示，从增加值来看，金融业与交通运输、仓储和邮政业远高于其他几个行业，信息传输、计算机服务和软件业与租赁和商务服务业增加值体量较为接近，科学研究、技术服务和地质勘查业增加值占比最小，且相对于其他行业来说体量小了一个量级。而从增长速度来看，科学研究、技术服务和地质勘查业的增长速度最快，达到了年均 19.2%的增长率，比生产性服务业整体增长速度高出超过 3.9 个百分点，这一时期是科学研究、技术服务和地质勘查业爆发式增长的阶段。交通运输、仓储和邮政业保持了 18.3%的年均增长率，高于同期生产性服务业和服务业的增长速度。金融业也保持了16.2%的年均增长率，也高于同期生产性服务业和服务业的增长速度。信息传输、计算机服务和软件业与租赁和商务服务业双双保持了 12%以上的年均增长率，落后于生产性服务业总体增长速度，也低于同期服务业增长速度，但高于同期禅城区总体经济水平的增长速度。（见表 3-8）

具体来看，2006—2017 年金融业增加值占生产性服务业增加值的比重一直居于首位，其增加值占服务业增加值的比重在 26%~47%波动。虽然从 2013年始在相对数量上金融业的比重呈下降趋势，从 2013 年的 47.2%下降到 2017年 28.2%，但是在绝对数量上，其规模是逐年递增的，2006 年金融业增加值为 20.06 亿元，至 2017 年则增加至 104.69 亿元，增长了 4.22 倍，年均增长16.2%。金融业的扩增得益于禅城区的区位优势和禅城区金融商务区建设的不断完善，导致其相对数量逐年下降的原因是自身的发展速度低于生产性服务业整体的发展速度。

2006—2017 年交通运输、仓储和邮政业增加值逐年增加，其占生产性服务业增加值的比重一直居于第二位。由 2006 年的 15.40 亿元增加到 2017 年的 98.12亿元，增长了 5.37 倍，年均增长 18.3%。其增加值占生产性服务业增加值的比重在经历了 2011 年微小的下降之后持续上扬，2017 年占比达到 26.4%，比 2006年提高了 6.6 个百分点。主要原因是近年来电子商务贸易迅猛发展，对邮政快递业务需求大幅增加，促进了交通运输、仓储和邮政业的发展。

2006—2017 年，信息传输、计算机服务和软件业，租赁和商务服务业也取得了一定的进步。2006—2017 年，两大行业增加值均逐年上升，但增加值占生产性服务业增加值的比重均呈下降趋势。其中，信息传输、计算机服务和软件业的增加值由 2006 年的 22.54 亿元增加到 2017 年的 84.02 亿元，增长了2.73 倍，年均增长率为 12.7%。租赁和商务服务业的增加值由 2006 年的15.90 亿元增加到 2017 年的 58.00 亿元，增长了 2.65 倍，年均增长率为12.5%。信息传输、计算机服务和软件业的增加值占生产性服务业的比重由2006 年的 29.0%下降至 2017 年的 22.6%，减少了 6.4 个百分点。租赁和商务服务业增加值占生产性服务业的比重由 2006 年的 20.4%下降至 2017 年的15.6%，减少了 4.8 个百分点。

2006—2017 年，科学研究、技术服务和地质勘查业增加值呈逐年递增趋势，由 2006 年 3.89 亿元增加到 2017 年的 26.73 亿元，增长了 5.87 倍，其增幅居生产性服务业首位。究其原因是近年来禅城区不断加大科技投入，引进中科院陶瓷技术创新与育成中心等科研机构，推动了该行业的快速发展。但其在生产性服务业中的占比则相对较小，2017 年科学研究、技术服务和地质勘查业增加值占生产性服务业的比重仅为 7.2%，虽比 2006 的 5.0% 增加了 2.2 个百分点，但较占比最大的金融业（28.2%）低 21.0 个百分点。当今社会是知识经济社会，科学研究和信息技术服务业的发展对经济结构的调整升级和经济增长发挥着重要的作用，因此，应该进一步加大对该行业扶持，使其更好地为禅城、佛山乃至珠三角经济发展服务。（见表 3-8）

表 3-8　2006—2017 年禅城区生产性服务业增加值及比重

单位：亿元、%

年份	交通运输、仓储和邮政业		金融业		信息传输、计算机服务和软件业		租赁和商务服务业		科学研究、技术服务和地质勘查业	
	金额	比重	金额	比重	金额	比重	金额	比重	金额	比重
2006	15.40	19.8	20.06	25.8	22.54	29.0	15.90	20.4	3.89	5.0
2007	20.00	18.8	41.65	39.1	25.09	23.5	15.85	14.9	4.00	3.8
2008	21.79	18.4	45.18	38.2	27.22	23.0	18.62	15.8	5.36	4.5
2009	31.04	23.0	49.44	36.7	26.91	20.0	21.08	15.6	6.30	4.7
2010	36.35	21.7	68.79	41.1	31.30	18.7	25.58	15.3	5.24	3.1
2011	43.56	21.2	92.26	44.9	33.33	16.2	30.16	14.7	6.33	3.1
2012	51.41	21.7	110.83	46.8	35.86	15.1	30.84	13.0	7.87	3.3
2013	61.62	22.1	131.65	47.2	39.06	14.0	35.53	12.8	10.88	3.9
2014	68.38	25.0	107.35	39.3	44.38	16.2	41.17	15.1	12.16	4.5
2015	76.37	26.1	101.35	34.7	51.56	17.6	43.30	14.8	19.57	6.7
2016	83.41	26.6	99.82	31.8	65.35	20.8	43.06	13.7	21.88	7.0
2017	98.12	26.4	104.69	28.2	84.02	22.6	58.00	15.6	26.73	7.2
2017 年比 2006 年增长	537.0		421.9		272.8		264.8		587.1	
2006—2017 年 年均增长	18.3		16.2		12.7		12.5		19.2	

资料来源：根据《禅城区统计年鉴》2007—2018 年数据整理。

注：表中比重是各行业增加值占生产性服务业增加值的比重。

可见，2006—2017 年，禅城区生产性服务业在整体保持快速增长的态势下，各行业也呈现相应增长的趋势，但各行业规模有所不同，增长趋势各有特点。其中，金融业增加值份额最大，所占比重波动中小幅上升；交通运输、仓储和邮政业增加值居第二位，所占比重上升幅度较大；信息传输、计算机服务和软件业与租赁和商务服务业增加值相当，所占比重均在波动中下降；科学研究、技术服务和地质勘查业增加值份额最小，但增长速度最快。

3. 生产性服务业投资状况

（1）固定资产投资

2006 年以来，禅城区对生产性服务业的投资呈波动性增长态势。2017 年全区生产性服务业固定资产投资完成额 127.05 亿元，占同期全区固定资产全部投资的 18.0%，比 2006 年的 10.04 亿元增加了 117.01 亿元，增长了 11.65 倍，年均增长 26.0%。增长速度不仅高于同期服务业投资额的增长速度，也高于全区投资完成额的增长速度，更高于制造业投资完成额的增速。（见表 3-9）

表 3-9　2006—2017 年禅城区固定资产投资情况

单位：亿元、%

年份	全区投资完成额	制造业投资完成额		服务业投资完成额		生产性服务业投资完成额	
	金额	金额	比重	金额	比重	金额	比重
2006	209.12	30.88	14.8	168.65	80.6	10.04	4.8
2007	210.11	57.81	27.5	141.19	67.2	22.71	10.8
2008	240.07	46.26	19.3	179.50	74.8	20.95	8.7
2009	274.01	58.93	21.5	203.60	74.3	44.33	16.2
2010	311.81	42.88	13.8	249.92	80.2	68.39	21.9
2011	356.69	45.35	12.7	290.68	81.5	52.16	14.6
2012	379.99	31.64	8.3	327.44	86.2	43.59	11.5
2013	421.08	35.34	8.4	361.45	85.8	40.64	9.7%
2014	464.28	31.52	6.8	402.87	86.8	90.26	19.4
2015	534.96	59.67	11.2	460.91	86.2	65.66	12.3
2016	600.00	71.25	11.9	519.88	86.6	105.73	17.6
2017	706.47	90.13	12.8	603.34	85.4	127.05	18.0
2006—2017 年累计	4 703.60	601.65	12.8	3 909.42	83.1	691.52	14.7
2017 年比2006 年增长	237.8	191.9		257.7		1 165.4	
2006—2017 年年均增长率	11.7	10.2		12.3		26.0	

资料来源：根据《禅城区统计年鉴》2007—2018 年数据整理。

注：表中比重均是占全区投资完成额的比重。

分行业看，就固定资产投资总额而言，2006—2017 年，交通运输、仓储和邮政业完成固定资产投资额最多，累计完成额为370.60亿元，占生产性服务业固定资产投资额的53.6%。居第二位的是信息传输、计算机服务和软件业，累计完成额为242.91亿元，占生产性服务业固定资产投资额的35.1%，表明此间对这些新兴生产性服务业的市场需求逐步增加，也表明禅城区对新兴生产性服务业加大了扶持力度。租赁和商务服务业的固定资产投资额相对较少，累计完成额为67.12亿元，占生产性服务业固定资产投资额的9.7%。金融业与科学研究、技术服务和地质勘探业完成投资额相当，累计完成额分别为5.88亿元和5.00亿元，占生产性服务业固定资产投资额的比重分别为0.8%和0.7%；其中金融业2006—2017年间有7年固定资产投资额为零，究其原因是金融业管制较严，金融市场还没有完全放开，资本进入仍存在限制，而且进入门槛较高。

就固定资产投资额增长速度而言，交通运输、仓储和邮政业投资增长最快，从2006年的3.42亿元增加到2017年的88.09亿元，增长了24.76倍，年均增长34.4%；增长速度居第二位是信息传输、计算机服务和软件业，2017年比2006年增长了5.32倍，年均增长18.2%；居第三位的是租赁和商务服务业，2017年比2006年增长了4.52倍%，年均增长16.8%；金融业与科学研究、技术服务和地质勘探业固定资产投资完成额均呈现负增长态势，2017年和2006年相比，金融业固定资产投资完成额减少100%，科学研究、技术服务和地质勘探业减少65.4%。（见表3-10）

表3-10　2006—2017年禅城区生产性服务业分行业固定资产投资情况

单位：亿元、%

年份	交通运输、仓储和邮政业		金融业		信息传输、计算机服务和软件业		租赁和商务服务业		科学研究、技术服务和地质勘查业	
	金额	比重	金额	比重	金额	比重	金额	比重	金额	比重
2006	3.42	34.1	0.00	0.0	4.71	46.9	1.65	16.4	0.26	2.6
2007	10.30	45.4	1.80	7.9	6.16	27.1	2.76	12.2	1.68	7.4
2008	10.71	51.1	2.90	13.8	3.78	18.0	3.23	15.4	0.33	1.6
2009	22.49	50.7	0.00	0.0	16.09	36.3	4.80	10.8	0.94	2.1
2010	46.01	67.3	0.00	0.0	9.87	14.4	12.22	17.9	0.29	0.4
2011	19.01	36.5	0.00	0.0	27.90	53.5	5.14	9.8	0.11	0.2
2012	14.01	32.1	0.00	0.0	28.58	65.6	0.00	0.0	10.98	2.2
2013	21.34	52.5	0.00	0.0	16.36	40.2	2.93	7.2	0.01	0.0
2014	31.14	34.5	0.44	0.5	41.20	45.6	17.47	19.4	0.00	0.0
2015	26.19	39.9	0.64	1.0	32.52	49.5	6.31	9.6	0.00	0.0

表 3-10(续)

年份	交通运输、仓储和邮政业		金融业		信息传输、计算机服务和软件业		租赁和商务服务业		科学研究、技术服务和地质勘查业	
	金额	比重	金额	比重	金额	比重	金额	比重	金额	比重
2016	77.86	73.6	0.10	0.1	25.95	24.5	1.50	1.4	0.32	0.3
2017	88.09	69.3	0.00	0.0	29.78	23.4	9.10	7.2	0.09	0.1
2006—2017 年累计	370.60	53.6	5.88	0.8	242.91	35.1	67.12	9.7	5.00	0.7
2017 年比2006 年增长	2 475.7		–		532.3		451.5		−65.4	
2006—2017 年年均增长率	34.4		–		18.2		16.8		−9.5	

资料来源：根据《禅城区统计年鉴》2007—2018 年数据整理。

注：表中比重均是占全区生产性服务业投资完成额的比重。

（2）实际利用外资

禅城区生产性服务业利用外资的规模不断扩大，无论是在利用外资的数量还是在利用外资的质量方面均有较大提高。2007—2017 年，全区生产性服务业利用外资的数量总体呈上升态势。2017 年全区生产性服务业实际利用外资额为 4 411 万美元，占同期全区利用外资总额的 27.5%，比 2007 年增加了 4 349 万美元，增长了 70.15 倍，年均增长 53.2%。（见表 3-11）

表 3-11　2006—2017 年禅城区实际利用外资情况表

单位：万美元、%

年份	全区利用外资额	制造业利用外资额		服务业利用外资额		生产性服务业利用外资额	
	金额	金额	比重	金额	比重	金额	比重
2007	25 221	11 698	46.4	13 517	53.6	62	0.2
2008	30 374	8 104	26.7	22 227	73.2	104	0.3
2009	44 028	1 834	4.2	42 194	95.8	1 640	3.7
2010	33 207	5 875	17.7	27 317	82.3	116	0.3
2011	39 508	4 565	11.6	34 943	88.5	11	0.03
2012	40 830	3 039	7.4	35 171	86.1	999	2.4
2013	44 201	11 845	26.8	31 406	71.1	423	1.0
2014	46 551	8 202	17.6	32 665	70.2	2 234	4.8
2015	47 960	9 652	20.1	36 406	75.9	5 607	11.7

表3-11(续)

年份	全区利用外资额	制造业利用外资额		服务业利用外资额		生产性服务业利用外资额	
	金额	金额	比重	金额	比重	金额	比重
2016	25 018	23 189	92.7	24 688	98.7	3 074	12.3
2017	16 058	5 358	33.4	8 112	50.5	4 411	27.5
2007—2017 年累计	412 153	93 361	22.7	308 646	74.9	18 681	4.5
2017 年比 2006 年增长	−36.3	−54.2		−40.0		7 014.5	
2006—2017 年年均增长	−4.4	−7.5		−5.0		53.2	

资料来源：根据《禅城区统计年鉴》2007—2018 年数据整理。

注：表中比重是指占全区利用外资额的比重。

分行业看，就利用外资的规模而言，2007—2017 年间，生产性服务业内部累计实际利用外资规模最大的行业是金融业，累计实际利用外资额为 6 997 万美元，占生产性服务业实际利用外资额的 37.5%；其次是信息传输、计算机服务和软件业，累计实际利用外资额为 6 681 万美元，占生产性服务业实际利用外资额的 35.8%；第三位是科学研究、技术服务和地质勘探业，累计实际利用外资额为 2 536 万美元，占生产性服务业实际利用外资额的 13.6%；第四位是租赁和商务服务业，累计实际利用外资额为 2 405 万美元，占生产性服务业实际利用外资额的 12.9%；交通运输、仓储和邮政业实际外商投资最少，累计实际利用外资额为只有 62 万美元，仅占生产性服务业实际利用外资额的 0.3%。整体来看，禅城区的生产性服务业引进外资各行业间差距很大，结构不合理，有待进一步调整完善。（见表 3-12）

表 3-12　2006—2017 年禅城区生产性服务业分行业实际利用外资情况

单位：万美元、%

年份	交通运输、仓储和邮政业	金融业	信息传输、计算机服务和软件业	租赁和商务服务业	科学研究、技术服务和地质勘查业	生产性服务业
2007	28	0	0	8	26	62
2008	34	0	0	70	0	104
2009	0	0	0	6	1 634	1 640

表3-12(续)

年份	交通运输、仓储和邮政业	金融业	信息传输、计算机服务和软件业	租赁和商务服务业	科学研究、技术服务和地质勘查业	生产性服务业
2010	0	0	2	114	0	116
2011	0	0	1	10	0	11
2012	0	0	997	2	0	999
2013	0	0	340	6	77	423
2014	0	0	2 135	99	0	2 234
2015	0	5 151	2	55	399	5 607
2016	0	1 819	814	41	400	3 074
2017	0	27	2 390	1 994	0	4 411
2007—2017 年累计	62	6 997	6 681	2 405	2 536	18 681

资料来源：根据《禅城区统计年鉴》2007—2018 年数据整理。

可以看出，2007—2017 年，禅城区对生产性服务业的投资呈波动性增长态势。其增长速度不仅高于同期服务业投资额的增长速度，也高于全区投资完成额的增长速度，更高于制造业投资完成额的增速。其中，交通运输、仓储和邮政业与信息传输、计算机服务和软件业两大行业的投资规模较大，而金融业与科学研究、技术服务和地质勘查业两大行业的投资规模较小；从固定资产投资增长速度看，交通运输、仓储和邮政业增长速度最快，而金融业与科学研究、技术服务和地质勘查业则均呈现负增长。同期，禅城区生产性服务业实际利用外资规模不断扩大，但增速有波动。其中，金融业实际利用外资规模居生产性服务业之首，而信息传输、计算机服务和软件业实际利用外资增幅最大，实际利用外资规模居第二位；交通运输、仓储和邮政业连续九年实际利用外资为零。

4. 生产性服务业集聚状况

（1）生产性服务业园区情况

目前，禅城区共有产业园区 16 家，占地面积约 55 971 亩，进驻企业约 2 657家，其中服务业产业园区 8 个，占园区总数的 50%；占地面积约 16 091亩，占园区总面积的 28.7%；进驻企业 2 107 家，占园区企业总数的 79.3%。生产性服务业主要集中在商务服务（电子商务、研发设计、营销、广告等）、

科技和软件业及金融业（银行、保险、证券、担保等）。（见表3-13）

表3-13　禅城区生产性服务业园区情况

序号	园区名称	占地面积（亩）	主导企业	进驻企业数（家）
1	1506创意园	600	文化、创意办公、电商	410
2	泛家居电商创意产业园	100	创意办公、设计、电商	131
3	佛山（广东）软件产业园	66	A区是重点发展嵌入式软件、集成电路设计、应用软件、管理软件和软件外包等软件产业。B区主要发展创意、动漫等产业	123
4	高新技术开发区	40	企业总部、科技信息产业和现代服务业	68
5	绿岛湖都市产业区	14 535	家居设计、人力资源服务、电子商务服务、产业孵化服务、知识产权服务	283
6	智慧新城（启动区）	420	华南地区总部基地经济区，集聚营销、研发设计、企业总部以及新IT、新一代互联网等为主的战略性智慧型产业，以银行、证券、担保等为主的现代金融服务业。	236
7	佛山创意产业园	180	餐饮休闲、服装服饰、广告传媒研发设计、金融保险投资、陶瓷、网络软件、贸易	625
8	佛山新媒体园	150	数字出版、电子商务、影视动画、时尚设计、云计算研发应用	231
合计		16 091		2 107

资料来源：根据禅城区发改委和统计局提供数据整理

（2）生产性服务业集聚程度

在有关集聚的度量方面，学者们多采用区位熵来度量。区位熵即专业化指数，用来衡量某一地区要素的空间分布情况，是指某一特定区域中某一产业产值占该地区总产值的比重与全国该产业产值占全国总产值比重的比率。

计算公式为：$LQ = \dfrac{Xij}{Xi} \div \dfrac{Xj}{X}$

其中Xij为i地区j产业的产值；Xi为i地区的总产值；Xj为全国j产业的产值；X为全国总产值。区位熵能够测度一个地区的生产结构与全国水平之间的差异，借此可以评价一个地区产业的集聚程度。区位熵值越大，表明该产业集聚程度越高，即专业化程度越高。LQ>1时，表明所研究的产业在该地区相对集中，比较优势明显；LQ<1时，则说明所研究的产业在地区未呈现出相对集中态势。一般来说，可以将判别标准定为1.4，即区位熵大于1.4的产业判断为具有产业集群。

从表3-14可知，2006—2016年，禅城区生产性服务业区位熵在波动中上升，2011年达到最高点为1.33，此后逐渐下降；2016年为1.09，但从集聚程度来看，禅城区整体集聚水平较高，在全国平均水平之上。

禅城区生产性服务业各行业集聚程度存在差异，从禅城区历年生产性服务业各行业集聚平均水平来看，排序从高到低依次为：信息传输、计算机服务和软件业>租赁和商务服务业>金融业>交通运输、仓储和邮政业>科学研究、技术服务和地质勘查业。（见表3-14）

具体来看，2006—2016年，信息传输、计算机服务和软件业集聚水平最高，但其集聚程度呈波动下降态势，由2006年的1.61下降到2016年的1.40；租赁和商务服务业集聚水平波动中大幅下降，由2006年的1.70下降到2016年的1.04；信息传输、计算机服务和软件业，租赁和商务服务业集聚水平较高，这与此间两个行业的固定资产投资额大幅增长有紧密关系。金融业的集聚水平波动幅度较大，集聚水平有升有降，但总体呈下降趋势，由2006年的1.01下降到2016年的0.77；交通运输、仓储和邮政业的集聚程度逐年上升，但在其发展中波动幅度较大，由2006年的0.51上升到2016年的1.18；科学研究、技术服务和地质勘查业的集聚水平较低，但呈上升态势，由2006年的0.59上升到2016年的0.70。

表3-14　禅城区2006—2017年生产性服务业各行业集聚程度

年份	交通运输、仓储和邮政业	金融业	信息传输、计算机服务和软件业	租赁和商务服务业	科学研究、技术服务和地质勘查业	生产性服务业
2006	0.514 1	1.006 8	1.612 3	1.704 8	0.589 1	1.072 8
2007	0.559 2	1.378 0	1.527 4	1.378 3	0.475 0	1.061 0
2008	0.529 4	1.208 2	1.376 3	1.319 8	0.533 4	0.996 9
2009	0.713 6	1.070 3	1.267 7	1.309 8	0.513 0	1.048 8
2010	0.739 8	1.025 0	1.270 8	1.284 1	0.511 2	1.068 6

表3-14(续)

年份	交通运输、仓储和邮政业	金融业	信息传输、计算机服务和软件业	租赁和商务服务业	科学研究、技术服务和地质勘查业	生产性服务业
2011	0.856 7	1.630 7	1.503 6	1.414 2	0.401 2	1.333 3
2012	0.945 6	1.750 2	1.482 4	1.290 9	0.433 4	1.224 8
2013	1.098 4	1.483 8	1.320 6	1.236 8	0.458 6	1.216 4
2014	1.128 9	1.082 4	1.310 1	1.268 0	0.467 0	1.115 1
2015	1.175 2	0.821 7	1.304 3	1.187 3	0.681 3	1.083 9
2016	1.183 4	0.766 1	1.399 7	1.036 7	0.703 4	1.086 0

资料来源：根据《禅城区统计年鉴》2007—2018 年数据整理。

整体而言，与全国相比，除科学研究、技术服务和地质勘查业外，禅城区生产性服务业集聚水平较高。究其原因，首先是禅城区处于佛山中心城区城市化水平较高，而根据国内外生产性服务业的发展经验表明，生产性服务业往往集聚在城市化程度很高的区域。城市化程度越高，对生产性服务业的需求越高，所以城市化程度的提升是影响集聚发展的首要因素。其次是禅城区近年加大生产性服务业产业园区建设，近年来投资建设了 8 个产业园区，引进了多家生产性服务企业。

2016 年禅城区生产性服务业区位熵均小于1.4，根据区位熵判断产业集群的标准，说明禅城区生产性服务业的五个行业均未形成产业集群。究其原因主要是生产性服务业集聚区投入要素不足，集聚效应不明显。禅城区生产性服务业集聚区存在投入要素不足的情况，主要有资本要素、人力资本要素和知识要素。近年来，尽管生产性服务业的固定资产投入不断增加，但远低于服务业固定资产的投入，尤其是生产性服务业的投入占服务业的投资比重较小，这也导致生产性服务业产值占第三产业比重增速较慢。生产性服务业集聚区的人力资源要素投入不足表现在部分集聚区的企业与之匹配的管理、营销、研发的人才方面，导致集聚区员工文化水平、科技素养提升缓慢。知识要素投入不足是指集聚区的技术研发和技术服务水平不高，往往引进和模仿国内外先进技术却无法做到二次创新，使先进技术本地化、市场化，无法在产业链中获得更加优势的地位。

可见，目前，禅城区生产性服务业集聚水平总体较高，集聚趋势有波动。从细分行化来看，集聚水平较高的多是传统的生产性服务业，如租赁与商务服务业，交通运输、仓储和邮政业。而行业集聚水平最低的是现代生产性服务业，如科学研究、技术服务业和地质勘查业，并且距离 1 还有一定的距离，集聚优势不明显；且大部分行业集聚趋势处于下降，表明集聚优势日趋减弱。

从上面的分析可以看出，与全国相比，禅城区生产性服务业集聚程度较高。2006—2016 年，除科学研究、技术服务和地质勘查业的区位熵均小于 1 外，禅城区其他生产性服务业区位熵多数年份均大于 1，说明这些行业集聚程度较高，具有较好的产业集群发展基础和水平，但尚未形成大规模的产业集群。从行业角度来看，信息传输、计算机服务和软件业，租赁和商务服务业两大行业的区位熵均大于 1，具有较高的集聚水平；金融业区位熵除 2015 年和 2016 年外均大于 1，交通运输、仓储和邮政业区位熵从 2013 年始均大于 1，说明这两个行业也有一定的集聚水平；而科学研究、技术服务和地质勘查业区位熵均小于 1，没有形成集聚。从集聚趋势上看，已出现集聚现象的四个行业中，只有交通运输、仓储和邮政业在集聚水平上呈上升趋势，而其他行业则都呈现下降趋势，说明交通运输、仓储和邮政业的未来集聚发展前景良好，而金融业，信息传输、计算机服务和软件业，租赁和商务服务业的集聚优势逐渐减弱。

5. 生产性服务业发展效益

生产性服务业效益评价指标包括生产性服务业的经济效益指标和生产性服务业的社会效益指标，笔者分别构建了衡量社会效益和经济效益的指标体系进行相应的分析，选择"生产性服务业劳动生产率"和"生产性服务业对经济增长的贡献率"两个指标来分别反映其经济效益和对经济发展的辐射拉动作用，选择"对新增就业的贡献率"指标来反映服务业提供社会就业、满足社会劳动力转移的能力。其中"生产性服务业劳动生产率"和"生产性服务业对经济增长的贡献率"这两个指标是对经济效益水平的衡量，"生产性服务业对新增就业的贡献率"指标是对社会效益的评估。

（1）生产性服务业劳动生产率水平

从表 3-15 可以看出，2006—2017 年，禅城区生产性服务业劳动生产率的水平呈现波动上升趋势，2006—2013 年劳动生产率逐年攀升，之后逐年下降，2016 年又转而上升。

从绝对值来看，2006—2017 年禅城区生产性服务业的劳动生产率不仅高于第一、二和第三产业的劳动生产率，也高于全员劳动生产率；但 2010 年高于第一、第三产业和全员劳动生产率，低于第二产业的劳动生产率；2015 年仅高于第一产业的劳动生产率，低于第二、第三产业和全员劳动生产率。

具体来看，2017 年禅城区生产性服务业劳动生产率 371 752 元/人，比 2006 年的 129 021 元/人增长了 1.88 倍，比第二、第三和全员劳动生产率分别高出 72 556 元、114 229 元和 98 161 元。从增长速度来看，禅城区生产性服务业的劳动生产率增长速度高于第三产业和全员劳动生产率增长速度，2017 年与 2006 年相比，生产性服务业劳动生产率增长速度比第三产业和全员劳动生产率增幅分别高出 19.5 个和 5.9 个百分点，但比第一和第二产业劳动生产率增幅分别低 171.9 个和 10.6 个百分点（见表 3-15）。这些数据在一定程度上说明目前时期禅城区生产性服务的资源利用能力虽有所提升但尚需进一步提高。

表 3-15　2006—2017 年禅城区各产业劳动生产率

单位：元/人、%

年份	全员	第一产业	第二产业	第三产业	生产性服务业
2006	96 961	5 024	100 150	95 879	129 021
2007	120 122	8 978	118 574	125 075	178 938
2008	140 639	10 195	142 615	141 285	178 408
2009	155 842	9 951	151 603	164 641	198 685
2010	181 212	21 494	191 689	174 364	185 839
2011	175 378	15 589	143 660	211 140	266 600
2012	186 005	13 856	172 832	201 406	297 341
2013	207 157	18 904	209 620	206 775	321 275
2014	220 696	15 201	234 051	212 166	306 405
2015	234 446	13 395	259 825	218 579	133 244
2016	252 722	17 629	288 616	230 322	318 672
2017	273 591	23 109	299 196	257 523	371 752
2017 年比 2006 年增长	182.2	360.0	198.7	168.6	188.1
2006—2017 年年均增长	9.9	14.9	10.5	9.4	10.1

资料来源：根据《禅城区统计年鉴》2007—2018 年数据整理。

总体来看，2006—2017 年，禅城区生产性服务业的劳动生产率大幅提升，其劳动生产率增长幅度高于第三产业和全员劳动生产率，但低于第一和第二产业劳动生产率。

（2）生产性服务业及其细分行业对经济增长的贡献

从GDP的核算方式角度来讲，一个地区的GDP等于各细分行业的增加值之和，各部门的经济增量对GDP的变动会产生很直观的影响。因此，衡量各细分行业对GDP的贡献有助于了解自身的发展优势和局限，为实施合理的经济发展战略和制定相应的政策提供参考依据。

2006年以来，禅城区服务业对经济增长的贡献一直较大，对经济的推动力较强，在大多数年份，服务业对经济增长的贡献率和拉动率均高于第二产业，成为禅城区经济发展的重要支柱产业。产业贡献率指各产业增加值增量与GDP增量之比，产业拉动率指GDP增长速度与各产业贡献率之乘积，产业部门的贡献率和拉动率均可用来表示某一产业对区域经济增长带动的程度。禅城区服务业对禅城区经济的贡献和拉动情况见表3-16。

由表3-16可以看出，2006年至2017年间，禅城区服务业对经济增长的贡献率只有2012年为负，其他年份均为正值，且波动中大幅上升，从而增强了其对禅城区经济的拉动能力。2006年全区服务业对地区生产总值增长的贡献率为43.09%，比第一产业高出43.20个百分点，但比第二产业低13.93个百分点，拉动生产总值增长9.05个百分点；2017年全区服务业对地区生产总值增长的贡献率为88.71%，比第一和第二产业分别高出88.94个和77.16个百分点，拉动的生产总值增长6.92个百分点。同期禅城区服务业对GDP的增长贡献呈现波动中上升趋势，由2006年的43.09%上升到2017年的88.71%，而且，第三产业对经济增长的贡献远超过第二产业。这表明禅城区长期以来主要依靠第二产业为主带动经济增长的格局发生了改变，正在向由第二产业和服务业共同带动经济增长的趋势发展，并且服务业对经济增长的拉动作用正在逐渐增强。

表3-16　2006—2017年禅城区三次产业对GDP增长贡献率及拉动率

单位:%

年份	贡献率			拉动率		
	第一产业	第二产业	第三产业	第一产业	第二产业	第三产业
2006	−0.11	57.02	43.09	−0.02	11.97	9.05
2007	0.10	53.22	46.68	0.02	10.22	8.96
2008	0.07	57.57	42.36	0.01	9.50	6.99
2009	−0.02	27.85	72.18	0.00	4.04	10.47
2010	0.00	38.43	61.14	0.06	5.57	8.87
2011	0.24	−295.84	397.89	−0.24	−34.32	46.16

表3-16(续)

年份	贡献率			拉动率		
	第一产业	第二产业	第三产业	第一产业	第二产业	第三产业
2012	-0.12	108.58	-8.45	-0.01	8.69	-0.68
2013	0.00	47.82	52.17	0.00	4.88	5.32
2014	0.03	64.02	35.95	0.00	5.57	3.13
2015	-0.09	26.40	73.70	-0.01	2.16	6.04
2016	0.11	50.32	49.57	0.01	4.08	4.02
2017	-0.23	11.55	88.71	-0.02	0.90	6.92

资料来源：根据《禅城区统计年鉴》2007—2018年数据整理。

注：产业贡献率按当年价格计算。

虽然禅城区服务业整体对经济增长的拉动作用逐渐增强，但生产性服务业对 GDP 和服务业增长的贡献却不尽人意。由表 3-17 中可知，2006—2017 年，禅城区生产性服务业对 GDP 和服务业增长贡献率波荡起伏，呈现先上升后下降的态势，且多数年份均低于生活性服务业对 GDP 和服务业增长贡献率，说明禅城区生产性服务业对经济带动的能力还不稳定，基础薄弱。

表 3-17　2006—2017 年禅城区生产性服务业对 GDP 和服务业增长的贡献率

单位:%

年份	对 GDP 增长贡献率		对服务业增长贡献率	
	生产性服务业	生活性服务业	生产性服务业	生活性服务业
2006	15.47	20.12	35.89	46.70
2007	24.19	11.57	51.81	24.78
2008	8.34	15.76	19.68	37.22
2009	17.25	43.19	23.91	59.84
2010	20.79	45.48	30.05	65.73
2011	129.31	-18.39	36.38	-5.17
2012	42.80	-26.43	-506.49	312.74
2013	30.61	32.05	58.67	61.43
2014	-6.11	15.25	-16.98	42.42
2015	18.71	35.42	25.39	48.07

表3-17(续)

年份	对 GDP 增长贡献率		对服务业增长贡献率	
	生产性服务业	生活性服务业	生产性服务业	生活性服务业
2016	18. 33	24. 95	36. 99	50. 36
2017	42. 30	23. 35	47. 67	26. 32

资料来源：根据《禅城区统计年鉴》2007—2018年数据整理。

分行业看，表3-18数据显示，2017年禅城区经济增长的贡献率最大的生产性服务行业是信息传输、计算机服务和软件业；租赁和商务服务业与交通运输、仓储和邮政业贡献率相当，分列第二、和第三位；金融业与科学研究、技术服务和地质勘查业贡献率较小，分列第四、和第五位。与2006年相比最大的变化是，2006年对经济增长贡献最大的金融业，在2017年的贡献率倒数第二，比最低者仅高0.01个百分点。2006—2017年，除金融业对经济增长贡献率呈下降趋势外，其余四个行业的贡献率均呈现波动中上升的态势。

具体来看，金融业在2013年之前对经济增长的贡献在五个行业中最高，贡献率排名第一，2011年达到最高值为79.10%，之后大幅下降，2017年仅为3.54%，位居五个行业的第四位，从总体波动幅度看，与其他行业相比，金融业贡献率的波动幅度最大。

交通运输、仓储和邮政业的贡献率较高，2006—2017年其对经济增长的贡献率波动上升，2011年达到最高值为24.30%，之后缓慢下降，2017年为10.72%，位居五个生产性服务业的第二位。

信息传输、计算机服务和软件业在2011年之前对经济增长的贡献在五个行业中较高，贡献率排名第三，2006—2017年其贡献率先降后升，2017年达到13.61%，与2006年相比上升了9.88个百分点，位居五个生产性服务业之首。

租赁和商务服务业的贡献率波动较大，为-0.2%~15%，2006年其对经济增长的贡献率为1.32%，位居五个行业的第四位，而2017年其贡献率为10.89%，位居第二。

科学研究、技术服务和地质勘查业在2010年前对经济的贡献率不大，均在1%以下，2011年始对经济增长的贡献波动增强，且发展比较平稳，2017年贡献率为3.54%，虽仍位居五个行业之末，但与2006年相比，其对经济增长的贡献率提高了2.61个百分点。

表 3-18　2006—2017 年禅城区生产性服务业分行业对 GDP 的贡献率

单位:%

年份	交通运输、仓储和邮政业	金融业	信息传输、计算机服务和软件业	租赁和商务服务业	科学研究、技术服务和地质勘查业
2006	3.17	6.32	3.73	1.32	0.93
2007	3.86	18.13	2.14	-0.04	0.10
2008	1.29	2.54	1.53	1.99	0.97
2009	9.61	4.43	-0.32	2.56	0.98
2010	3.40	12.37	2.81	2.88	-0.67
2011	24.30	79.10	6.82	15.42	3.66
2012	10.77	25.50	3.48	0.94	2.11
2013	7.46	15.21	2.33	3.42	2.19
2014	7.81	-28.08	6.16	6.52	1.48
2015	7.99	-6.00	7.17	2.14	7.41
2016	6.04	-1.31	11.83	-0.21	1.98
2017	10.72	3.55	13.61	10.89	3.54

资料来源：根据《禅城区统计年鉴》2007—2018 年数据整理。

总之，2006—2017 年，禅城区生产性服务业对全区 GDP 的贡献率偏低，起伏较大，对经济的带动能力还不够稳定。其中，金融业波动幅度最大，且对经济的贡献率在波动中下降；租赁和商务服务业波动幅度较小，对经济增长的贡献在波动中上升，贡献率较低。其它三个行业对经济的贡献率波动较大，且均呈波动上升的态势。

（3）生产性服务业社会效益

经济发展对社会的一个重要的贡献就是能够带动就业的增长，衡量某一部门发展的社会效益，可以用该部门吸纳社会从业人员的能力，即就业弹性系数来度量，具体的计算公式为：某部门就业弹性系数＝该部门就业增长率/该部门增加值增长率。

其中，部门就业增长率＝（当年该部门从业人数－上年该部门就业人数）/上年该部门就业人数；部门增加值增长率＝（当年该部门增加值－上年该部门增加值）/上年该部门增加值。就业弹性系数的经济含义为 GDP 的变动对就业的影响度，因此就业弹性系数越大，说明该行业产值规模的扩大所带来的吸纳就业人数的效应就越强，反之则越弱。就业弹性系数虽然直观地反映了经济总量的增长或者某一产业部门产值规模的增长所能带动的就业人数上升的比率，但是由于受经济内部结构和增长方式等因素的影响，经济增长与就业之间的关系并不能仅仅由就业弹性系数值来表示，这主要是因为外部环境的影响使就业弹性的强度和方向出现了偏差，该指标所能表述的经济意义也就不止那么简单了。因此，就业弹性系数低除了说明该部门吸纳就业能力较弱外，也间接表明该部门的劳动生产率较高，相同规模的产出，所需要投入的劳动力数量相对较低。而高部门就业弹性系数则在一定程度上说明该部门有可能是劳动密集型行业或者其劳动力投入产出效率较低。

从表 3-19 可以看出，2006—2017 年，服务业就业弹性系数正负相间，总体呈波动上升趋势，且波动幅度较大，表明服务业对就业拉动程度较大，吸纳就业能力逐渐增强。GDP 就业弹性系数除 2007 年外均为正值，但弹性系数较小，波动幅度不大，表明总体经济的发展对就业的拉动虽然稳定，但拉动力弱，拉动程度低。生产性服务业与服务业和 GDP 就业弹性有不同的特征，2006—2017 年，生产性服务业就业弹性系数除 2007 年、2014 年和 2016 年外均为正值，呈波动上升趋势，且波动幅度大于 GDP 和服务业就业弹性系数波动幅度，这表明生产性服务业吸纳就业能力较强，生产性服务业的发展对带动自身行业从业人员增长以及整个地区就业人数的增加有重要的影响。

表 3-19　2006—2017 年禅城区生产性服务业、服务业及 GDP 就业弹性系数

年份	生产性服务业	服务业	GDP
2006	0.06	−0.04	0.02
2007	−0.03	−0.18	−0.05
2008	1.03	0.34	0.17
2009	0.17	0.16	0.10
2010	0.44	0.62	0.07
2011	0.12	0.09	2.20
2012	0.21	−3.85	0.10
2013	0.50	0.75	0.04
2014	−1.51	0.41	0.03
2015	21.29	0.68	0.14
2016	−7.54	0.25	0.02
2017	0.09	0.16	0.04

资料来源：根据《禅城区统计年鉴》2007—2018 年数据整理。

具体行业来看，2006—2017 年，就业弹性系数起伏最大的是交通运输、仓储和邮政业，出现这一现象的原因主要是电子商务的发展带动了快递业的迅猛发展，吸纳了大批就业人员。租赁和商务服务业也有较大幅度的波动，且呈上升趋势，说明租赁和商务服务业吸纳就业的能力逐渐增强，究其原因主要是由于该行业处于不断升级与发展的过程中，存在着人才引进与扩张行业规模。信息传输、计算机服务和软件业就业弹性波动较大，也小幅上升，吸纳就业能力增强。金融业就业弹性保持较为稳定的发展态势，这是由于金融业属于知识密集型生产性服务业，故在近几年金融业没有大幅度的升降。科学研究、综合技术服务和地质勘查业就业弹性波动中小幅上升，发展潜力有限，吸纳就业能力较弱。（见表 3-20）

表 3-20　2006—2017 年禅城区生产性服务业分行业就业弹性系数

单位:%

年份	交通运输、仓储和邮政业	金融业	信息传输、计算机服务和软件业	租赁和商务服务业	科学研究、技术服务和地质勘查业
2006	-0.01	0.22	-0.15	-0.73	0.07
2007	0.11	-0.02	1.33	39.97	-0.96
2008	0.86	1.97	1.04	0.68	0.34
2009	0.07	0.56	0.77	0.19	0.00
2010	0.74	0.61	5.71	2.23	1.95
2011	1.78	0.12	0.15	-3.83	-0.22
2012	0.24	0.03	0.10	3.48	0.20
2013	-1.83	-0.30	-1.10	9.17	-0.04
2014	1.42	0.14	-0.02	0.09	0.04
2015	59.01	0.84	1.20	1.59	0.003
2016	-9.25	1.30	0.18	-0.91	-0.01
2017	0.01	1.24	0.07	0.02	0.11

资料来源：根据《禅城区统计年鉴》2007—2018 年数据整理。

由此可见，2006—2017 年，禅城区生产性服务业吸纳就业的能力不断提升，但波动较大，吸纳就业的能力亦不稳定；其中，波动最大的是交通运输、仓储和邮政业，波动最小且吸纳就业能力最弱的是科学研究、技术服务和地质勘查业。

三、禅城区生产性服务业发展的优势条件和存在问题

（一）优势条件

1. 区位优势

就全国范围看，我国正处在工业化中期阶段，工业化过程中制造业的大发展需要生产性服务业的协同发展。生产性服务业是一个辐射性很强的产业，它可以辐射全国，只要有制造业的地方就需要生产性服务业。从区域范围看，禅城区位于珠三角发展轴上，作为珠三角主要城市佛山市的核心区，不仅可以借力佛山发展生产性服务业，辐射带动佛山其他四区，还可以充分借助广州的资源来辐射周边地区，因而生产性服务业具有广阔的发展空间。并且，广州、佛山共同组成繁荣的广佛都市圈，禅城区是佛山市的中心城区，与广州共享交通网络资源、金融资本资源、人才资源和信息资源，实现产业联动和功能互补。广佛都市圈基础设施衔接配套，共同构建了四通八达的现代化立体交通网络。可见，禅城地处广佛都市圈及珠三角核心区，是佛山的政治、经济、文化、商贸中心和珠三角重要的交通枢纽。广佛、佛开、广三、广肇等高、快速路贯穿它，广茂、广湛铁路经过它并与全国铁路网络连接，它距离广州南站和佛山西站均需 30 分钟以内车程，到花都白云国际机场也只要约 50 分钟车程，它与南沙港等国际大港口近在咫尺。未来，广佛地铁、广珠轻轨等城际交通网的不断完善将进一步强化禅城的区位和交通优势。

如此优越的区位优势和便捷的立体式交通网络，为禅城区生产性服务业的发展提供了良好的基础。

2. 产业优势

禅城区的产业结构在不断优化升级，第三产业所占比例不断上升。2017 年全区实现地区生产总值 1 722.49 亿元，比上年增长 7.8%。其中，第一产业增加值 0.27 亿元，比上年下降 10.1%；第二产业增加值 748.84 亿元，比上年增长 5.8%，对 GDP 增长的贡献率为 11.6%；第三产业增加值 973.39 亿元，比上年增长 9.6%，对 GDP 增长的贡献率为 88.7%。三次产业结构为 0.02：43.47：56.51。其中，生产性服务业所占比重也在不断增加，虽然与广州和深圳等发达地区相比还有一定的差距，但迅速调整的产业结构已为禅城区生产性服务业的发展打开了上升的通道。

同时，禅城区产业发展高端化趋势正在显现，在佛山创意产业园、泛家居

电商创意产业园、佛山软件产业园、高校技术开发区、绿岛湖综合性生产服务业集聚区的示范带动下，电子商务、金融业、信息传输计算机服务和软件业、文化创意产业的发展必然会更加活跃，市场供给会更加丰富，发展前景将更加广阔。

3. 市场优势

2006年以来，佛山及禅城区经济增长的稳定性和内在动力明显增强。佛山是珠江三角洲制造基地之一，2015年佛山成为国家制造业转型升级综合改革试点。现已形成机械装备、家用电器、陶瓷建材、金属材料加工及制品、纺织服装、电子信息、食品饮料、精细化工及医药、家居用品制造等优势行业，光电、环保、新材料、新医药、新能源汽车等新兴产业发展迅速，配套能力日趋完善的现代工业体系初步建立。2017年，全市实现地区生产总值9 398.52亿元，实现规模以上工业总产值21 015.53亿元，三次产业比重为1.4∶57.7∶40.9，工业主导地位明显。禅城区是佛山重要的工业区，制造业发达，实体经济稳定性、成长性良好。2017年，全区共有工业企业8 334家，从业人员达到62.96万人，全年实现工业总产值2 457.67亿元。规模以上工业企业实现销售收入2 270.54亿元，增加值407.82亿元，利税总额151.80亿元。

这些都为禅城区发展生产性服务业创造了需求空间。此外，从数理规律分析看，禅城区第三产业增加值占全区地区生产总值的比重及生产性服务业的比例还偏低，还没有与制造业形成更为合理的产业配比，对生产性服务业的需求和供给还有巨大的市场潜力和发展动力。

4. 政策优势

2014年国务院出台了《关于加快发展生产性服务业促进产业结构调整升级的指导意见》，明确指出：生产性服务业涉及农业、工业等产业的多个环节，具有专业性强、创新活跃、产业融合度高、带动作用显著等特点，是全球产业竞争的战略制高点。加快发展生产性服务业，是向结构调整要动力、促进经济稳定增长的重大措施，既可以有效激发内需潜力、带动扩大社会就业、持续改善人民生活，也有利于引领产业向价值链高端提升。

2016年佛山市出台《关于加快发展生产性服务业的实施意见》（以下简称《意见》），《意见》提出："十三五"期间佛山将在重点领域培育一批产业支撑性强、通晓国际规则、竞争能力突出的生产性服务骨干企业，其中包括大力发展创新创业服务、金融服务，推动电子商务发展，提升工业设计服务水平，壮大现代物流服务，推进商贸会展业发展，大力发展服务外包、互联网+生产性服务业八大领域。此外《意见》还提出佛山要以打造成为制造业服务化领头城市作为目标，推动制造企业服务化。这些无疑为禅城区发展生产性服务业指明了道路。

此外，禅城区制定了《禅城区推进生产性服务业发展三年行动计划（2016—2018年）》，相关部门对服务业发展扶持政策进行了完善，使禅城区服务业发展的政策活力得以不断释放。

5. 人才优势

人才尤其是专业人才，是促进生产性服务业发展的核心要素。禅城区内有佛山最高学府——佛山科学技术学院，每年培育出大量的高层次人才。与广州相比，禅城区的人力资源成本相对较低，对生产性服务业发展具有十分明显的人才优势。

有关数据显示，目前在产业转型升级中禅城已集聚了一批掌握核心技术的高端人才、技能型人才和金融人才。其中，智能型产业人才1.6万，节能型产业人才3.5万，生命健康产业人才2.2万，高端装备产业人才2.5万，各类金融人才3万。2016年禅城区委、区政府以创业创新作为主攻方向，把制造业服务化作为主要着力点，积极运用"互联网+"手段着力发展现代服务业，培育创客经济新模式，以创客经济来打造引领产业发展的新引擎，全力打造"创客之城"。在该思想的指导下，禅城区建立了张槎华南创谷、祖庙"丰收街·菁创聚"青创社区、石湾陶瓷创意谷、南庄绿岛湖·智荟四大"双创"园区，累计建成国家级孵化器2家，省级孵化器3家，广东青年创客联盟也落户禅城。目前禅城全区已集聚创新企业1万多家、"双创"人才2.5万。禅城围绕"发展新经济培育新动能"的主题举办了20项创业创新活动，吸引"双创"人才来禅城。禅城区计划争取到2018年聚集"千人计划"专家8人、"万人计划"专家10人，引进培育省级创新创业团队6个、省级创新创业人才9人，拥有院士工作室13家、博士后工作站28家，拥有副高及以上职称专业技术人才8 100人，每万人有效发明专利拥有量达24件；培育领袖型企业家10名、科技型企业家20名、青年企业家100名。中高级人力资源的积累有利于禅城区生产性服务业的发展。

（二）存在问题

根据对禅城区生产性服务业发展现状的分析可看出，"十一五"以来，禅城区整体经济发展势头迅猛，经济规模日益扩张，行业内部结构逐渐改善，生产性服务业的劳动生产率和吸纳就业的能力也不断提升。但是，我们不难发现禅城区生产性服务业的发展仍存在着一定的不足。基于上文对现状的分析，大致可以归纳如下：

1. 规模小且对经济的拉动作用不强

根据国际经验，一个发达的经济体其服务业产值占 GDP 比重要达到 70% 的水平，禅城区的服务业发展水平离此标准有一定的差距。2017 年禅城区第三产业增加值为 973.39 亿元，占 GDP 的比重为 56.5%，但远远小于同期广州越秀区的 98.0%、天河区的 87.8%、海珠区的 85.9% 和深圳罗湖区的 95.2%、福田区的 93.3%、蓝田区的 83.8%。2017 年禅城区生产性服务业增加值为 371.57 亿元，从上文对生产性服务业规模的分析中我们还可以看出，2006—2017 年，禅城区生产性服务业产值占服务业的比重基本维持在 33%~40% 之间，处于较低水平，生产性服务业对禅城区经济的带动能力不足。细化到五大行业来看，若与相对发达的越秀和福田相比，金融保险业、商务服务业和科技服务业增加值均低于这些地区。

造成禅城区生产性服务业整体发展不足的原因从根源上讲还是在于经济发展水平较低，经济发展尚未达到对生产性服务业产生足够需求和发展支持的阶段。再次，禅城区对经济增长所进行的物质资本投入也主要集中在房地产为代表的服务业，并未将生产性服务业视为重点投资领域。最后，禅城区一直存在科技、管理等高端人才缺乏等问题，导致了高端人才资源和科技创新不足，未能对禅城区生产性服务业的发展形成足够的智力支持。

2. 行业结构亟待调整

从上述分析可以看出，金融业增加值占生产性服务业的增加值一直在 26%~47% 之间，交通运输、仓储和邮政业增加值占生产性服务业增加值的比重达到四分之一，而信息服务业和商务服务业占比较小且均有一定的下降。科技服务业占比极小，一直未能超过 8%。总体来看，禅城区生产性服务业处于总体结构较为失衡，部分行业亟待投入和发展的状态。传统生产性服务业占比过大，新兴生产性服务业未能跟随服务业整体的发展而发展，对科技的投入过小导致科技服务业一直处于极小的规模水平。导致上述结构性问题的原因在于：虽然禅城区乃至佛山经济总体增长较快，但经济增长主要依靠低端产业的粗放型增长，对信息服务和科技服务的需求和投入均处于较低水平，最终仅形成了对传统生产性服务业的推动作用。同时，低端产业的科技含量和产品科技附加值低，导致禅城区整体技术创新不足，也影响了对知识密集型的新兴生产性服务业发展的支持。

3. 优势行业吸纳就业的能力不强

近些年禅城区服务业的就业比重不断增大并趋于稳定，这是由于禅城区已经进入服务经济发展阶段，服务业处于中速发展的平稳状态。虽然禅城区生产性服务业就业总人数在不断增加，特别是 2015 年大幅增长，但在 2006—2017 年间生产性服务业就业人数的增长速度较为缓慢。具体来看，2006 年生产性服务业就业人数为 60 286 人，2007 年减少至 59 568 万人，2008 年始逐年缓慢增加。生产性服务业就业人数占服务业就业人数的比重波动中上升，但 2015 年后呈现逐年下降态势，说明禅城区生产性服务业对就业的吸纳能力仍未完全发挥。并且，禅城区生产性服务业的优势行业为金融业和交通运输、仓储和邮政业，其中金融业的规模最大，其增加值占生产性服务业的增加值一直在 26%~47% 之间，加大对这些优势行业的发展力度将会对当地的经济发展起到较强的带动作用。但是，近年来这两个行业吸纳就业的能力却不是很强，尤其是金融业，其吸纳的就业人数在 2010 年达到最高值后逐年减少，而交通运输、仓储和邮政业虽然对当禅区经济发展有着较高的贡献率，其增加值占生产性服务业增加值的比重达到四分之一，但其吸纳就业的能力并没有较明显的提升。

4. 软件业和商务服务业发展相对缓慢

从前面对禅城区生产性服务业发展情况的分析可以看出，2006—2017 年，相对于其他行业，信息传输、计算机服务和软件业与租赁和商务服务业的发展比较缓慢。2017 年与 2006 年相比，信息传输、计算机服务和软件业增加值增长了 272.8%，年均增长 12.7%，比同期生产性服务业的增长速度和年均增长速度分别低 104.9 个和 2.6 个百分点；租赁和商务服务业增加值增长了 264.8%，年均增长 12.5%，比同期生产性服务业的增长速度和年均增长速度分别低 112.9 和 2.8 个百分点。造成这种现状的主要原因是：就信息传输、计算机服务和软件业而言，主要原因在于禅城区软件产业园规模偏小，产业集聚能力不足，缺乏行业龙头企业引领，软件业等信息行业处于平缓发展阶段。就租赁和商务服务业而言，主要是因为禅城区的商务服务业以传统低层次、低附加值商贸服务业为主，中小企业居多，呈现零散状态，致使该行业发展亦处于缓慢发展态势。

5. 生产性服务业投资力度不够

从固定资产投资完成额来看，2006—2017 年禅城区生产性服务业完成投资额在波动中增加，但其投资的总体规模较小。2006—2017 年全区累计完成投资额为 4 703.60 亿元，服务业累计完成投资额为 3 909.42 亿元，同期生产性服务业累计完成投资额为 691.52 亿元，占服务业累计完成投资额比重为 17.7%，占全区投资完成额的比重为 14.7%。从实际利用外资额来看，2006—2017 年禅城区生产性服务业实际利用外资额不断增加，但其总体规模偏小。

2006—2017 年全区累计实际利用外资额为 412 153 万美元，服务业累计实际利用外资额为 308 646 万美元，同期生产性服务业实际利用外资额 18 681 万美元，占服务业实际利用外资额的比重为 6.1%，占全区实际利用外资额的比重仅为 4.5%。

6. 产业集聚程度不强

从生产性服务业整体来看，2006—2017 年，除 2008 年生产性服务业区位商小于 1 外，其余各年的区位熵均大于 1 但小于 1.4，且呈现出先升后降的趋势。根据区位熵的判断产业集群的标准，说明禅城区生产性服务业的五个行业均未形成产业集群，并且集聚程度不断减弱。从生产性服务业各行业来看，禅城区生产性服务业集聚水平较高的多是传统的生产性服务业，如交通运输、仓储和邮政业，金融业，租赁与商务服务业；而行业集聚水平最低的是现代生产性服务业，如科学研究与技术服务业。2006—2017 年信息传输、计算机服务和软件业，租赁和商务服务业两大行业的区位熵均大于 1，交通运输、仓储和邮政业从 2013 年始区位熵大于 1，金融业除 2015 年和 2016 年外区位熵均大于1，而科学研究、技术服务和地质勘查业区位熵小于 1，在 0.4~0.7 间波动，没有形成集聚。从集聚趋势上看，已出现集聚现象的四个行业中，只有交通运输、仓储和邮政业在集聚水平上呈上升趋势，而其他行业则都呈现下降趋势，这意味着禅城区交通运输、仓储和邮政业的未来集聚发展前景良好，但金融业，信息传输、计算机服务和软件业，租赁和商务服务业的集聚优势逐渐减弱。

四、禅城区生产性服务业发展的总体思路与发展重点

（一）发展思路

贯彻一个主线。以加快转变生产性服务业发展方式为主线，围绕打造佛山服务业高地目标，以产业转型升级需求为导向，以产业服务能力提升为核心，大力发展现代生产性服务业和生产性服务业新业态，构建与产业转型升级相适应的生产服务体系，支撑引领禅城乃至佛山制造业向高端提升，为尽快实现由"佛山制造"向"佛山智造"的跨越式发展提供强力支持，支撑引领禅城服务业向高端发展。

突出两个重点。一是扩规模优结构。加快生产性服务业发展速度，全面提升生产性服务业的服务能力和水平。推进生产性服务业结构调整，优化经营主

体结构、行业和业态结构、空间布局结构，提高发展质量，促进企业做大做强。二是增强生产性服务业对经济发展的贡献。加强与制造业发展的融合，把生产性服务业培育成国民经济新的增长点，进一步提高服务制造业的能力。

强化三个理念。一是特色引领。立足产业优势，结合区域特点，探索适合禅城区和佛山实际的发展道路。二是高端发展。以市场需求为导向，重点发展新金融、科技服务、信息服务等科技含量高、经济效益好、带动效应大的生产性服务业。三是双轮驱动。在发展生产性服务业的同时，注重发展与生产性服务业相关的生活性服务业，加快生产性服务业企业周边生活配套项目建设。

瞄准四个方向。一是由制造环节向前端延伸，加快发展金融、研发设计等生产性服务业，优化产业生态，实现由"佛山制造"向"佛山创造"的转变。二是由制造环节向后端延伸，以电子商务为重点，带动物流等服务业发展，形成广泛联动。三是由制造环节向高端提升，大力发展信息服务，以及总部经济、会展为重点的商务服务，为制造环节提供智力支持。四是向服务业内部拓展，注重发展针对服务业的金融服务、商务服务，为服务业自身分工细化和结构提升提供支撑。

坚持五个原则。一是坚持市场主导。发挥市场在资源配置中的决定性作用，鼓励社会资本参与生产性服务业发展，激发生产性服务业企业活力。更好地发挥政府作用，进一步放开生产性服务业领域市场准入，营造公平竞争环境。二是坚持创新发展。推动云计算、大数据等在生产性服务业的应用。鼓励企业开展科技创新、产品创新、管理创新、市场创新和商业模式创新，发展新兴服务业态。三是坚持融合发展。把发展生产性服务业与促进产业结构优化升级结合起来，推动生产性服务业与新型工业化深度融合，推动生产性服务业与信息技术有机结合，实现生产性服务业与工业化、信息化良性互动、共同发展。四是坚持集聚发展。推动特色服务资源集聚，推进生产性服务业集聚区建设，支持做大做强总部经济、金融服务、物流园区、信息技术服务以及电子商务等专业化生产性服务业集聚区，实现规模效益和特色发展。五是坚持突出重点。以拓宽发展领域和提升产业素质为重点，针对制约禅城区和佛山市当前产业发展的薄弱环节和突出问题，加快推进产业园区的配套服务，提高禅城乃至佛山产业整体竞争力。

（二）发展重点

结合禅城实际，做强做大金融、科技服务、信息服务业，加快发展电子商务、创意产业，巩固发展现代物流、商务服务业，推动禅城区生产性服务业持续健康发展。

1. 金融业

巩固拓展传统金融，大力发展新兴金融，以佛山金融聚集区（总部聚集区、财富聚集区和人才聚集区）建设为主线，把禅城建设成为以新金融产业体系为载体，以财富管理中心、互联网金融创新中心为特色，以新金融空间布局为支撑的佛山新金融中心。

（1）全力打造佛山财富管理中心

以私募金融为龙头，以场外交易市场、财富管理中介为两翼，构建财富管理体系。积极争取"民间资本管理公司试点"资格，规范发展私募（个人）理财活动，聚焦发展民间理财业务。引进私募金融服务、场外交易平台、财富管理中介等各类创新型财富管理机构，支持各类金融机构开展财富管理业务，开设财富管理中心或资产管理子公司，争取基金托管、私人银行业务牌照；鼓励本地企业申请以资产管理为主要业务的证券、基金等金融牌照。引入或鼓励扶持组建本土评级机构，对财富管理机构及发布的理财产品进行信用和风险评级，从第三方入手提升财富管理服务水平。与国内财富管理居于领军地位的工商银行、建设银行、招商银行等合作，长期举办年度高端民间财富论坛，提升禅城金融品牌和影响力。

（2）积极打造佛山互联网金融创新中心

以乐怡海创·文华荟为依托，以创建广东省互联网金融创新示范区为抓手，建设互联网金融园区，引进一批互联网金融企业落户禅城，促进互联网金融在禅城集聚发展。积极鼓励互联网企业打造金融平台。支持互联网企业依法合规设立互联网支付机构、网络借贷平台、网络金融产品销售平台。鼓励传统金融机构依托互联网技术，整合云计算、移动互联网、大数据等技术手段，开展网络银行、网络证券、网络保险、网络基金销售等业务，加快金融产品和服务创新，在更广泛地区提供便利的存贷款、支付结算、信用中介平台等金融服务，完善线上线下业务体系。创新投融资模式，鼓励发展P2P网络借贷、众筹等互联网金融业态。尝试举办具有区域影响力的互联网金融论坛活动平台，打造互联网金融峰会品牌。

（3）进一步推动企业利用多层次资本市场加快发展

——推动企业上市融资。鼓励和支持本地企业到上海、深圳证券交易所以及全国中小企业股份转让系统挂牌上市，利用多层次股票市场开展融资。鼓励企业拓展融资渠道，到境外挂牌融资，打造国际品牌。

——扩大企业债券融资。支持上市企业和企业集团在银行间债券市场、证券交易所、境外债券市场发行中期票据、企业债、公司债、短期融资券等债务融资工具，支持本市企业到境外资本市场发行本外币债券。培养和壮大债券市场中介机构，支持符合条件的本市商业银行、资产管理机构等开展债券承销业务。

——推动设备租赁融资。重点推动本地法人金融机构、骨干企业申请设立金融租赁公司，鼓励优势先进装备制造业企业申请设立融资租赁公司。鼓励融资租赁公司积极开展重点装备制造业融资租赁业务，通过各类融资租赁方式为中小企业进行技术改造提供中长期的融资支持。

（4）建立普惠金融、文创金融和科技金融服务体系

——建立普惠金融服务体系。创新财政资金直接对创业者、个体户、小微企业主的补贴方式，探索设立"普惠金融发展基金"、建立基于"金融信用信息共享服务平台"的普惠金融数据库，引导金融机构共同参与，激励禅城区相关金融机构为上述三类主体提供具有"普惠性质"的担保、贷款等产品。

——建立文创金融服务体系。创新符合文化产业发展需求特点的金融产品与服务，鼓励银行业金融机构打造适合文化企业特点的金融服务特色产品。在有效控制风险的前提下，逐步扩大融资租赁贷款、应收账款质押融资、股权质押贷款等适合文化企业特点的信贷创新产品的规模，探索开展无形资产抵质押贷款业务，拓宽文化企业贷款抵质押物的范围。

——建立科技金融服务体系。推进科技银行、科技保险、科技小额贷款公司等科技金融专营机构建设，引导金融机构开发适合科技企业特点的信贷融资产品。支持面向禅城的科技型企业提供天使投资、创业投资等直接股权投资，以及基于互联网金融平台的科技创新服务。借鉴"苏科贷"运行模式，尝试建立"禅科贷"，建立科技金融服务平台。

（5）优化金融服务业空间布局

依托禅城区总体发展的空间框架，结合禅城经济金融发展特点，整合空间资源，重点打造"季华路金融带"，形成"一带一镇"的新金融空间支撑体系。

一带，即季华路金融带。依托季华路便利的交通条件和发达的金融机构，由佛山市和禅城区共同打造一条沿季华路两侧的财富管理产业链和新金融生态圈——季华路金融带，努力把其打造成为具有强大的资本吸纳能力、人才集聚能力、服务辐射能力的财富管理中心和新金融创新中心。

一镇，即祖庙创富小镇，依托祖庙乐怡海创·文华荟载体，建设创富小镇，将之打造成为环境优美、特色鲜明的股权投资、私募金融、互联网金融、

科技金融集聚区，成为禅城金融发展亮点。

2. 科技服务业

着眼于国家自主创新示范区建设，以科技创新推动产业全面转型升级，建成适应经济社会发展需要、覆盖科技创新全链条的科技服务体系，成为佛山重要的科技服务业基地。

（1）推动科技创新载体建设

——大力建设科技创新平台。提升国家重点实验室、国家工程实验室创新能力，鼓励企业建立企业重点实验室，推动大中型工业企业普遍建立研究院。培育发展省级、市级和区级工程技术（研发）中心。大力推动院士工作室、博士后工作站，以及研究开发院、技术开发中心等各类创新平台建设。引进培育发展一批新型科研机构，鼓励新型科研机构创新管理模式、运行机制、研发机制、用人机制等，提升新型科研机构创新能力。深入推进陶瓷、电源、生物医药等创新平台和创新联盟建设。大力推动先进陶瓷专业技术公共服务平台等专业性公共服务平台建设。

——大力发展孵化器。以佛山创意产业园、华南电源创新科技园、华南交通电子产业园、欧洲工业园 C 区、华南移动互联网产业园、佛山全球电商生态科技城等为核心载体，着力推动园区建设科技企业孵化器。鼓励孵化器业态创新，采取多种形式发展，大力发展对创新型企业进行融资、管理咨询、流程外包等新型科技企业孵化器。深入挖掘"互联网+"创新载体建设发展潜力，积极探索虚拟孵化、异地孵化等新型孵化形态，为更多科技创业者提供孵化平台。

——加快互联网+产业园区建设。加快"互联网+"专题孵化器建设，充分利用佛山国家火炬创新创业园、佛山新媒体产业园科技企业孵化器、佛山泛家居电商创意园等现有条件，通过市场化方式构建一批创新与创业相结合、线上与线下相结合、孵化与投资相结合的众创空间，为创业者提供低成本、便利化、全要素的工作空间、网络空间、社交空间和资源共享空间，推进园区企业与互联网企业开展跨界融合。

（2）优化科技服务业态

——研究开发服务。支持国内外著名高校院所和科研机构在禅城发起设立新型研发机构；支持在禅高校院所、各新型研发机构，围绕自身优势特色学科与禅城科技产业园区合作共建重点实验室；支持创新型领军企业面向自身和行业需求，建设高水平企业研发机构。

——创业孵化服务。支持创客空间、创新工场等众创空间建设发展，推进建设创新服务中心，为草根创业团队和项目提供硬件支撑和创业服务。成立禅城区创客俱乐部，搭建创新创业服务平台。制定科技孵化育成体系建设专项规划，对孵化器区域布局、建设运营、孵化服务等进行引导。完善"创业苗圃—孵化器—加速器—专业园区"的四级孵化育成体系。

——技术转移服务。面向禅城重点产业，依托重点科技产业园区，引进和培育市场化运作的国际、国内技术转移机构，支持各类高校院所在禅城建设技术转移中心并开展技术转移工作，鼓励社会资本举办技术转移机构，不断完善和提升各类机构的服务能力。

——知识产权服务。大力发展知识产权代理、法律、信息、咨询、培训等服务，鼓励市场化运作的机构和平台建设。建设中国（陶瓷）知识产权快速维权中心，推动知识产权基础信息资源免费或以低成本向社会开放。

（3）推进科技服务业集聚发展

——建设科技服务业集聚区。围绕高新区、科技企业孵化器、专业镇等重点区域和战略性新兴产业领域，打造科技服务要素相对集聚，功能设置相对合理，产业定位相对清晰，与禅城优势产业、主导产业同步发展的科技服务业集群；促进创新资源和科技服务机构向国家高新区、战略性新兴产业基地、科技园区和专业镇等区域聚集，建设集互联网+科技服务集成应用、研发设计、检验检测认证、科技成果转化、创业孵化等科技服务产业聚集区。

——建设科技服务业特色基地。重点建设国家级科技成果转化试验基地。依托禅城区现有的科技企业孵化载体，加快完善科技成果转化孵化育成体系，使科技成果转化服务覆盖科技成果转化、产品化、产业化各环节，覆盖科技企业初创、孵化、毕业、上市等各阶段，打造集科技成果转化、科技企业孵化培育、创新型产业集群为一体的国家级科技成果转化基地。

——建设科技服务示范区。充分发挥禅城区科技金融产业融合先发优势，深入推进禅城区国家专利保险试点建设，创新专利保险新模式，探索专利申请、侵权、许可、质押融资、投资保险等专利保险新险种，扩大专利保险范围。创新互联网和新型金融模式，争创全省乃至全国互联网金融创新示范区，打造"互联网+金融+创新"的新模式，引导互联网金融企业与创业创新资源无缝对接。按照佛山市建设"国家知识产权服务业集聚发展试验区"部署，通过政策扶持，建设知识产权服务业集聚发展试验区，创建佛山市知识产权服务机构核心区。

（4）优化科技服务业空间布局

依托禅城资源禀赋，充分发挥各镇（街）比较优势，加快形成"一轴、

"一核、多点"的空间格局。

一轴：依托广东（佛山）软件产业园、国家火炬创新创业园、佛山创意产业园、广东省电子商务示范基地、佛山人力资源服务产业园和佛山市知识产权核心区等载体，重点发展工业服务、科技服务、创业服务等高端服务领域，打造成为全区创新驱动发展核心轴，增强其对全区科技服务业发展的影响力、带动力和辐射力。

一核：以石湾镇街道为核心，以国家重点实验室等创新平台为载体，重点发展科技创新服务、检验检测服务等领域，打造科技创新服务核心区。

多点：以华南电源创新科技园、华南智慧新城、广东禅城经济开发区、中国陶瓷总部基地、华南金谷等经济载体，聚焦核心科技企业，发展功能协调、特色突出的科技型产业，以及与此相适应的科技服务体系，形成多点支撑科技服务发展的新格局。

3. 信息服务业

利用建设智慧城市的契机，进一步提升信息基础设施建设，重点推动物联网、云计算、大数据等新一代信息技术发展和应用，实现信息技术与各服务领域、各产业融合发展。

（1）加快信息基础设施建设

——推进无线宽带升级。继续加大中国铁塔佛山分公司的基站建设投资，加强基站建设及安全保护，做好存量移动通信基站资源的整合优化，实现移动通信基站合理布局；加强无线宽带网络软硬件设备的升级，适时推出5G试点应用，提升无线宽带服务质量。

——提升光纤网络服务能力。全面规范光纤网络建设环境，协调三大运营商加强合作，实现资源共享。加强骨干光纤网和城域光纤网络传输平台建设，加快互联网骨干节点升级和城域网宽带扩容，全面推进各产业园区宽带网络建设，满足万兆到园区、千兆到大楼、百兆到桌面的高速宽带要求。

——拓展三网融合范围。加快有线电视用户NGB网络改造，全面提升网络技术水平和业务承载能力；积极推动广电、电信、互联网企业在网络基础设施上资源共享，创新应用服务内容，加快推广移动多媒体广播电视、手机电视、数字电视等业务；依托多媒体通信平台，构建智慧社区、智能家电、在线办事等个性化服务。

（2）推动新一代信息技术发展

——加快物联网产业发展。加快物联网技术集成创新，着力突破一批物联网关键共性技术，培育建设物联网产业基地，拓展物联网运营服务，依托广东省无线射频识别（佛山）产业基地、华南物联网产业应用基地、佛山市物联网络工程技术研究开发中心等机构，大力发展传感器集成技术在智能家居、交通物流、环境保护、公共安全、工业检测以及个人健康等领域的应用。

——加快云计算产业发展。着力拓展云计算服务范围，推进云计算产业集群建设。利用禅城现有的政务云、教育云、工商云、医疗云、制造云、陶瓷云、物流云、时尚云等平台，整合线上线下服务，积极推进云服务的创新发展，大力促进云计算相关的软件研发、应用服务等行业的发展，进一步为周边区域提供云计算服务；以广东省（佛山）软件产业园、佛山新媒体产业园为依托，加快世纪互联云计算数据中心、鹏博士华南云计算数据中心和睿江物联网云计算中心的建设运营，发展云计算研发、应用、数据中心存储收集等各类互联网信息服务，实现云计算服务的产业化，形成具有影响力的云计算产业集群。

——加快大数据产业发展。深入实施大数据战略，积极推动大数据在经济发展和社会治理中的创新应用。依托中兴和佛山共建的大数据产业园、大数据研究院和华南大数据研发平台，加快培育引进一批数据采集、数据处理、数据挖掘、模型设计、统计分析以及大数据平台运营维护等方面的企业，全面完善技术研发、人才培训、金融保险等配套服务，促进大数据产业的集聚发展；根据社会发展需要重点发展工业大数据和社会大数据应用，包括智能制造与政务、交通、医疗、教育、金融等，形成包括行业大数据资源管理、交易以及增值服务等高端产业；鼓励企业、电信运营商和相关机构等对政府公共信息资源进行开发利用，丰富居家养老、远程健康监护、交通出行、地理位置信息等服务。

（3）推动信息技术和制造业融合发展

——推动信息技术和制造业融合发展。通过建设云制造与工业大数据创新中心、建立智能制造产业集聚区、打造智能制造示范企业，推动信息技术和制造业融合发展。

——建设云制造与工业大数据创新中心。鼓励云计算、大数据在企业研发设计、生产制造、经营管理、销售服务等全流程和全产业链的综合集成应用。通过科学化、系统化、安全化的数据资源管理，统一整合家具、照明、家电和陶瓷等禅城重点产业的工业数据资源以及全国装备制造领域数据资源，建成集数据采集、安全管理、开发利用、交易等功能的工业大数据创新中心，为企业提供研发、生产、营销、物流、检验检测及相关在线服务。支持张槎区域创建"互联网+"小镇。

——建立智能制造产业集聚区。以华南电源创新科技园、佛山高新区科技产业园、欧洲工业园、华南交通电子产业园等先进装备制造主题产业园为核心，积极发展新能源、生命健康、环保技术、汽配等产业，把禅城区建设成为极具影响力的智能制造产业集聚区；落实禅城区促进智能制造发展相关政策，促进信息化与工业化深度融合，重点培育和扶持一批智能制造示范企业及新型研发机构发展，进一步提升禅城区的智能制造自主创新能力。

打造一批智能制造示范企业。积极推进企业智能化升级，建设一批智能工厂与数字车间，加快推动工业机器人、智能物流管理等技术和装备在生产过程中的应用，建立"机联网""无人车间""厂联网"等智能制造系统，实现生产全流程的自动化、网络化和智能化；加强研发投入与技术创新，重点围绕研发设计、产品生产与服务等环节，加强信息技术在机械装备、陶瓷卫浴、灯具照明、纺织服装、医疗器械等行业中的应用，提升企业智能制造水平。

4. 电子商务

以建设具有禅城特色的"国家电子商务示范城市"为契机，通过壮大电子商务主体、深化电子商务应用、推动电子商务创新、完善电子商务支撑，构建特色鲜明的电子商务产业体系，推动电子商务跨越发展，努力打造"佛山电子商务强区"。

（1）壮大电子商务发展主体

——打造一批在全国有影响力的电子商务平台。创新工业品市场营销模式，依托产业集群和专业市场，重点在家电、家具、服装、陶瓷、机械制造、铝型材料、先进装备制造等领域，提升发展一批行业电子商务平台。

——建设一批集聚度高的电子商务产业园区。结合区域产业特色，统筹规划建设多层次的电子商务产业基地。按照"1+1+X"布局，将南庄绿岛湖"全球电子商务生态科技城"打造成为电子商务总部区，各镇街道结合各自产业发展现状、特色以及区位优势，各建立一个电子商务集聚区，同时建设"X"个特色产业基地。重点建设和完善绿岛湖都市产业园（禅城区电子商务产业园）、佛山智慧新城、佛山新媒体创意产业园、佛山泛家居电商创意产业园，优化配套设施，加大招商引资力度，吸引境内外电子商务企业及相关服务企业入驻。

（2）深化电子商务应用

——引导制造业企业发展电子商务。进一步提高企业信息化水平，夯实企业电子商务应用基础。支持制造业企业自建平台或通过第三方平台拓展网络营销渠道，积极培育发展面向制造业企业的电子商务外包服务。

——积极发展跨境电子商务。壮大跨境电子商务主体队伍，引进、培育一批影响力较大的跨境电子商务公共平台。加强与阿里巴巴、传神外贸通、网来云商、敦煌网、兰亭集序等著名跨境电商平台开展合作，支持区内企业与境外电商平台联合，建立适应跨境电子商务的境外支撑服务体系。引导有实力的企业通过租用或自建方式，到日本、韩国、欧美等重点市场建立跨境电子商务公共海外仓。支持跨境电子商务企业与外贸企业对接，打造跨境电子商务优质供应商，提升国际市场营销能力。

（3）完善电子商务支撑

——加快网络基础建设。统筹互联网数据中心、公共信息服务中心等云计算基础设施布局。支持信息技术企业为电子商务企业提供大数据服务，促进大数据应用。

——强化网络支付结算能力。加快培育壮大互联网支付机构，为电子商务发展提供便利支付。鼓励银行机构、非银行支付机构完善在线支付平台，提供基于互联网、手机电话、自助终端等多终端的支付服务，形成多元化的电子支付体系。

——培育电子商务服务商。培育和引进一批专业化电子商务服务商，为中小电子商务企业提供软件开发、系统集成、业务培训、专业咨询、数据分析、会展推介、代运营、研发设计、广告创意等专业服务。鼓励国内外知名电子商务服务企业在禅城设立区域总部。

（4）优化电子商务产业空间布局

南庄：依托佛山全球电子商务生态科技城，培育和引进电子商务企业总部，打造电子商务总部集聚区。借助"阿里巴巴·佛山产业带""众陶联"等平台，发展综合电商，陶瓷行业特色电商。

石湾：依托泛家居电商创意产业园，以及"贸速通"平台，发展泛家居电商、跨境电商。

张槎：依托佛山新媒体园、创意产业园，围绕针织、高端装备制造、生物制药等行业发展特色电商。

5. 创意产业

以历史文化资源为依托，着力做精、做强、做优，培育特色行业，优化空间格局，提升禅城创意产业的品牌美誉度、产业融合度，把禅城建设成为具有区域影响力的文化创意中心。

（1）聚焦重点行业

——创意设计：重点发展工业创意设计、工艺美术研发设计。一是依托佛山创意产业园、1506 创意城和佛山民间艺术创意基地以及专业院校、科研院所和骨干企业的文化创意产业集聚优势，推动创意设计广泛应用于陶瓷、家居、服装等传统制造业，建设"佛山陶瓷""石湾米酒""佛山中成药"等传统产业的艺术馆、博物馆，提升传统产业的文化内涵。提高陶瓷、家居、服装等优势制造业的文化含量和附加值，以创意设计推动传统产业的转型升级。二是大力发展陶瓷工艺品研发设计，打造全国乃至世界重要的陶瓷工艺品加工、制造、展示、交易基地。深入挖掘陶艺等民间工艺品的传统文化元素和市场需求，注重把更多的文化元素注入以陶瓷为代表的传统制造业，鼓励民间工艺美术大师将高超的技艺运用于建筑陶瓷、城市空间、家居等领域，进一步拓展民间工艺的发展空间，提高民间工艺的创新能力和在国内国际市场的发展水平，加快民间工艺走出去的步伐，加强对外宣传展示，提高营销能力，提升国际知名度。

——文化创意：重点发展文化旅游创意、广告企划服务。一是大力发展创意旅游，以"佛山古镇"娱乐休闲功能区、罗南生态园区、石湾陶文化产业区、张槎智能生态型城市综合体等为载体，依托祖庙、东华里、梁园、塔坡、南风古灶、王借岗、行通济、粤剧、武术、粤菜、龙狮等丰富的文化遗产资源，利用生态优美的岭南水乡景观，积极开发养生旅游、武术旅游、民俗旅游等创意旅游精品项目，把禅城建设成为集中体现岭南文化魅力的旅游地。二是大力发展广告企划服务，鼓励企业围绕会展、会议等活动开展广告业务；积极引进国内外大中型广告公司、专业广告公司，发展广告市场研究、营销企划、广告创意、媒介投放、效果评估等高端环节；大力培育广告企业独特的研究能力和创意能力，通过服务模式的创新，提升广告的价值。

（2）优化空间布局

以产业重大项目为引领，整合相关资源，优化产业布局，推动重点区域建设，逐步形成资源统筹、布局合理、特色鲜明的"一轴、两核、两区"文化创意产业空间格局。

——做精"一轴"：以"文化+金融"为主线，打造季华路文化金融发展轴。利用季华路金融机构集聚优势，推进文化、金融创新资源集聚，建设文化金融融合创新发展的典范。引导区内金融机构支持文化创意产业发展，完善文化金融服务体系，探索推行文化融资担保、文化小额贷款、文化投资基金等新型融资模式，培育、创新和示范文化金融产品，打造文化金融创新实验区。

——做强"两核"：以华南智慧新城、绿岛湖动漫产业基地为核心，打造文化科技融合示范功能区。一是加快华南智慧新城文化产业重点项目建设，建立和健全文化创意产业技术创新服务平台体系，包括数字化设计平台、科技研发平台、市场推介平台、多媒体服务平台等，开发和推进游戏、多媒体、数字化艺术等项目，开发科技含量高的文化创意产品和服务。二是打造绿岛湖动漫产业基地，培育发展系统的数码动漫产业链，为驻园企业提供动漫研发制作及生产培训等相关服务，将其建设成为佛山地区数码动漫产业孵化基地，国内大型专业的计算机动画培训和实训教育基地。

——做优"两区"：以岭南文化特色功能区、陶文化产业集聚区为依托，打造绿色生态创意之城。岭南文化特色功能区以祖庙街道为基本载体，依托该区域的自然生态环境，充分挖掘区域内汾江河两岸 5 个历史文化街区 43 个历史文保单位的文化内涵，结合粤剧、武术、龙狮等非物质文化遗产，加强"佛山古镇"项目建设，以文化旅游休闲产业带动生态保护、配套建设和传统产业转型升级，推进禅城特色旅游品牌塑造，打造佛山文化与旅游融合发展示范区。陶文化产业集聚区以石湾镇街道为主要载体，依托石湾丰富的陶瓷文化，充分发挥陶瓷名牌荟萃、陶艺大师众多的优势，开发以陶瓷文化为中心的创意旅游项目和精品旅游路线，配合会展旅游、商务旅游、培训旅游、节庆旅游等，打造集陶瓷博览、精品鉴赏、旅游休闲、文化体验、市场营销于一体的文化创意产业集聚区。

（3）壮大产业主体

——发挥龙头企业优势。培育壮大一批本土的优秀创意设计企业，引进一批国际知名的创意设计机构，重点扶持区内设计知名品牌做大做强，打造具有全国知名度的设计行业领军企业。积极扶持 1506 创意城、佛山民间工艺创意基地等发展平台，做大做强一批民间工艺骨干企业。

——培育"文化+"业态融合。一是文化+科技融合，提升自主创新能力。依托智慧新城等重点文化产业集聚区，积极推进设计、艺术品制造、旅游、文化会展、广电、出版等行业的数字化、智能化、网络化建设。二是文化+金融融合，引导社会资本加大对文化创意产业投入力度。鼓励金融机构加大对创意产业的支持力度，支持符合条件的文创企业发行企业债券，主动吸引利用风险投资，支持成长性的文创企业上市融资，形成投资主体多样性的新格局。

——吸引高端要素汇集。吸引高端创意人才向禅城汇聚，拓宽创意交流合作渠道，吸收借鉴国内外先进理念与创作元素，推动创意产业高端化发展。加快对禅城区内旧厂房资源的商业化、创意化改造，加强周边配套服务建设，打造集创意广告、前沿艺术、工业设计于一体的高端设计展示体验中心。

——加强国内外交流合作。定期举办设计交流与竞赛活动，激发设计人员创意灵感，塑造禅城设计业匠心精神。开展多种形式的国际交流活动与国际合作，组织相关设计企业参加国际知名设计周活动，提升禅城设计行业国际化程度。

6. 现代物流业

以物流载体建设为抓手，推动重点领域物流发展，壮大物流主体，扩张产业规模，提升发展水平，促进物流业与其他产业的融合，将禅城打造成为佛山重要的综合物流、工业物流和电商物流基地。

（1）完善物流业发展载体

——加快基地型物流园区建设。主要指符合有关产业规划要求，以布局合理、功能集成、产业集聚、经营集约、用地节约为特征，具有区位优势、具备综合服务能力的基地型物流园区。重点发展南庄易运物流园。

——加快专业化物流中心建设。主要指依托制造业基础，为生产制造企业提供第三方物流服务的专业化物流中心；依托生产和生活资料集中交易场所，为商贸流通提供物流服务的商贸物流中心；依托电子商务发展，为电子商务提供物流服务的电子商务物流中心。重点发展祖庙商贸物流中心、张槎针织物流中心、不锈钢物流中心、南庄综合物流中心、陶瓷物流中心、石湾电子商务物流中心等。

（2）推动重点领域物流发展

——工业物流。培育工业物流产业，构建一体化运作的供应链管理服务体系，促进工业和物流业融合发展。以服装、陶瓷、机械制造、铝型材料、装备制造为依托，建设重点制造业物流基地，实现专业化物流服务资源集聚。

——商贸物流。完善商贸业集聚区和大型批发市场物流服务功能，推进公共配送中心、中转分拨场站、社区配送网点等相关城市配送设施的规划建设。支持商贸与物流业融合发展，提高连锁经营集中配送率。

——电子商务物流。依托佛山综合信兴电商物流基地，大力发展电商物流，为佛山优质家电、家具、服装、陶瓷、医药制品等实现网上销售提供物流支撑。推行"便利效应"模式，鼓励快递企业与社区服务机构、连锁商业网点等单位广泛开展合作，有效利用城市公共服务配套设施、社区用房、物业管理用房等资源，用于快递公共配送网点建设。

（3）促进物流业融合发展

——促进物流业与制造业融合发展。依托重点产业园区和重点产业集群，引导制造业释放物流需求，鼓励制造企业分离物流业务，创新物流管理流程；鼓励物流企业主动为制造企业提供一体化供应链服务，有效解决物流供需结构性矛盾，促进制造业与物流业联动发展。在大型制造企业开展联动示范，剥离大型企业内部的物流功能，通过委托、战略合作等形式与大型物流企业联动发展，为区域物流业与制造业联动发展积累经验。

——促进物流业与商贸业融合发展。鼓励大型商贸企业剥离运输仓储配送业务将其交给专业物流企业，实现仓储、配送一体化管理。鼓励禅城大型卖场实施贸易与物流相分离的模式，推进商贸企业与物流业的联动发展。

——促进物流业与信息技术融合发展。支持传统物流企业通过导入仓储运输管理系统、电子数据交换技术、新型供应链管理技术等方式，提升现代物流企业管理水平，实现运输、仓储、配送一体化管理；加快建设物流公共信息平台、园区综合服务信息平台、物流金融服务平台等，全力打造"智能物流园、智慧供应链"。

7. 商务服务

着力抓好商务服务业发展的关键环节，以丰富商务服务业态为重点，以商务楼宇载体建设为抓手，推动商务服务业高端化、特色化、集聚化发展，进一步扩大禅城作为"佛山商务中心"的品牌知名度。

（1）丰富商务服务业态

——以"企业管理服务"为带动。重点围绕文化创意、高新技术、现代金融、电子商务、现代物流等行业领域，全力推进跨国公司、国内知名企业地区总部、民营企业总部研发、营销等机构聚集发展，增强总部聚集效应；不断优化总部企业服务环境，提供更加人性化和符合总部企业需求的服务内容，支持一批符合禅城区和佛山市产业发展方向、具有品牌优势的总部型企业做大做强，提升规模实力。

——以"会展服务"为特色。按照国际建设标准设计、建设一流场馆，加大展馆配套设施投入力度，提升区域会展服务的承载能力；积极吸引国际知名展览企业到禅城区开设分支机构和合资企业，推动展览设计、装饰装修等会展服务业发展；重点发展中国（佛山）陶瓷及卫浴博览交易会，扶持打造陶瓷、针织等专业会展，培育引进陶瓷机械、节能环保、数字娱乐等国际国内大型会展，打造1~2个国际性品牌展会，提升区域影响力。

——以专业中介咨询服务为支撑。大力发展中介服务组织，支持企业围绕高新技术、现代金融、文化创意、现代物流等主导产业提供专业化、特色化服务，建立集信息咨询、人才引进、市场预测、专业培训、法律及会计服务、管理咨询等细分领域构成的中介咨询服务业体系。

（2）推进商务主题楼宇建设

——整合优化现有楼宇资源。引导楼宇经营管理主体单位升级改造楼宇内部及周边配套设施、提升管理服务水平，促进商务服务业聚集和空间资源的节约集约利用。

——培育新建主题楼宇群。围绕会展服务，建设 1~2 个会展服务主题楼宇群；围绕知识产权、法律、投资与资产管理、财税、人力资源等中介咨询服务，建设 1-2 个综合商务服务主题楼宇群。积极争取政策资金扶持，推动楼宇群建设和发展。

——大力发展总部楼宇。围绕企业管理服务，加大招商力度，引进企业总部落户，建设多个总部经济主题楼宇。对接市级相关政策，在年度土地供应、土地使用审批等环节和投资贷款贴息补助方面给予政策支持。

（3）重点打造三大产业集聚区

——提升季华中央商务区中心地位。优先引进国内外大型企业总部、地区总部和分支机构落户，围绕总部经济和金融、文化创意等产业发展的高端需求，瞄准国际知名品牌机构，突出商务办公与专业服务功能，重点发展企业管理服务、法律服务、知识产权等专业服务业，形成以总部经济为主导，以商务办公与高端服务为特色的产业格局。

——完善石湾会展商务区。依托石湾会展商务区建设国际水准的展览展示场馆，加快引进并举办规模大、层次高、专业性强、具有一定影响力的各类国际性品牌会议和展览；培育发展会展咨询、会展策划、专业培训等服务机构，提高石湾会展业整体规模和服务水平，形成以会展服务特色产业链为主导，集会议展览、商务办公、休闲娱乐等于一体的现代化会展商务中心。

——推进禅西高端产业综合服务区建设。以打造总部办公功能为核心，积极发展高新技术企业总部、电子商务企业总部、现代物流企业总部，以及围绕总部企业发展需求的其他专业服务机构入驻。努力建成总部特征明显、高端要素聚集、生态环境优美的高端总部型商务功能区。

第四章　佛山加工贸易转型与升级

改革开放以来，佛山利用毗邻港澳的地理优势，大力发展外向型经济，对外贸易规模大幅提升。佛山的对外贸易始于加工贸易，通过发展加工贸易，佛山外向型经济的程度不断提高，实现了对外贸易数量与质量的双飞跃，使对外贸易成为佛山经济增长的重要推动力量。随着国内经济的发展和国际经济的变化，佛山加工贸易的发展面临着新的困境。为了摆脱困境，佛山采取了一系列措施推动加工贸易的发展，特别是"十二五"以来，佛山大力推进加工贸易的转型升级，取得了显著的成效。

一、佛山对外贸易发展现状

（一）佛山进出口贸易总体状况

1. 进出口额和出口额逐年增加，出口额占广东省比重呈波动上升趋势

2010 年佛山进出口总额为 516.6 亿美元，占广东省进出口总额比重为 6.6%；出口总额为 330.4 亿美元，占广东省出口总额的 7.3%；进口总额为 186.2 亿美元，占广东省进口总额的 5.6%。2016 年进出口总额为 621.8 亿美元，占广东省进出口总额比重为 6.5%；出口总额为 469.8 亿美元，占广东省出口总额的 7.8%；进口总额为 152.0 亿美元，占广东省进口总额的 4.3%。其中，佛山出口额占广东省出口额的比重在波动中上升，2016 年比 2010 年增加 0.5 个百分点；进出口额和进口额占广东省进出口额和进口额的比重则呈波动下降趋势，2017 年与 2010 年相比，其比重分别下降了 0.1 个和 1.3 个百分点。（见表 4-1 和表 4-2）

2. 进出口和出口增长速度较快，出口增长速度高于广东省平均水平

2010—2016 年，佛山进出口贸易和出口贸易均呈现增长态势，但进口贸易则出现缓慢下降趋势。2016 年与 2010 年相比，进出口贸易增长 20.4%，年

均增长 3.1%。其中，出口贸易增长了 42.2%，年均增长 6.0%；进口贸易下降了 18.4%，年均下降 3.3%。与广东省平均水平相比，佛山出口贸易年均增长速度高出广东省平均增速 1.3 个百分点，但进出口贸易和进口贸易增速分别比全省平均水平低 0.2 个和 4.5 个百分点。（见表 4-1）

表 4-1　2010—2016 年佛山及广东进出口情况

单位：亿美元、%

年份	佛山市			广东省		
	进出口额	出口额	进口额	进出口额	出口额	进口额
2010	516.6	330.4	186.2	7 849.0	4 531.9	3 317.1
2011	608.9	390.9	218.0	9 133.3	5 317.9	3 815.4
2012	610.6	401.5	209.1	9 839.5	5 740.6	4 098.9
2013	639.3	425.2	214.1	10 918.2	6 363.9	4 554.6
2014	688.2	467.2	221.0	10 765.8	6 460.9	4 304.9
2015	657.2	482.1	175.1	10 228.0	6 434.7	3 793.3
2016	621.8	469.8	152.0	9 556.9	5 985.6	3 567.2
2016 比 2010 年增长	20.4	42.2	−18.4	21.8	32.1	7.5
2010—2016 年年均增长	3.1	6.0	−3.3	3.3	4.7	1.2

资料来源：根据佛山市商务局提供数据和《广东统计年鉴》2010—2016 年数据整理。

表 4-2　2010—2016 年佛山对外贸易额构成情况

单位：%

年份	占佛山市比重			占广东省比重		
	进出口额	出口额	进口额	进出口额	出口额	进口额
2010	100	64.0	36.0	6.6	7.3	5.6
2011	100	64.2	35.8	6.7	7.4	5.7
2012	100	65.8	34.2	6.2	7.0	5.1
2013	100	66.5	33.5	5.9	6.7	4.7
2014	100	67.9	32.1	6.4	7.2	5.1
2015	100	73.4	26.6	6.4	7.5	4.6
2016	100	75.6	24.4	6.5	7.8	4.3

资料来源：根据佛山市商务局提供数据和《广东统计年鉴》2010—2016 年数据整理。

3. 贸易竞争力指数逐年增加，贸易竞争力优势不断增强

人们通常用贸易竞争力指数（简称"TC指数"）来核算贸易竞争力，贸易竞争力指数=净出口贸易额/进出口贸易总额。从其定义来看，贸易竞争力可以反映贸易自身竞争能力的强弱程度。

由表4-3可以看出，"十二五"期间，佛山贸易竞争力指数呈现逐年上升的变化趋势，由2010年的0.279 1上升到2016年的0.511 1，说明佛山对外贸易贸易的竞争力优势逐渐增强。

表4-3　2010—2016年佛山贸易竞争力指数表

单位：亿美元

年份	出口额	进口额	进出口总额	净出口总额	贸易竞争力指数
2010	330.4	186.2	516.6	144.2	0.279 1
2011	390.9	218.0	608.9	172.9	0.284 0
2012	401.5	209.1	610.6	192.4	0.315 1
2013	425.2	214.1	639.3	211.1	0.330 2
2014	467.2	221.0	688.2	246.2	0.357 7
2015	482.1	175.1	657.2	307.0	0.467 1
2016	469.8	152.0	621.8	317.8	0.511 1

资料来源：根据佛山市商务局提供数据整理。

（二）佛山出口贸易状况

1. 出口贸易规模

从贸易规模来看，出口贸易规模不断扩大，占比呈现波动中上升趋势。2010—2016年，佛山出口贸易额占进出口总额的比重总体上处于上升趋势，从2010年的64.0%上升到2016年75.6%，上升了11.6个百分点。同期，进口贸易额总体上处于下降趋势，从2010年的36.0%下降到2016年24.6%，下降了11.4个百分点。（见表4-2）

从发展速度来看，出口贸易发展速度迅猛，增速高于进出口贸易发展速度。2010年出口贸易额为330.4亿美元，2016年出口贸易额达到469.8亿美元的规模，比2010年增长42.2%，高于同期佛山进出口贸易增长速度21.8个百分点，更高于同时期佛山进口贸易增长速度60.6个百分点。（见表4-1）

2. 出口贸易结构

（1）贸易方式结构

从贸易额来看，一般贸易占绝对比重且规模不断扩大，加工贸易额占比不断缩减。2010—2016 年，佛山一般贸易出口逐年增多，由 2010 年的 185.3 亿美元增加至 2016 年的 246.7 亿美元；但一般贸易出口额占出口总额的比重却波动下降，由 2010 年的 56.1% 下降到 2016 年的 52.5%，下降了 3.6 个百分点。同期，加工贸易出口额有增有减，由 2010 年的 143.1 亿美元减少至 2016 年的 117.4 亿美元；加工贸易出口额占出口总额的比重不断下降，由 2010 年的 43.3% 下降到 2016 年的 25.0%，下降了 18.3 个百分点。2010—2016 年，佛山一般贸易出口额占出口总额的比重在 52%~61% 之间徘徊，而加工贸易出口额则一直处于 43% 以下，2016 年达到最低为 25.0%。（见表 4-4）

从发展速度来看，一般贸易增长速度快于加工贸易增长速度。2010—2016 年，佛山一般贸易出口增长了 33.1%，年均增长率为 4.9%；同期，加工贸易出口下降了 18.0%，年均增长率为 -3.2%。一般贸易出口增长率和年均增长率远高于加工贸易，分别比加工贸易出口增长率和年均增长率高出 51.1% 和 8.1 个百分点（见表 4-4）

表 4-4　2010—2016 年佛山一般贸易和加工贸易出口情况

单位：亿美元、%

年份	一般贸易		加工贸易	
	金额	占出口额比重	金额	占出口额比重
2010	185.3	56.1	143.1	43.3
2011	227.4	58.2	162.0	41.4
2012	238.5	59.4	161.5	40.2
2013	260.3	61.2	163.6	38.5
2014	272.8	58.4	185.1	39.6
2015	280.0	58.1	145.9	30.3
2016	246.7	52.5	117.4	25.0
2016 年比 10 年增长	33.1		-18.0	
2010—2016 年年均增长	4.9		-3.2	

资料来源：根据佛山市商务局提供数据整理。

注：表中是占出口额的比重。

（2）经营主体结构

从贸易规模来看，内资企业出口贸易规模逐年上升，外资企业贸易规模逐年下降，内资企业贸易规模已超过外资企业。2010—2014 年，佛山内资企业出口逐年增多，由 2010 年的 141.6 亿美元增加至 2014 年的 249.3 亿美元；外资企业出口额在波动中增加，由 2010 年的 188.7 亿美元增加至 2014 年的 217.9 亿美元。同期，内资企业出口额占出口总额的比重不断上升，由 2010 年的 42.9%上升到 2014 年的 53.4%，上升了 10.5 个百分点；外资企业出口额占出口总额的比重与不断下降，由 2010 年的 57.1%下降到 2014 年的 46.6%，下降了 10.5 个百分点。2010—2012 年，佛山外资企业在出口贸易中占据主体地位，其出口额占出口总额的比重均在 54%以上，2013 年始内资企业在出口贸易中占据主体地位，其出口额占出口总额的比重均超过 50%。（见表 4-5）

表 4-5　2010—2015 年佛山出口贸易内资及外资企业情况

单位：亿美元、%

年份	内资企业		外资企业	
	金额	占出口贸易总额比重	金额	占出口贸易总额比重
2010	141.6	42.9	188.7	57.1
2011	172.8	44.2	218.1	55.8
2012	184.7	46.0	216.8	54.0
2013	213.1	50.1	212.2	49.9
2014	249.3	53.4	217.9	46.6
2014 年比 2010 年增长	76.1		15.5	
2010—2014 年年均增长	15.2		3.7	

资料来源：根据佛山市商务局提供数据整理。

注：表中比重为各类型企业出口贸易额占出口贸易总额的比重。

从发展速度来看，内资企业出口贸易增长速度远高于外资企业出口贸易增长速度。2010—2015 年，佛山内资企业出口贸易大幅增长，而外资企业出口贸易增长缓慢。具体来看，内资企业出口贸易增长了 76.1%，年均增长率为 15.2%；外资企业出口贸易增长了 15.5%，年均增长率为 3.7%。内资企业出口贸易增长率和年均增长率远高于外资企业，分别比外资企业出口贸易增长率和年均增长率高出 60.6%和 11.5 个百分点（见表 4-6）

（3）产品结构

2010—2014 年，佛山出口贸易产品种类较多，但产品出口主要以家用电器、纺织服装、陶瓷、贵金属或包贵金属的首饰等工业产品为主。

由表 4-6 可以看出，2014 年，佛山出口额及占全市出口额比重居前十位的产品是：贵金属或包贵金属的首饰出口额为 65.6 亿美元，占比为 14.0%；空气调节器出口额为 30.2 亿美元，占比为 6.5%；陶瓷出口额为 21.9 亿美元，占比为 6.2%；服装及衣着附件出口额为 24.9 亿美元，占比为 5.3%；家具及其零件出口额为 23.6 亿美元，占比为 5.1%；微波炉出口额为 19.2 亿美元，占比为 4.1%；液晶显示板出口额为 17.9 亿美元，占比为 3.8%；纺织纱线、织物及制品出口额为 13.2 亿美元，占比为 2.8%；铝材出口额为 11.5，占比为 2.5%；钢铁制品出口额为 11.5 亿美元，占比为 2.5%。

2010—2014 年，出口额呈下降或零增长态势的产品有：电子计算机及其零附件、陶瓷、照相机和通断保护电路装置及零附件。2014 年与 2010 年相比，电子计算机及其零附件、陶瓷出口额分别下降 50% 和 4.8%，照相机和通断保护电路装置及零附件的出口额呈零增长。其余产品的出口额均呈增长态势，其中贵金属或包贵金属的首饰，塑料制品，液晶显示板，灯具、照明装置及类似品，家具及其零件和电动机及发电机出口额增长幅度较大。2014 年与 2010 年比，贵金属或包贵金属的首饰，塑料制品，液晶显示板，灯具、照明装置及类似品，家具及其零件和电动机及发电机出口额分别增长 1 295.1%、77.1%、68.9%、57.8%、41.3% 和 40.5%。（见表 4-6）

表 4-6　2010—2015 年佛山各类商品出口额及占出口总额的比重

单位：亿美元、%

产品种类	2010 年		2011 年		2012 年		2013 年		2014 年		2014 年比 2010 年增长
	金额	比重	金额	比重	金额	比重	金额	比重	金额	比重	
空气调节器	24.5	7.4	36.4	8.0	30.4	7.6	30.9	7.3	30.2	6.5	23.3
陶瓷	23.0	7.0	27.3	7.0	28.6	7.1	29.6	7.0	21.9	6.2	-4.8
家具及其零件	16.7	5.1	19.2	4.9	20.6	5.1	22.3	5.2	23.6	5.1	41.3
贵金属或包贵金属的首饰	4.7	1.4	14.1	3.6	18.6	4.6	35.6	8.4	65.6	14.0	1 295.7
服装及衣着附件	17.5	5.3	17.9	4.6	18.4	4.6	21.0	4.9	24.9	5.3	42.3
液晶显示板	10.6	3.2	12.2	3.1	18.1	4.5	16.8	4.0	17.9	3.8	68.9
微波炉	13.8	4.2	15.5	4.0	15.8	3.9	17.0	4.0	19.2	4.1	39.1
纺织纱线、织物及制品	10.8	3.3	12.5	3.2	12.7	3.2	13.0	3.1	13.2	2.8	22.2
铝材	8.5	2.6	11.1	2.8	10.9	2.7	11.1	2.6	11.5	2.5	35.3
钢铁制品	8.5	2.6	9.9	2.5	10.0	2.5	10.8	2.6	11.5	2.5	35.3

表4-6(续)

产品种类	2010年		2011年		2012年		2013年		2014年		2014年比2010年增长
	金额	比重	金额	比重	金额	比重	金额	比重	金额	比重	
冰箱	7.0	1.1	7.3	1.9	7.8	1.9	7.8	1.8	8.3	1.8	18.6
灯具、照明装置及类似品	6.4	1.9	6.7	1.7	7.4	1.8	8.5	2.0	10.1	2.2	57.8
电子计算机及其零附件	10.0	3.0	12.7	3.2	7.0	1.7	4.9	1.1	5.0	1.1	-50.0
鞋类	5.1	1.5	5.6	1.4	5.8	1.4	6.0	1.4	6.0	1.3	17.6
电扇	5.0	1.5	5.4	1.4	5.7	1.4	6.0	1.4	5.7	1.2	14.0
电动机及发电机	3.7	1.1	4.9	1.1	5.5	1.4	5.5	1.3	5.2	1.1	40.5
塑料制品	3.5	1.1	4.3	1.1	4.7	1.2	5.5	1.3	6.2	1.3	77.1
照相机	4.6	1.4	3.8	1.0	3.7	0.9	2.2	0.5	0	0	0
玩具	3.1	1.0	3.0	0.8	3.3	0.8	3.4	0.8	3.5	0.8	12.9
汽车零件	3.2	1.0	2.7	0.7	3.3	0.8	3.7	0.9	4.1	0.9	28.1
电视、收音机及无线电讯设备	3.1	0.9	3.4	0.9	3.1	0.8	3.1	0.7	2.4	0.5	22.6
通断保护电路装置及零附件	2.3	0.7	2.4	0.6	2.4	0.6	2.3	0.5	2.3	0.5	0

资料来源：根据佛山市商务局提供数据整理。

（4）出口市场结构

2010—2014年，佛山主要出口市场有亚洲、北美洲、欧洲、拉丁美洲、非洲和大洋洲等六大洲，包括欧盟、中国香港、美国、东盟、日本、印度、巴西、德国、英国、俄罗斯、韩国、泰国、沙特阿拉伯、越南、印度尼西亚、阿联酋、加拿大、意大利、中国台湾、澳大利亚、南非和马来西亚等23个国家或地区。

具体来看，亚洲是佛山最大的出口市场，2010—2014年，佛山出口到亚洲的商品额占出口贸易额的比重均在45%以上，且比重逐年增加；欧洲是佛山第二大出口市场，出口额占比一直在17%以上，但比重逐年下降；第三大出口市场是北美洲，出口额占比15%~18%，比重也呈逐年下降态势；第四大出口市场是拉丁美洲，出口额占比一直在8%左右，比重先升后降；第五大出口市场是非洲，出口额占比一直在5%上下，比重呈上升趋势；大洋洲出口份额最小，出口额占比稳定在2%的水平。在上述六大洲中，出口规模增长幅度最大的是非洲，2014年比2010年增长了92.8%；其次是亚洲，增长了60.3%；大洋洲和拉丁美洲增幅相当，分别增长37.5%和35.0%；北美洲和欧洲增幅较小，分别增长17.5%和12.5%。（见表4-7）

2010—2014年，佛山出口额前十位的国家或地区是：中国香港，出口额占比为16%~23%，比重逐年上升；欧盟，出口额占比为14%~18%，比重逐年下降；美国，出口额占比为 13%~16%，比重逐年下降；东盟，出口额占比为 8%~10%，比重逐年上升；中东国家，出口额占比一直稳定在 8%；日本，出口额占比为 3%~5%，比重在波动中下降；印度，出口额占比为 2.7%~4%，比重在波动中下降；巴西，出口额占比为 2.7%~3%，比重波动下降；德国，出口额占比为 2.5%~3%，比重在波动下降；英国，出口额占比为 2.4%~3%，比重在波动下降。在上述十个国家或地区中，出口规模增长幅度最大的是中国香港，2014 年比 2010 年增长了 95.9%；其次是东盟，增长了 52.9%；第三是中东国家，增长了 43.5%；印度和英国增幅相当，分别增长 27.2% 和 23.5%；巴西和美国增幅接近，分别增长 17.8% 和 17.0%；德国和欧盟增幅较小，分别增长 10.2% 和 9.7%；日本则呈现负增长，增长了 -0.6%。（见表 4-7）

表 4-7　2010—2014 年佛山主要出口市场情况

单位：亿美元、%

出口市场	2010 年		2011 年		2012 年		2013 年		2014 年		2014 年比 2010 年增长
	金额	比重	金额	比重	金额	比重	金额	比重	金额	比重	
亚洲	151.0	45.7	184.3	47.2	193.3	48.1	214.4	50.4	242.1	51.8	60.3
北美洲	59.4	18.0	64.7	16.6	65.7	16.4	66.2	15.6	69.8	15.0	17.5
欧洲	70.3	21.3	82.1	21.0	73.1	18.2	73.5	17.3	79.1	16.9	12.5
拉丁美洲	27.4	8.3	32.7	8.4	38.8	9.7	36.8	8.7	37.0	7.9	35.0
非洲	15.2	4.6	18.9	4.8	22.1	5.5	25.3	6.0	29.3	6.3	92.8
大洋洲	7.2	2.2	8.2	2.1	8.5	2.1	9.1	2.1	9.9	2.1	37.5
欧盟	61.0	18.5	68.1	17.4	59.6	14.3	59.4	14.0	66.9	14.3	9.7
中国香港	56.1	17.0	66.0	16.9	73.7	18.4	89.5	21.0	109.9	23.5	95.9
美国	53.4	16.2	58.7	15.0	59.0	14.7	59.1	13.9	62.5	13.4	17.0
东南亚联盟	28.9	8.7	37.0	9.5	40.1	10.0	43.6	10.3	44.2	9.5	52.9
中东国家	27.6	8.4	34.4	8.8	33.4	8.3	36.3	8.5	39.6	8.3	43.5
日本	17.4	5.3	18.2	4.7	19.2	4.8	17.7	4.2	17.3	3.7	-0.6
印度	10.3	3.1	14.4	3.7	12.4	3.1	11.5	2.7	13.1	2.8	27.2
巴西	10.7	3.2	11.2	2.9	11.8	2.9	12.0	2.8	12.6	2.7	17.8
德国	10.8	3.3	13.4	3.3	11.3	2.8	10.2	2.6	11.9	2.5	10.2
英国	9.8	3.0	10.2	2.6	9.9	2.5	12.0	2.4	12.1	2.6	23.5

资料来源：根据佛山市商务局提供数据整理。

比重指佛山出口到各市场的商品额占出口贸易总额的比重。

（三）佛山对外贸易发展面临的主要问题

1. 出口贸易增速放缓

从表 4-8 数据可以看出，佛山出口总量虽有所增加，但出口贸易同比年增长率大幅下降，由2010年的34.4%下降到2014年的9.9%。其中，内资企业出口贸易同比年增长率由2010年的46.3%下降到2014年的17.0%，外资企业出口贸易同比年增长率由2010年的26.7%下降到2014年的2.7%；一般贸易出口同比年增长率由2010年的43.9%下降到2014年的4.8%，加工贸易出口同比年增长率由2010年的23.4%下降到2014年的13.1%。究其原因，主要是外部经济环境变化使外向型企业遭遇困难。受国际大环境的影响，国际市场需求下降，企业接单情况不理想，导致出口出现下滑。

表4-8　2010—2015年佛山出口贸易同比增长速度

单位：%

年份	出口总值	内资企业	外资企业	一般贸易	加工贸易
2010	34.4	46.3	26.7	43.9	23.4
2011	18.3	22.0	15.6	22.7	13.2
2012	2.7	6.9	−0.6	4.9	−0.3
2013	5.9	15.3	−2.1	9.1	1.3
2014	9.9	17.0	2.7	4.8	13.1
2015	3.2	−	−	3.1	−21.0

资料来源：根据佛山市商务局提供数据整理。

2. 高新技术产品出口比重低

虽然经过多年的发展，佛山出口贸易产品种类较多，产品结构也在一定程度上有所改善。但是佛山出口贸易仍然主要是以贵金属首饰、家电、服装、陶瓷等工业产品为主，此类产品都是劳动密集型的，产品层次较低。其次，机电产品和高新技术产品出口占比逐年减少。其中，机电产品出口额虽由2010年的206.3亿美元增加到2014年的240.0亿美元，增加了16.5%，但机电产品出口额占全市出口额的比重由2010年的62.4%下降至2014年的51.5%，下降了10.9个百分点。高新技术产品出口额由2010年的42.5亿美元减少到2014年的36.8亿美元，减少了13.4%，且高新技术产品出口额占全市出口额的比重由2010年的12.9%下降至2014年的7.9%，下降了5.0个百分点。（见表4-9）

表 4-9 2010—2014 年佛山相关加工贸易出口额及比重

单位：亿美元、%

年份	机电产品		高新技术	
	出口额	比重	出口额	比重
2010	206.3	62.4	42.5	12.9
2011	235.1	60.1	46.4	11.9
2012	236.9	59.0	45.5	11.3
2013	231.7	54.5	36.9	8.7
2014	240.4	51.5	36.8	7.9
2014 年比 2010 年增长	16.5		-13.4	
2010—2014 年 年均增长	3.9		-3.5	

资料来源：根据佛山市商务局提供数据整理。

3. 出口市场过于集中

佛山出口市场集中度过高，主要集中于欧盟、美国和中国香港等少数几个国家和地区。2014 年，佛山对欧盟、美国、东盟和中国香港等几个国家和地区的出口额为 283.5 亿美元，占同期佛山出口总额的 60.7%。2008 年全球金融海啸爆发后，国际贸易保护主义较以往有所抬头，近年来伴随世界经济的不景气，保护贸易势头有增无减，贸易摩擦和纠纷时有发生。由于佛山出口市场比较集中，在世界经济危机期间遭受贸易摩擦和贸易纠纷冲击的可能性变大，一旦对某个主要出口市场的出口因为贸易摩擦或贸易纠纷而受阻，就会给佛山外贸出口带来较大冲击，不利于实现外贸出口的长期稳定增长。同时，对金砖国家出口比重偏低不利于佛山出口贸易结构的优化，佛山对新兴经济体的市场开拓力度不够，尤其是俄罗斯和印度，近年来这两个国家经济发展迅速，其国内市场容量较大，佛山外向型企业未能利用好这两个新兴经济体的市场来拓展对其出口贸易。欧、日、美市场需求虽然旺盛，但这些市场需求呈下滑趋势，且竞争愈发激烈，经济政治环境不确定因素逐渐增大。（见表 4-7）

二、佛山加工贸易发展现状

（一）加工贸易的基本理论

1. 加工贸易的内涵

加工贸易是指经营企业进口全部或者部分原辅材料、零部件、元器件、包装物料（以下简称"料件"），经加工或装配后，将制成品复出口的经营活动。主要包括来料加工和进料加工两种方式。来料加工是指由外商提供全部生产料件，必要时提供设备，由加工方按照外商要求进行加工装配，产品制成后再交给外商销售，加工方赚取加工费的一种贸易方式。进料加工是指国内有外贸经营权的企业自行购买进口部分或全部料件，然后将这些料件加工成制成品或半成品后再返销出口国外市场的业务。这两者的相同点在于：两者的料件都是从国外运过来的，加工后的产品都运到国外；两者的料件和加工后的产品都可以免除部分税额。两者的本质差别在于，进料加工属于自营性的经营行为，承接方可以自主选择生产产品和销售市场，具有更大的自主性，投入回报率更高。而来料加工企业却恰恰相反，加工前后的产品都不属于从事加工生产的企业。

2. 加工贸易的理论基础

（1）比较优势理论

大卫·李嘉图于 1817 年在绝对成本理论的基础上，提出了以劳动价值为基础的比较成本理论。依照他的观点，即使一国在两种商品的生产上都处于劣势（优势），但两者的程度有所不同，相比之下总会有一种商品的劣势（优势）要小（大）一些，按照"两利相权取其重，两弊相权取其轻"的思想，该国就会在该商品的生产上具有相对优势。这样，该地区就能够利用这种相对优势来组织专业化生产，然后再将其产品用于国际交换，贸易双方均能够从分工和交换中收获一定的利益。1919 年瑞典经济学家赫克歇尔和俄林首次将要素生产理论引入国际贸易，提出了要素禀赋理论，该理论从不同国家的资源要素差异解释了相对优势存在的原因。该理论指出，一国的资源禀赋（例如劳动和资本）是比较优势存在的决定因素，贸易利益的分配也是以此为基础的。正是因为资源禀赋差异的存在，可以通过发展加工贸易，让发达国家丰厚的资金、先进的技术与发展中国家丰富的自然资源、劳动力资源形成了有效互补。

在经济全球化过程中，发达国家和发展中国家资源不同，生产技术水平有差距，在经济全球化的国际生产中国家间呈现非均衡发展态势。世界经济发展的不平衡决定了国家需要利用自身的比较优势，占据国际分工的一个环节，进而发展本国经济。加工贸易可以发挥一国贸易的比较优势。与以往不同的是，在过去，一个国家的比较成本和要素禀赋优势在不同的商品间得到体现；如今通过加工贸易，一个国家的比较成本和要素禀赋优势是通过一种商品的不同加工环节进行体现的。结合国际加工贸易的总体情况来看，发达国家的比较优势在于资本、技术、管理、品牌和营销网络，发展中国家则拥有相对丰富的劳动力资源。同样，在相同商品生产的许多不同环节，发达国家利用其资本、技术、品牌和销售渠道优势，发展中国家则利用其低廉的劳动力成本优势，各自发挥着其在加工贸易生产链中的相对比较优势，通过货物的生产和销售实现优化资源配置。因此，加工贸易作为一种国际分工，无论在发达国家还是在发展中国家，均以一种不同的方式在发挥该国的比较优势，而随着经济全球化的不断深入和发展，也终将成为未来国际贸易的主流。

（2）价值链理论

价值链理论源于20世纪80年代由国际商业研究者提出并发展起来的价值链理论。迈克尔·波特（Michael Porter）于1985年在其所著的《竞争优势》一书中首次提出了"价值链"（Value Chain）概念，其定义的主要内容是：在一个特定的行业中，开展竞争的所有相关活动构成了价值链。从广义上来讲，这些活动包括了生产过程、营销、传送以及产品售后服务，还包括投入品采购、技术、人力资源和其他支持活动的提供。每一项活动都须采购原材料、雇用劳动力、利用不同的技术、利用企业基础设施等。

依据波特的理论，在一个特定的行业中，开展竞争的所有相关活动构成了价值链。价值创造过程主要通过一些基本活动如生产等和支持性活动如技术等这两部分来完成，前者包括了生产过程、营销、传送以及产品售后服务，后者包括投入品采购、技术、人力资源和其他支持活动的提供。而这两部分不是相互独立的而是紧密的相互联系，这些紧密联系的活动在全球价值的创造过程中就形成了一条价值链。在产业价值链中，各个环节有着不同的成本和效益。由于具备不同的要素禀赋，不同国家在价值链具体环节上的比较优势也不相同，一个国家常常只在一个环节或某几个环节上面具备比较优势。为了满足全球化战略的发展需要，跨国公司将产业价值链的不同环节在空间上进行分割，充分利用各个国家或地区的比较优势，实现规模化和专业化生产，加工贸易随之产生。长期以来，拥有技术资本优势的发达企业就会处于价值链的高端，获得高额的丰厚利润；拥有劳动力比较优势的企业就会处于价值链的中低端，甚至最低端，由于价值量的增加有限，企业就会收获甚微。

（3）产业内贸易理论

产业内贸易是基于同类产品之间的差异产生的，是指同类产品在一个国家既出口又进口的现象，该理论以不完全竞争和规模经济为假设条件，与现实中的全球贸易更接近。产业内贸易理论是基于同一类产品来说的，而这类产品必须具有相同或者相似的生产要素投入、能够相互交换和消费上的替代性等特点。产业内贸易理论首先由格鲁贝尔、克鲁格曼等人提出，美国经济学家克鲁格曼认为，产业内贸易的基础是规模经济，在内部规模经济和外部规模经济的规模报酬递增作用下，生产成本会随着产量的扩大而降低，从而获得生产优势。如果一个国家形成了规模经济，产品的生产成本就会大幅度降低，在国际贸易活动中的竞争能力也会得到提升，从而获得与要素禀赋不一样的优势。各个国家都会基于自身的比较优势的要素参与到具有差异的同类产品的生产中来，在双方相互交换的过程中，获得超额利润，国际贸易随之产生。各国之间也就出现了具有差异的同类产品的产业内加工贸易。产业内贸易分为水平型和垂直型，垂直型产业内贸易是指贸易国家双方生产同类商品，但商品之间存在差异化特点；而水平型产业内贸易则是基于同一商品不同生产工艺流程之间的分工。加工贸易是水平型产业内贸易的一种形式，是同一产品上下游加工环节之间的贸易。

（二）佛山加工贸易发展总体状况

1. 加工贸易进出口额小幅下降

加工贸易进出口总额是衡量加工贸易规模的一个重要指标，2010—2016年，佛山加工贸易进出口额呈现小幅下降态势。

从绝对量上看，佛山加工贸易进出口总额在波动中下降。2010—2016年，佛山加工贸易规模缩减，加工贸易发展速度缓慢。如表4-10所示，加工贸易进出口总额由2010年的223.34亿美元减少到2016年的191.84亿美元，2016年比2010年减少14.1%，年均减少2.5%。其中加工贸易出口额由2010年的143.15亿美元减少到2016年的117.42亿美元，2016年比2010年减少18.0%，年均减少3.0%；加工贸易进口额由2010年的80.19亿美元减少到2016年的71.70亿美元，2016年比2010年减少10.6%，年均减少1.9%。

从相对量上看，加工贸易占比有所下降。伴随着佛山加工贸易规模缩减，加工贸易额占对外贸易额的比重波动中下降，由2010年的43.2%下降到2016年的30.9%，下降了12.3个百分点；其中加工贸易出口额占对外贸易出口额的比重由 2010 年的 43.3% 下降到 2016 年的 25.0%，下降了 18.3 个百分点；加工贸易进口额占对外贸易进口额的比重由 2010 年的 43.1% 上升到 2016 年的 47.2%，上升了 4.1 个百分点。（见表 4-10）

表 4-10　2010—2016 年佛山加工贸易进出口额及占对外贸易总额的比重

单位：亿美元、%

年份	加工贸易额			加工贸易额占对外贸易额的比重		
	总额	出口	进口	总额	出口	进口
2010	223.34	143.15	80.19	43.2	43.3	43.1
2011	254.39	162.00	92.39	41.8	41.4	42.4
2012	258.38	161.45	96.92	42.3	40.2	46.4
2013	272.96	163.61	109.35	42.7	38.5	51.1
2014	308.72	185.08	123.65	44.9	39.6	56.0
2015	234.52	145.87	88.65	35.7	30.3	50.8
2016	191.84	117.42	71.70	30.9	25.0	47.2
2016 年比 2010 年增长	-14.1	-18.0	-10.6			
2010—2016 年年均增长	-2.5	-3.0	-1.9			

资料来源：根据佛山市商务局提供数据整理。

2. 传统产品出口在加工贸易中占据主导地位

2010—2014 年，佛山加工贸易涉及多种产品，但加工贸易产品出口主要以贵金属或包贵金属的首饰、家用电器、纺织服装、玩具等传统工业产品为主。

从出口规模来看，2014 年佛山加工贸易出口额及占全市加工贸易出口额比重居前九位的产品是：贵金属或包贵金属的首饰，出口额为 655 941 万美元，占比为 35.4%；液晶显示板，出口额为 178 952 万美元，占比为 9.7%；微波炉，出口额为 122 844 万美元，占比为 6.6%；空气调节器出口额为 83 715 万美元，占比为 4.5%；服装及衣着附件出口额为 51 800 万美元，占比为 2.8%；纺织纱线、织物及制品出口额为 48 519 万美元，占比为 2.6%；电子计算机及其零附件出口额为 42 579 万美元，占比为 2.3%；冰箱出口额为 36 045 万美元，占比为 2.0%；玩具出口额为 27 485 万美元，占比为 1.5%。

从增长速度来看，2010—2014 年，加工贸易出口额呈增长态势的产品有：

贵金属或包贵金属的首饰、铝材、钢铁制品、液晶显示板和纺织纱线、织物及制品。2014年与2010年相比，贵金属或包贵金属的首饰、铝材、钢铁制品、液晶显示板和纺织纱线、织物及制品加工贸易出口额分别增长1 320.2%、161.4%、117.5%、68.9%和11.3%。其余产品的加工贸易出口额均呈下降态势，其中照相机、电视、收音机及无线电讯设备，电子计算机及其零附件，汽车零件，鞋类和冰箱等产品的加工贸易出口额下降幅度较大。2014年与2010年比，照相机，电视、收音机及无线电讯设备，电子计算机及其零附件，汽车零件，鞋类和冰箱等产品的加工贸易出口额分别下降100.0%、71.6%、54.5%、48.8%、44.9%和29.5%。（见表4-11）

表4-11 2010—2014年佛山各类商品加工贸易出口额

单位：万美元、%

产品名称	2010年	2011年	2012年	2013年	2014年	2014年比2010年增长
空气调节器	101 163	109 608	117 958	91 190	83 715	-17.2
陶瓷	1 235	1 225	1 098	499	942	-23.7
家具及其零件	17 568	16 553	14 790	15 034	14 492	-17.5
贵金属或包贵金属的首饰	46 186	141 426	185 867	356 358	655 941	1 320.2
服装及衣着附件	57 297	57 078	56 666	54 206	51 800	-9.6
液晶显示板	105 973	121 614	179 777	166 995	178 952	68.9
微波炉	135 923	135 916	93 744	101 106	122 844	-9.6
纺织纱线、织物及制品	43 587	47 031	458 786	48 331	48 519	11.3
铝材	1 643	788	5 232	5 010	4 294	161.4
钢铁制品	7 058	7 725	8 457	14 116	15 354	117.5
冰箱	51 116	48 734	48 304	33 238	36 045	-29.5
灯具、照明装置及类似品	5 252	7 011	7 636	6 131	4 312	-17.9
电子计算机及其零附件	93 607	117 175	61 860	41 607	42 579	-54.5
鞋类	28 716	25 076	18 704	15 062	15 828	-44.9

表4-11（续）

产品名称	2010 年	2011 年	2012 年	2013 年	2014 年	2014 年比 2010 年增长
电扇	20 689	19 980	19 838	18 851	16 036	-22.5
电动机及发电机	18 701	20 897	12 913	16 258	14 214	-24.0
塑料制品	10 199	12 119	11 324	10 916	9 913	-2.8
照相机	45 902	36 734	36 946	21 419	0	100.0
玩具	24 785	23 056	25 381	26 390	27 485	10.9
汽车零件	2 132	878	1 227	1 473	1 091	-48.8
电视、收音机及无线电设备	6 307	5 547	3 379	4 720	1 789	-71.6
通断保护电路装置及零附件	14 094	13 775	11 975	10 895	10 338	-26.6

资料来源：根据佛山市商务局提供数据整理。

3. 进料加工是加工贸易的主要方式

2010—2016 年，佛山加工贸易呈现出来料加工装配迅速增长，进料加工贸易大幅下降，但以进料加工贸易为主体的特征。

从贸易规模看，2010—2016 年，佛山进料加工贸易规模不断减少，来料加工贸易规模不断扩大。2010 年佛山进料加工贸易额为 177.33 亿美元，2016 年减少到 117.48 亿美元；2010 年佛山来料加工装配贸易额为 46.02 亿美元，2016 年增加到 74.36 亿美元。但 2010—2016 年，佛山进料加工贸易额一直大于来料加工贸易额，进料加工贸易额占加工贸易额的比重一直在 58%～81%，占对外贸易额的比重一直在 18%～34%，而来料加工装配贸易额占加工贸易额比重在 20%～40%，占对外贸易额的比重在 8%～15%。2016 年进料加工贸易额占加工贸易总额的 61.2%，占对外贸易总额的 18.9%；同期，来料加工装配贸易额占加工贸易总额的 38.8%，占对外贸易总额的 12%。（见表 4-12 和表 4-13）

从增长速度看，2010—2016 年，以来料加工装配为方式的加工贸易迅速增长，而以进料加工为方式的加工贸易却大幅下降。2016 年与 2010 年相比，来料加工装配贸易增长了 61.6%，其中出口增长了 44.4%，进口增长了 87.4%；而进料加工贸易减少了 33.8%，其中出口减少了 30.5%，进口减少了 39.7%。（见表 4-12）

表 4-12　2010—2016 年佛山进料加工和来料加工装配贸易额

单位：亿美元、%

年份	进料加工贸易			来料加工装配		
	总额	出口	进口	总额	出口	进口
2010	177.33	115.53	61.80	46.02	27.63	18.39
2011	205.13	133.97	71.16	49.26	28.03	21.23
2012	209.51	133.18	76.33	48.86	28.27	20.59
2013	208.09	129.14	78.95	64.87	34.47	30.40
2014	203.01	129.30	73.71	105.71	55.78	49.94
2015	138.01	93.82	44.19	96.51	52.05	44.46
2016	117.48	80.24	37.24	74.36	39.90	34.46
2016 年比2010 年增长	-33.8	-30.5	-39.7	61.6	44.4	87.4
2010—2016 年年均增长	-6.6	-5.9	-8.1	8.3	6.3	11.0

资料来源：根据佛山市商务局提供数据整理。

表 4-13　2010—2016 年佛山进料加工和来料加工装配贸易比重

单位：%

年份	进料加工贸易		来料加工装配	
	占加工贸易额比重	占对外贸易额比重	占加工贸易额比重	占对外贸易额比重
2010	79.4	34.4	20.6	8.9
2011	80.6	33.7	19.4	8.1
2012	81.1	34.3	18.9	8.0
2013	76.2	32.5	23.8	10.1
2014	65.8	29.5	34.2	15.4
2015	58.8	21.0	41.2	14.7
2016	61.2	18.9	38.8	12.0

资料来源：根据佛山市商务局提供数据整理。

4. 外资企业是加工贸易的主导力量

2010—2016 年，佛山加工贸易形成了经营主体多元化，内资企业和外资企业并存，但以外资企业为主的格局。

2013 年佛山外资企业加工贸易额达到 172.30 亿美元，其加工贸易进出口总额占全市进出口总额的 63.1%，虽然同比有所下降，但总体在佛山外贸进出口经济中扮演重要角色。虽然 2010—2013 年，佛山内资企业加工贸易进出口总额和占比不断上升，加工贸易额从 34.34 亿美元增加到 100.66 亿美元，增长了 193.1%，其占佛山加工贸易进出口总额的比重从 15.4% 上升到 36.9%，但相比外资企业，佛山内资企业规模还尚未达到外资企业水准，2013 年内资企业加工贸易额仅为外资企业的 58.4%，内资企业加工贸易额占全市加工贸易额的比重较外资企业低 26.2 个百分点。（见表 4-14）

同时，民营企业在内资企业中扮演了重要角色，是佛山加工贸易产业发展的一支生力军，但从总体来看民营企业的存在度远不及外资企业，所以在未来的发展中，外资企业还是起主导作用，但民营企业应当发挥出自身的特色和优势，并在佛山加工贸易产业中发挥越来越大的作用。

表 4-14　2010—2013 年佛山加工贸易内资及外资企业情况

单位：亿美元、%

年份	内资企业		外资企业	
	进出口总额	比重	进出口总额	比重
2010	34.34	15.4	189.00	84.6
2011	52.94	20.8	201.45	79.2
2012	64.52	25.0	193.85	75.0
2013	100.66	36.9	172.30	63.1
2013 年比 2010 年增长	193.1	21.5	-8.8	21.5
2013—2016 年 年均增长	43.1		-3.0	

资料来源：根据佛山市商务局提供数据整理。

注：比重为各类型企业加工贸易额占加工贸易总额的比重。

5. 顺德、南海和禅城是加工贸易的主要区域

由于佛山五区在地理区位、人文教育、科学技术方面有着较大差别，顺德区、南海区和禅城区经济较为发达，技术水平领先，配套设施完备，所以佛山的加工贸易主要集中在顺德区、南海区和禅城区。从 2010 年到 2016 年，三区的加工贸易总额占据了佛山加工贸易总额的 93% 以上。

由表 4-15 可以看出，2010—2016 年，三大主要加工贸易区中，顺德区加工贸易占全市比重最大，一直在 39% 以上；南海区居第二位，其加工贸易占全市比重一直在 30% 左右；禅城区位居第三，其加工贸易占全市比重一直在 15% 上下。同期，高明区和三水区加工贸易额较小，占全市的比重也较低。其中，高明区加工贸易占全市比重一直在 4% 徘徊，三水区加工贸易占全市比重只有 1% 左右。

表 4-15 2010—2016 年佛山市各区加工贸易额及比重

单位：亿元、%

年份		2010	2011	2012	2013	2014	2015	2016	2016 年比 2010 年增长
禅城	总额	350.1	349.1	398.3	330.9	441.7	243.7	139.6	-60.1
	比重	23.1	21.2	24.4	19.6	23.3	16.7	11.1	
南海	总额	431.0	522.7	510.1	579.8	625.5	473.6	445.8	3.4
	比重	28.4	31.7	31.3	34.3	33.0	32.4	35.5	
顺德	总额	654.0	698.9	644.1	688.3	741.0	661.5	591.3	-9.6
	比重	43.2	52.3	39.5	40.7	39.1	45.3	47.1	
高明	总额	60.5	62.7	62.7	75.6	66.2	63.8	59.1	-2.3
	比重	4.0	3.8	3.8	4.5	3.5	4.4	4.7	
三水	总额	19.3	17.1	15.9	16.7	21.3	18.4	18.4	-4.7
	比重	1.3	1.0	1.0	1.0	1.1	1.3	1.5	

资料来源：根据佛山市商务局提供数据整理。

注：表中比重为各区加工贸易额占全市加工贸易额的比重。

（三）佛山加工贸易发展面临的主要问题

1. 加工贸易增值系数低，对经济带动弱

（1）加工贸易位于产业链低端，增值系数低

佛山加工贸易以贵金属首饰加工、家用电器、纺织服装和玩具产品为主，加工贸易占据半数以上都是劳动密集型产品的加工，以及技术水平较低的产品加工，位于产业链低端，产品增值较少。以下用加工贸易增值系数和增值率这两个指标来分析。

加工贸易增值系数是指加工贸易出口总额与加工贸易进口总额的比例，该指标反映了出口创汇的程度，同时也显示了加工贸易产品增值的多少，以及产品产业链的长短，产品附加值的高低。由表 4-16 可以发现，2010—2016 年，

佛山加工贸易增值系数逐年下降，但加工贸易增值系数都大于 1 且在 1.6 左右徘徊，说明佛山加工贸易一直处于顺差的状态，2010—2016 年加工贸易增值系数平均为 1.64，但与其他加工贸易发达的国家和地区相比存在一定差距，说明佛山加工贸易价值链短，产品附加值不高。

加工贸易增值率是指加工贸易出口额与进口额之差与加工贸易进口额的比例，也称为加工贸易进步比率，加工贸易增值率可以用来表示加工贸易对国家或地区经济的促进作用，它反映了生产加工环节的附加值程度，也反映了加工贸易对某一国家或地区的产业带动程度。如果加工贸易增值率高，表明加工贸易所涉及的价值链条较长，所需的原材料以及零部件大都可以在本国或者本地区内找到，或者是产品的技术含量较高，或者是资本的利用率较高。如果所需的所有原材料，各种各样的零部件，所有技术以及所有的资本都能自给自足，不仅会使加工贸易增值率大大提高，还能在一定程度上带动本地区的技术进步，进而带动产业结构的升级，最终带动本地区经济的发展。

从表 4-16 可以看出，2010—2016 年佛山加工贸易增值率处于下降趋势，这说明佛山加工贸易产品附加值不断下降。并且，佛山加工贸易增值率大多徘徊在 50%~70%，这表明佛山大多数加工贸易企业仍在从事简单加工和组装的生产环节，加工贸易始终处于产业链的低端，产品附加值低，致使加工贸易产品核心竞争力不高，对相关产业的带动作用无法发挥，其推动经济发展的动力还不够，当劳动力成本不断上升时，发展的动力会更加不足，对产业结构升级的作用就难以显现。并且，处于这一阶段的加工贸易经营主体主要由外商投资企业构成，并不是内资企业，这样中方从加工贸易中只能获得微弱的利润。从整个加工贸易的价值链来看，产品研发、设计、制造、销售、运输和服务各个环节中，佛山加工贸易企业参与更多的是劳动密集型环节，如对原辅件或零部件的简单加工装配等，产品增值率较低，产品附加值不高。实现加工贸易的转型升级，把加工贸易的主导产业由劳动密集型产业转向高新技术产业，可以提高加工贸易增值率与产品附加值，使加工贸易产业链条延伸。

（2）加工贸易对经济的带动作用弱

由表 4-16 可以发现：2011—2016 年，加工贸易对佛山经济的贡献率（加工贸易对经济的贡献率＝加工贸易净出口增量/GDP 的增量）相当不稳定，忽高忽低，最低年份为 2013 年，为-16.01%，最高也只有 7.70%，与珠三角加工贸易发达城市相比，存在很大差距。其次，可以发现加工贸易对佛山经济的拉动度较小，在 2011—2016 年，加工贸易对佛山经济的拉动度（加工贸易对GDP 的拉动度＝加工贸易对佛山经济的贡献度×GDP 增长率）维持在-1.60%~

1.12%，2013 年仅为-1.60%。由两个指标数据分析来看，加工贸易对佛山经济有一定的促进作用，但贡献度和拉动度指标值较低，说明加工贸易对佛山经济的带动作用较弱。原因主要是佛山的加工贸易整体层次较低，加工环节少，产品价值链较短，附加值低，劳动密集型产业过多。

表 4-16 2010—2016 年佛山加工贸易相关指标

年份	增值系数	增值率（%）	贡献率（%）	拉动度（%）
2010	1.79	78.52	—	—
2011	1.75	75.36	7.70	1.12
2012	1.67	66.58	0.77	0.06
2013	1.50	49.62	−16.01	−1.60
2014	1.50	49.68	7.51	0.65
2015	1.65	64.53	−6.55	−0.06
2016	1.64	63.76	−12.28	−0.01

资料来源：根据《佛山统计年鉴》2011—2015 年佛山市商务局提供数据整理。

2. 加工贸易产品结构不合理，出口严重依赖外资

（1）机电产品和高新技术产品出口较少

虽然经过多年的发展，佛山加工贸易产品类型较多，产品结构也在一定程度上有所改善。但佛山机电产品和高新技术产品出口较少，加工贸易仍然主要是以贵金属首饰、家电、服装、玩具等产品为主，此类产品都是劳动密集型的，生产加工环节少，产品层次较低，产品加工贸易增值率也较低。2014 年佛山机电产品和高新技术产品出口占加工贸易出口总额的比重为 36.5%，这表明在佛山加工贸易出口中，仍以劳动密集型的低附加值产品出口为主，其出口额占佛山加工贸易出口总额的比重在 63% 以上。并且，佛山机电产品和高新技术产品加工贸易出口额逐年减少，占加工贸易出口总额的比重大幅下降。其中，机电产品加工贸易出口额占全市加工贸易出口额的比重由 2010 年的 87.7% 下降至 2014 年的 28.2%，下降了 59.5 个百分点。高新技术产品加工贸易出口额占全市加工贸易出口额的比重由 2010 年的 15.5% 下降至 2014 年的 8.3%，下降了 7.2 个百分点。

（2）加工贸易出口依赖外资现象严重

佛山加工贸易从经营主体角度来看，外资企业比重较大。这表明佛山加工贸易出口过度依赖外资，这不仅使得本土企业所占的比例较低，中方从加工贸

易中获利较少，无法实现最大收益，而且本土企业不能获得加工贸易转型的主动权，长远看来会影响加工贸易的发展和未来方向。相关数据显示，2016年佛山加工贸易企业共有800多家，其中外商投资企业占全市加工贸易企业总数的60%以上。由于核心技术水平都掌握在外商手中，导致佛山加工贸易企业特别是中小企业十分容易受国内外经济形势的影响，不利于佛山加工贸易转型升级的实现。此外近年来，以民营企业为主的内资企业在佛山加工贸易中比重有所上升，但在佛山加工贸易中仍然不占据主导地位。本地企业较少参与国际产业链分工，会导致原有的工业基础和技术基础难以充分发挥。加工贸易企业要获得相关产业发展和技术外溢效应，就不能过度依赖外资。把握加工贸易发展进程主动权有利于佛山加工贸易的长远健康发展，但从佛山目前加工贸易发展的实际情况看，参与加工贸易比例及规模都较低的内资企业，要想落地生根、发展壮大，还要经历较长的发展过程。

（3）加工贸易地区发展不均衡

佛山加工贸易在不同的地区发展形势不同，整体来看差距较大，发展不均衡。在现有的五区中，加工贸易主要集中在顺德区、南海区和禅城区，高明区和三水区加工贸易发展较为落后，与其他三区相比存在较大差距。表4-15数据显示，2010—2016年，顺德区、南海区和禅城区加工贸易额占据佛山市加工贸易总额的比重都在93%以上，而高明区和三水区加工贸易额占全市的比重不足7%。同期，南海区加工贸易额呈现正增长，其他四区加工贸易额均为负增长。具体来看，2016年与2010年相比，南海区加工贸易额增长了3.4%，加工贸易额占全市的比重增加了7.1个百分点；高明区加工贸易额减少了2.3%，加工贸易额占全市的比重增加了0.7个百分点；三水区加工贸易额减少了4.7%，加工贸易额占全市的比重增加了0.2个百分点；顺德区加工贸易额减少了9.6%，加工贸易额占全市的比重增加了3.9个百分点；禅城区加工贸易额减少了60.1%，加工贸易额占全市的比重下降了12.0个百分点。总的来说，佛山加工贸易的地区发展不均衡。

3. 要素制约日趋严重，影响加工贸易发展

（1）技术水平低制约加工贸易转型升级

首先，加工贸易中技术的扩散效应不足。外商企业掌控了生产的先进技术与核心技术，佛山拥有自主知识产权的出口产品不足。目前佛山加工贸易出口总额近三分之二来自外商投资加工贸易企业，而绝大多数外商投资企业签订的加工贸易合同仍由母公司掌握，销售市场和销售渠道被外商控制，核心技术、产品设计、软件支持、关键零部件配套和关键设备以及品牌等多数被跨国公司

的母公司所掌握，本土企业只能凭借低廉的劳动力和较低的管理成本的比较优势，利用已有的成熟的技术参与加工生产，企业缺乏自主创新的能力。其次，技术吸收和创新能力不足。佛山加工贸易产业的技术吸收和模仿创新能力不足，难以满足当前产业发展的要求，实现产业长期发展目标仍需努力。在高新技术产品方面，出口总量逐年下降，企业缺乏核心技术和自主知识产权，在大多数企业只能参与劳动密集型产品的加工装配环节的阶段，研究和生产高新技术的产业格局还未形成。最后，加工贸易企业对研究与开发经费的重视还不够，研究与开发经费的投入不足会阻碍转移技术的消化吸收和模仿创新。这些制约了加工贸易的转型升级。

（2）生产成本上升削弱了应有的比较优势

由于佛山加工贸易企业凭借劳动力成本较低，资源价格较低，环境保护成本低等优势，获得加工贸易产品的增值部分和较低的企业利润，这些企业仍然处于价值链的低端，加工贸易产品增值率较低。为了在国际市场上占有一席之地，加工贸易企业只能降低出口产品的成本。而成本的降低，需要更大幅度地削减劳动力成本，压缩环保成本，降低资源价格，这些举措都与改善生产条件、增强环境保护力度以及提高加工贸易增值率的目标相悖。并且，目前在生产要素成本方面，原材料、能源、用工等有不同程度的上升。在这种经济环境下，大大抑制了劳动密集型等传统行业加工贸易企业转型升级的步伐。

（3）资金紧缺融资难阻碍企业经营发展

佛山加工贸易企业以制造业为主，制造业属于资金、技术密集型产业，资金的制约比较明显，特别是一些规模不大的民营加工贸易企业，资产质量不高、设备老化，尽管政府出台政策鼓励和支持商业银行、小额贷款公司、担保公司等金融机构向中小企业放贷，但实际操作中，银行融资门槛高、申请手续繁杂，并且由于银行融资成本的上涨及银行对企业抵押物要求的提高，大大增加了企业融资的难度，中小企业融资难问题依然未得到很好的解决。由于缺乏资金支撑，加重了推进加工贸易转型升级的难度。

4. 加工贸易竞争日趋激烈，企业拓展国内外市场能力不足

（1）加工贸易竞争日趋激烈

随着国家不断加大道路交通及基础设备的投入，省内欠发达地区及我国中西部省份"洼地"优势越来越明显，不断承接佛山部分产业，对佛山部分低端的加工贸易企业有较大吸引力。同时，周边国家和地区的投资环境不断改善，劳动力成本低，素质不断提高，比较优势日益凸显。如越南为了吸引外资，制定了一系列比我国更加优惠的政策措施，加上其劳动力成本更低，对佛

山产生较大的竞争压力。同时，由于国际需求依然低迷，国际贸易摩擦持续加剧，欧美国家处于对本国贸易发展的保护，对我国的出口产品实施一系列的贸易壁垒，造成佛山加工贸易产品出口到欧美国家的数量减少。

（2）企业拓展国内外市场的能力不足

在国际市场方面，佛山的部分中小企业不熟悉国际市场运作，没有自己的营销网络，利用加工贸易拓展国际市场的能力不足。在国内市场方面，虽然国家鼓励加工贸易企业产品出口转内销，但因目前的加工贸易政策体系中鼓励企业扩大内销、引导企业产品进入国内市场的力度和精准度均有欠缺，加之出口转内销不仅仅是经营模式的转变，还要涉及税务调整，员工调整等多方面的问题，导致内资加工贸易企业望而却步；部分外资企业希望打开内销市场，却因对国内政策的不熟悉不了解，导致企业产品难以进入国内市场。

三、佛山加工贸易转型升级的做法与成效

加工贸易转型升级概念的提出是为了适应我国经济发展实际需求，党的十六届三中全会审议通过了《中共中央关于完善社会主义市场经济体制若干问题的决定》（以下简称《决定》）。《决定》首次提出落实科学发展观，转变外贸发展方式，实现国际经济协调可持续发展的重要举措。《决定》明确加工贸易转型升级方向为"着力吸引跨国公司，把更高技术水平、更大增值量的加工制造环节和研发机构转移到我国，引导加工贸易转型升级"。根据全球价值链理论，产业升级包括产品升级、工艺流程升级、功能升级和价值链升级四种类型。结合商务部发布的《后危机时代中国外贸发展战略之抉择》《关于促进加工贸易转型升级的指导意见》来看，加工贸易转型升级，本质是产业由低技术水平、低附加值状态向高技术、高附加值状态演变的过程。具体体现在五个升级，一是产品升级：产品从劳动密集型向资本、技术密集型产品转变。二是贸易主体升级：以外商投资企业为主向内资并重转变。三是功能升级：由低附加值加工贸易向高附加值加工贸易转变；四是流程升级：加工贸易产品由高能耗、高污染向低能耗、低污染转变；五是链条升级：加工贸易的国内配套程度向核心化转变。

改革开放以来，佛山加工贸易顺应国际分工的发展趋势，从无到有，从小到大，已成为对外贸易的主要方式之一，在吸纳就业、促进技术进步、优化产业结构、推进区域经济发展等方面做出了积极的贡献。同时，加工贸易在其发

展过程中，也出现了诸如处在国际分工产业链的低端、经营主体不平衡等弊端。为进一步推动加工贸易的发展，佛山坚决贯彻落实国务院和广东省政府关于加工贸易转型升级的战略部署，特别是"十二五"期间采取了切实有效的措施推进加工贸易的转型升级，取得显著成效。

（一）主要做法

近年来，佛山市及各区政府都十分关注加工贸易转型升级问题，佛山根据《广东省推进加工贸易转型升级三年行动计划（2013—2015 年）》及实施方案，结合佛山的工作实际，以延伸加工贸易产业链为核心内容，着力推进加工贸易转型升级。佛山推动加工贸易转型升级主要有两个方向：一是推动企业升级，帮助加工贸易企业提升技术，开展研发设计从而承接更高附加值的加工制造，提升加工贸易产品的附加值，实现产品加工由低向高发展。二是推动企业转型，帮助有条件的加工贸易企业在加工制造的基础上，尝试创立自主品牌，从加工生产的经营模式逐步进入自主品牌营销。主要做法有以下几个方面：

1. 凝聚转型升级共识，增强企业转型信心

先后召开多场大型政策宣讲会，广泛宣讲政府扶持企业转型升级的政策和优惠措施，增强企业转型升级信心。深入和企业高层沟通联系，组织政府相关职能部门帮助商会高层和重点企业掌握最新扶持措施，倾听企业转型升级诉求，释放加工贸易政策保持稳定的信号，调整政府扶持政策方向，建立政企联手推动转型升级的良性互动机制，增进对转型升级工作的理解，促进加工贸易健康稳定发展。成立工作领导小组，加大对重点企业的帮扶。按照梳理的市出口 300 强企业，各区对名单中的重点企业指定专人跟踪帮扶，采取挂点联系、上门服务、现场办公和"一企一策"等方式，进一步做好重点企业的服务工作，及时帮助解决困难。同时，根据《广东省商务厅关于做好加工贸易进出口稳增长工作的通知》精神，佛山市商务局成立了加工贸易进出口稳增长工作小组；建立了加工贸易重点企业联系制度，分专人分片区落实跟踪企业，责任到人。通过加强对加工贸易进出口形势的分析、研判，建立加工贸易进出口常态化运行监测机制，重点掌握大企业的订单、用工、生产成本、经营方式、产能转移等情况以及存在的困难和问题，督促区镇部门加大对重点企业的帮扶，保障重点企业稳定发展和推进加工贸易企业转型升级。

2. 制定产业发展规划，引领重点产业发展

产业规划是根据城市发展现状和需求，从全局利益和长远利益确定影响全市经济发展的主导产业和支柱产业。符合市场发展需求的、合理的产业规划有

利于确定全市在较长一段时期内产业发展的总体目标和方向，从而引导市场主体合理布局，促进产业结构优化调整。早在"十一五"时期，佛山不断拓展对外开放的广度和深度，提高开放型经济水平。制订了《佛山市工业产业结构调整指导目录》，结合佛山实际情况实施企业"五阶段"发展战略，以企业为主体，通过打造一个平台（把三资企业打造成加工贸易主平台）；坚持两个并重（坚持规模扩张与转型升级并重、坚持自主创新与高新科技并重）；搞好三个结合（把发展加工贸易与利用外资相结合、与发展新型工业化相结合、与发展民营经济相结合），全力促进加工贸易转型升级，带动外向型经济快速发展。"十二五"期间，佛山加工贸易转型升级力度加大，在积极落实《广东省推进加工贸易转型升级三年行动计划（2013—2015 年）》和《广东省促进外贸稳增长和转型升级若干措施》等文件精神的基础上，针对佛山产业发展情况，制定促进加工贸易转型升级的中长期发展规划，进一步明确加工贸易转型升级的发展方向，用鼓励扶持一批、改造提升一批、迁移淘汰一批的方式，对加工贸易企业进行改造提升。充分发挥市场调节作用，淘汰一批劳动密集型加工贸易企业，引入一批技术含量高、附加值高的加工贸易企业，提高加工贸易企业的整体水平。引导加工贸易企业从来料加工为主向进料加工转变，实现贸易方式升级；从产品加工由低端向高端转变，向研发设计、创立品牌、生产制造、营销服务等产业链上下游延伸，提高产品技术含量和附加值，实现主导产品升级，促进价值链升级；加快主导产业的产业链配完善，拉长产业链，完善产业生态圈；发挥外向型经济集聚优势，推动内外资企业配套协作，实现经营主体由单一向多元转变，实现内外资共生共融。

3. 构建转型升级的政策支撑，强化政策激励

健全和完善加工贸易转型升级机制，着力优化政策环境，重点扶持技术含量高、附加值大、资源消耗少、产业关联度强的加工贸易企业，对一些配套带动能力强的先进制造业项目，在新技术、新产品、新工艺项目研发方面给予土地、资金资助、税收政策等方面的支持。一是支持企业加大技术研发。通过加大对知识产权的奖励力度支持企业技术研发，对获得中国发明专利授权的每件给予 10 000 元资助，获得 PCT 国际申请每件给予 5 000 元资助，获得国外发明专利授权的每件最高给予 50 000 元资助。二是支持企业开拓国际国内市场。在"佛山市加工贸易扩大内销专项资金"中对参加省"外博会"的企业给予补贴，对全市加工贸易外商投资企业内销大户给予奖励。三是为中小企业创造更为宽松的融资环境。针对中小企业融资难问题，于 2011 年佛山先后与多家银行和银团签署了 2 800 亿元的战略合作协议，同时，大力发展信用担保行

业，全市五区财政出资 2.5 亿元，设立了信用担保基金，并出台了相应的管理办法和实施细则，缓解中小企业融资难。

4. 优化企业创新环境，支持企业技术提升

坚持以企业为主体，提高企业研发机构建设水平，增强企业技术创新能力，促进加工贸易企业做大做优做强，从而推动企业体制、机制和技术的创新。一是科技创新政策进一步完善。注重做好顶层设计，充分发挥政策的引领作用，加快建立健全各项政策体系，先后出台了《佛山市科学技术局关于市工程技术研究中心建设的管理办法》《佛山市推进规模以上工业企业研发机构建设专项行动方案（2015—2020 年）》和《佛山市加快培育高新技术企业专项行动方案（2015—2020 年）》等文件，进一步形成了创新导向的政策合力，优化了自主创新环境。二是鼓励创新载体建设。推动企业建立研发机构，以规模以上工业企业研发机构全覆盖为目标，加大企业研发机构建设力度，积极培育高新技术企业和创新型企业，大力推进孵化器发展。通过对高新技术企业和创新型企业的培育，进一步壮大了全市高新技术产业的发展。

截止到 2016 年年底，包括加工贸易企业在内的全市共建有各级工程中心1 764 家，其中省级工程中心 395 家，市级工程中心 627 家，区级工程中心 742家。全市高企数量达到 1 388 家，高新技术产品产值达 7 517 亿元，占规模以上工业总产值44%。全市累计拥有国家创新型企业试点 2 家、省创新型企业24 家和省创新型企业试点 22 家。全市共拥有 1 个国家级高新技术产业开发区，新增 4 个国家级科技企业孵化器（佛山国家火炬创新创业园、瀚天科技城、广东工业设计城和新媒体产业园），8 个国家级科技企业孵化器培养单位（广东物联天下物联网科技企业孵化器、广东省半导体照明产业创新孵化器、广东德运创业投资有限公司等），以及华南电源科技创新园、物联天下等一批创新园区。

5. 搭建转型升级服务平台，提升服务功能

一是建立和完善工作服务机制。继续贯彻执行《关于广东省加工贸易审批改革有关工作的通知》精神，简化省内加工的审批流程，完善内销"绿色通道"机制，落实好海关促进内销的相关措施。二是根据佛山加工贸易企业的实际需要，建立"政商联络机制"，与海关、检验检疫、相关行业协会、商会等相应单位及时进行沟通联系，及时反映企业在转型升级方面的诉求。三是完善信息服务平台。定时整合政府职能部门和社会组织的最新信息资源，为企业提供政策指导、业务指引和行业信息。通过 QQ 工作群及短信服务平台及时将信息推送给企业。四是强化政策研究和发挥行业协会的服务平台作用。加强

政策研究，及时掌握和解决加工贸易企业在转型升级过程中遇到的问题和困难。加强与外商投资协会、台商协会以及相关行业协会和商会的沟通联系，发挥他们的桥梁作用，协助加工贸易企业提升经营管理能力，提高企业核心竞争力。

6. 为企业牵线搭桥，大力拓展国内外市场

一是组织加工贸易企业参加中国进出口商品交易会、中国国际中小企业博览会、中国加工贸易产品博览会等境内知名国际展会及境外展销活动，拓展国内外市场的广度和深度。通过与国际知名客商的接触，了解国内外市场的变化和需求，推动全市加工贸易企业对先进生产技术的引进、消化吸收和二次自主创新的积极性。二是利用电子商务营销模式，推动加工贸易产品"全国行""全球行"，加强与阿里巴巴等电子商务运营商的交流合作，推动出口型企业应用第三方电子商务平台开拓市场。通过产品的不断内销，逐步培育企业的品牌意识，激发企业对产品的研发热情。三是积极协助企业拓展海外市场。组织和支持加工贸易企业参加省、市对欧美及"一带一路"沿线国家和地区开展的贸易促进活动；组织加工贸易企业参加中国进出口商品交易会、中国国际高新技术成果交易会、香港电子展览会及香港建材博览会等境内知名展会以及境外展销活动，以帮助企业拓展国际、国内市场。

（二）取得的成效

佛山加工贸易转型升级的成效可以体现为一般贸易规模、一般贸易竞争力、加工贸易产品结构、贸易方式结构、经营主体结构这五方面的发展变化。

1. 一般贸易规模不断扩大

从贸易规模来看，加工贸易规模缩减，占比下降。2010—2016 年，佛山加工贸易规模波动减少，由 2010 年的 223.3 亿美元减少到 2016 年的 191.8 亿美元，相应地，加工贸易额占进出口总额的比重不断下降，由 2010 年的 43.2%下降到 2016 年的 30.9%；下降了 12.3 个百分点。同期，一般贸易进出口额不断扩大，由 2010 年的 283.3 亿美元增加到 2016 年的 323.2 亿美元，一般贸易进出口额占进出口总额的比重小幅下降，由 2010 年的 54.8%下降到 2016 年的 52.0%，下降了 2.8 个百分点。（见表 4-17）

2010—2016 年，佛山加工贸易出口规模在波动中减少，由 2010 年的 143.1 亿美元减少到 2016 年的 117.4 亿美元，减少了 18.0%；加工贸易出口额占出口总额的比重逐年下降，由 2010 年的 43.3%下降到 2016 年的 25.0%。同期，一般贸易出口额持续扩大，由 2010 年的 185.3 亿美元增加到 2016 年的

246.7亿美元，增长了33.1%，一般贸易出口额占出口总额的比重小幅下降，由2010年的56.1%下降到2016年的52.5%。（见表4-18）

从增长速度来看，加工贸易增速放缓，一般贸易增速较快。2010—2016年，佛山加工贸易呈现负增长，而一般贸易增长迅速。2016年与2010年相比，加工贸易减少了14.1%，而一般贸易增长了14.1%，增幅比加工贸易高出28.2个百分点。（见表4-17）同期，加工贸易出口额减少了18.0%，而一般贸易出口额增长了33.1%，一般贸易出口增幅比加工贸易高出51.1个百分点。从同比增长速度看，2010—2016年，除2016年外，一般贸易均呈现正增长，而加工贸易多数年份出现负增长的现象，并且除2014年加工贸易出口同比增长速度快于一般贸易，其他年份一般贸易同比增长速度均高于加工贸易（见表4-18）

一般贸易规模不断扩大，增长速度快于同期加工贸易，是佛山加工贸易转型升级带来的显著成效。

表4-17　2010—2016年佛山一般贸易和加工贸易进出口额及占进出口总额的比重

单位：亿美元、%

年份	一般贸易		加工贸易	
	进出口额	比重	进出口额	比重
2010	283.3	54.8	223.3	43.2
2011	343.7	56.4	254.4	41.8
2012	340.9	55.8	258.4	42.3
2013	355.7	55.6	273.0	42.7
2014	360.7	52.4	308.7	44.9
2015	357.6	54.4	234.5	35.7
2016	323.2	52.0	191.8	30.8
2016年比2010年增长	14.1		-14.1	
2010—2016年年均增长	2.2		-2.5	

资料来源：根据佛山市商务局提供数据整理。

注：表中比重为各种方式的进出口额占进出口总额的比重。

表 4-18   2010—2016 年佛山分贸易方式出口情况

单位：亿美元、%

年份	一般贸易			加工贸易		
	出口额	同比增长	比重	出口额	同比增长	比重
2010	185.3	43.9	56.1	143.1	23.4	43.3
2011	227.4	22.7	58.2	162.0	13.2	41.4
2012	238.5	4.9	59.4	161.5	-0.3	40.2
2013	260.3	9.1	61.2	163.6	1.3	38.5
2014	272.8	4.8	58.4	185.1	13.1	39.6
2015	280.0	3.1	58.1	145.9	-21.0	30.3
2016	246.7	-6.0	52.5	117.4	-12.2	25.0
2016 年比 2010 年增长	33.1			-18.0		
2010—2016 年 年均增长	4.9			-3.2		

资料来源：根据佛山市商务局提供数据整理。

注：表中比重指占出口总额比重。

2. 一般贸易竞争力不断提升

2010—2016 年，佛山加工贸易竞争力指数呈现波动中下降的变化趋势，尽管加工贸易净出口额从 2010 年的 62.96 亿美元增长到 2012 年的 64.53 亿美元，但是加工贸易竞争力指数却下降了，2013 年竞争力指数最小为 0.198 8，2011 年最大为 0.273 6。这 7 年间，加工贸易竞争力指数平均为 0.241 4。同期，佛山一般贸易竞争力不断增强。自 2010 年以来，一般贸易竞争力指数呈现出逐年上升趋势，由 2010 年的 0.309 7 上升到 2016 年的 0.526 3，说明佛山一般贸易的竞争力优势逐渐增强。一般贸易竞争力不断提高，体现了加工贸易的转型升级。（见表 4-19）

表 4-19   2010—2016 年佛山一般贸易和加工贸易竞争力指数

年份	一般贸易竞争力指数	加工贸易竞争力指数
2010	0.309 7	0.289 1
2011	0.323 2	0.273 6
2012	0.399 3	0.249 8

表4-19(续)

年份	一般贸易竞争力指数	加工贸易竞争力指数
2013	0.463 4	0.198 8
2014	0.512 4	0.199 0
2015	0.568 4	0.244 0
2016	0.526 3	0.238 3

资料来源：根据佛山市商务局提供数据整理。

3. 进料加工比重大

在加工贸易的来料加工和进料加工两种方式中，进料加工方式所占的比重大可以说明产品附加值在增加。佛山加工贸易发展的起步阶段是以来料加工装配为起点的，市内没有生产配套条件，所需要的生产原料和中间品由外商提供。之后我国采取了一系列政策促进进料加工贸易的发展，包括实施对生产原料进口的免税政策，从而使佛山加工贸易逐步从来料加工单一形式转化为来料加工与进料加工并存的形式。企业进料加工方式中，加工企业需要对进口的原料付费，因此加工方对所用的原材料有选择权，这样就可以选择技术含量高且质量好，价格却相对低的原材料及零部件，以增加产品的附加值，所以近年来进料加工在加工贸易中一直占绝大比重的态势可以体现出佛山加工贸易转型升级的发展过程。由表4-13可以看出2010—2016年，虽然佛山加工贸易中进料加工所占的比重呈下降趋势，而来料加工所占的比重逐年上升，但进料加工一直处于优势地位，进料加工贸易的规模远大于来料加工装配贸易，其占加工贸易的比重一直在59%以上。进料加工比重大不仅可促使国内原材料的采购率高，还促进了国内相关产业配套措施的建设完善，产品附加值增加，产品结构得到优化。

4. 产品链条不断延伸

加工贸易企业由参与产品的简单加工环节，到参与研发设计、营销服务等环节，是加工贸易产品链的进一步延伸，体现了加工贸易的转型升级。加工贸易产品链条的延伸可以提高产品附加值，并在加工过程中产生技术溢出效应。价值链环节升级的过程是从简单组装、制造到产品研发与品牌建立的发展过程。佛山加工贸易企业从参与简单装配开始，逐渐加入产品的加工制造，并不断向产品研发和品牌建立延伸。当加工层次逐渐增多，加工贸易产业链条越来越长，产业链的整体附加值也会越来越高。近年来，佛山大力推进加工贸易企业品牌建设和技术创新，取得显著成效。截止到2016年年底，全市累计加工贸易企业拥有自创品牌 115 个，中国名牌产品 28 个，广东省名牌产品 134 个，中国驰名商标 38 个，广东省著名商标 80 个，设立研发中心超过 100 个。加工贸易企业参与到研发设计等高附加值环节，创建自主品牌，提高了产品的国际竞争力和附加值，有助于加工贸易的健康发展。

5. 内资企业占比逐步提高

从佛山加工贸易起步以来，政府通过一系列的改革促进加工贸易的发展，其中包括实行对外开放政策吸引大批外商企业来佛山投资建厂，此举在使佛山出口大幅增加，取得了良好经济效益的同时，也使外资企业成为佛山加工贸易的主体。近年来，佛山大力发展民营经济，在加工贸易领域，内资企业的贸易规模不断扩大。表 4-14 数据显示，2010—2013 年，虽然外资企业一直是佛山加工贸易的经营主体，但在佛山加工贸易中内资企业所占的比重逐年上升，由 2010 年的 15% 上升到 2013 年的 37%；而外资企业所占的比重逐年下降，由 2010 年的 85% 下降到 2013 年的 63%；内资企业和外资企业加工贸易规模之比由 2010 年的 1∶5.5 降为 2013 年的 1∶1.7，两者间的差额逐渐缩小。内资企业出口额虽然所占比例较低，但增势强劲。2013 年与 2010 年相比，内资企业加工贸易额增长了 1.9 倍，而外资企业加工贸易额只增长了 8.8%。这些充分体现了佛山加工贸易转型升级的发展所取得的成效。近年来，佛山涌现出了一批内资加工贸易龙头企业，走在了加工贸易转型升级的前列，成为成功转型的榜样和排头兵，例如美的、志高空调等。虽然佛山加工贸易仍不能改变以外资企业为经营主体的状况，但内资企业的成长，对促进佛山加工贸易转型升级有积极影响。

四、佛山加工贸易转型升级的路径与对策

（一）佛山加工贸易转型升级的路径

党的十六届三中全会明确指出，要"继续发展加工贸易，着力吸引跨国公司把更高技术水平、更大增值的加工制造环节和研发机构转移到我国，促进加工贸易转型升级"。党的十七大报告指出："加快转变外贸增长方式，立足以质取胜，调整进出口结构，促进加工贸易转型升级，大力发展服务贸易，创新利用外资方式，优化利用外资机构，发挥利用外资在推动自主创新、产业升级、区域协调发展等方面的积极作用。"这为佛山加工贸易转型升级指明了方向。加工贸易转型升级，就是要延长国内价值链条，逐步由低端的生产制造向

研发、专利、品牌、营销等价值增值环节转移，提升国际分工地位。结合佛山加工贸易发展实际，引导加工贸易转型升级应该正确处理好四个关系，即处理好转型升级与经营模式升级、经营主体升级、区域结构升级、销售渠道升级四个方面的关系，这四个方面是相辅相成、相互促进的，共同构建了佛山加工贸易转型升级的主要方向和路径。

1. 经营模式转型升级——延长加工贸易价值链

实现经营模式转型升级是佛山加工贸易转型升级的核心路径。传统的贴牌生产和组装加工，消耗成本大，利润空间小，不利于加工贸易企业的长远发展。长期以来，佛山乃至我国加工贸易的特点都是"两头在外"，从国外进口料件在国内加工后出口，仅仅从事简单加工、装配，获取的附加值非常低。而发达国家处在价值链的两端，掌握着产品研发、生产及品牌、分销等附加值高的产业环节，获得了产品的大部分利润。因此，只有转变加工贸易的经营模式，延长价值链才能使加工贸易得到根本的转型。首先，佛山的加工贸易企业应不断提高国内配套能力，提升加工深度，加大国内采购力度，促进生产环节的进一步升级，积极努力加入跨国公司的全球供应链体系。其次，为了适应跨国公司投资一体化新变化的要求，佛山的加工贸易应向更高层次发展，由加工制造为主逐步向采购、加工制造、营销、售后服务以及研发等方向转型升级，沿着价值链逐步由简单向复杂、由低向高、由生产向综合服务方向转型升级。

2. 经营主体转型升级——培养民营企业成为加工贸易主体

在佛山的加工贸易中，外资一直占据着主体地位，以民营企业为主的内资企业只占40%。在这种以外资为主体的加工贸易发展模式中，佛山的加工贸易企业仅仅是参与了国际分工中最为简单的加工环节，核心技术和销售渠道都掌握在外商手中，因而也就发挥不了加工贸易应有的辐射作用以及对相关产业的带动作用。外商对技术及销售渠道的垄断不仅使得佛山的加工贸易被定义在低附加值的状态，而且严重阻碍了加工贸易转型升级的进行。因此，应当抓住目前加工贸易转型升级的机遇，鼓励更多的民营企业等内资企业广泛开展加工贸易，经营主体要由外资企业为主体向内、外资企业并重，最终由内资企业起主导作用的路径转型。加工贸易以内资为主体，可以带动发展本土企业，逐步增强本土企业的研发能力、市场营销能力和培育自主品牌，真正发挥本土企业的主导作用，获得加工贸易的大额收益，并且通过加工贸易的发展，可以带动佛山关联产业的发展，通过技术外溢，可以使佛山的技术不断进步。因此，培养内资企业成为加工贸易主体是佛山加工贸易转型升级的关键路径。

3. 区域结构转型升级——推动加工贸易梯度转移

加工贸易的发展应因地制宜，制定战略规划应针对不同区域的比较优势，使加工贸易具有地区特色。由于佛山的劳动密集型加工贸易发展空间小，并且已经趋于饱和，应鼓励其向省内欠发达地区或国内中西部地区转移。加工贸易的区域结构不仅应在我国境内形成东西互补的发展局势，未来还要升级到境外加工市场。佛山可以将具有一定优势的加工贸易产业转移到那些劳动力成本更低、市场发展潜力更大的国家和地区，使之成为佛山的制成品出口基地。这样做既可以消化传统技术和转移过剩的加工能力，促进产业结构和产品的调整，还可以出口佛山技术、设备、劳务和产品，推动传统工业向更高层次发展，同时开展境外加工贸易还可以培育新的出口增长点，可以通过产品原产地的改变，改变同一些国家存在的双边贸易不平衡问题，缓解贸易摩擦。并且可将佛山已不具有竞争优势的产品转移到其他国家，使产品的生命周期得以延长。

4. 销售渠道转型升级——大力拓展内销市场

佛山加工贸易企业生产的产品大多数出口国外，对国外市场依赖性较大。所以佛山加工贸易的发展容易受国际经济环境的影响，一旦国际经济环境发生大的动荡，佛山加工贸易就会受到很大的冲击。随着中国消费水平的提高，如何开拓国内市场，成为加工贸易产品销售渠道转型的重点。因此要实现佛山加工贸易的转型升级，还应该从扩展加工贸易的销售渠道入手，积极推动加工贸易销售渠道的转型，大力拓展内销市场，这是佛山加工贸易转型升级的重要途径。

（二）推动佛山加工贸易转型升级的对策

1. 促使加工贸易向高附加值环节延伸

（1）科学制定中长期发展规划

改革开放40多年来，加工贸易对发展佛山经济和促进对外贸易增长发挥了重要作用，为了促进加工贸易转型升级，有必要制定中长期发展规划，进一步明确加工贸易转型升级的发展方向、支持的政策措施。同时，要针对加工贸易转型升级，结合佛山产业结构调整的需要和国际产业发展方向，制定相应的指导目录，鼓励内资企业进入国际化产业链中附加值高、技术含量高的环节，逐步提升佛山企业的国际竞争力。

（2）着力提升佛山加工贸易在国际产业链中的地位

改革开放以来，加工贸易的发展有效地推动了佛山经济融入国际产业分工，加快了经济国际化进程。但现阶段，佛山多数加工贸易产业的技术水平仍较低，主要从事成品组装、零部件加工等低附加价值的产业活动，在国际产业链上的地位仍然处于低端产业层次，而研发、品牌、分销等高附加价值的产业环节主要被海外母公司占据。要使佛山的加工贸易从全球价值链上不断升级，就要从"简单的组装—复杂的组装—零部件制造"向"零部件研发—最终产品研发—自有品牌产品的研发、设计和生产"升级和推进。

（3）做长加工贸易在国内的产业链条

一是向产业链上游发展，提高技术开发和产品设计能力。随着佛山经济的不断发展，劳动力成本优势逐渐弱化，而资金、技术等优势将不断加强。因此，佛山应向具有研发、设计功能以及营销等高附加值环节迈进。要加强知识产权保护，鼓励加工贸易企业在佛山设立研发、设计中心，加强与高校和科技机构合作，提高自主开发能力和创新能力；鼓励加工贸易企业加快对国外先进生产的技术消化吸收和二次自主创新，提升企业从事 OEM（委托制造）配套能力，努力向 ODM（委托设计制造）和 OBM（自主品牌加工制造）发展，逐步形成自主知识产权的核心技术和具有广泛知名度的自有品牌。二是向产业链下游延伸，积极发展国际物流和配送业务。在加工贸易转型升级的过程中，加工企业不仅要提升加工制造、装配、检测、包装等非核心价值环节的能力，还需具备应用性研发、工艺、外观设计、物流、供应链管理以及附加服务等更加系统化的功能。加工贸易价值链向下游产业延伸是今后佛山加工贸易发展的重要方向，这有利于提高加工贸易的附加价值，也有利于提高佛山加工贸易出口竞争力。

（4）优化加工贸易产业结构

发挥加工贸易两头在外的优势，发展支柱产业，引进新兴产业，着力发展机械制造、电子信息、家用电器等支柱企业，要大力引进龙头企业；着力引进生物医药、新材料和环保型高新技术产业以及其他先进制造技术和新兴制造业，丰富优化佛山产业门类；着力吸引跨国公司把更高技术水平、更大增值含量的加工制造环节转移到佛山，以促进加工贸易的技术进步和产业结构升级。

2. 培养民营企业成为加工贸易的主体

（1）增强民营企业在加工贸易中的主导权

目前佛山加工贸易企业中内资企业所占比重较小，且处于国际分工与产品价值链的低端，加工贸易产业结构的调整、升级的主动权被外资企业所掌握，其发展规划受到外资企业战略目标的影响。要改变这种状况，就必须加强内资企业在加工贸易中的主导权。为此，要鼓励内资企业积极参与加工贸易，充分利用两种资源，两个市场开拓市场；要赋予内资企业平等的竞争机会，营造有利于内资企业发展的政策环境，为内资企业提供有关技术服务、市场开发、信息咨询、人员培训等方面的支持与服务；要鼓励和支持科技型、自主知识产权型内资企业进入跨国公司的产业链，提高同国外企业的产业配套能力，促进内资企业生产能力、技术创新和自主开发能力的提高。同时，要通过引进加工贸易项目，改变依靠少数几家主要企业支撑全市加工贸易增长，主要企业出口波动导致全市加工乃至整个外贸出口起伏的被动局面，从而稳定加工贸易的发展基础。

（2）大力实施名牌带动战略

加强品牌建设，打造知名品牌是加快佛山加工贸易转型升级的一个重要环节。佛山企业必须沿着"质量—技术—品牌"的路径发展：提高商品质量和商品科技含量，实现从主要出口附加值低的工业加工制成品向主要出口高附加值的深加工制成品的转变，提高出口商品的品位和附加值，实施扶持和培育名牌商品的战略目标，整体提高出口商品的竞争实力。为此，一要提高企业的品牌意识。目前，佛山的多数中小型加工贸易企业不具有品牌意识，宁愿做贴牌生产。贴牌生产投入的资金较少、不需要较高的技术水平。而且订单式生产模式可以使加工贸易企业降低库存风险，进行贴牌生产的企业不需要在销售环节进行投资，从而规避了市场风险。而建立品牌需要投入资金高，对技术水平要求高，品牌的效应需要较长的时间才能显现出来。与贴牌生产相比，自建品牌需要承担较大的风险。在这种情况下，应该努力提高企业的品牌意识。二要增强企业建设品牌的能力。一是鼓励企业引进先进技术设备进行技术改造，改进现有生产工艺、提高生产自动化和节能降耗水平、开展新产品生产。二是支持有条件的企业设立或与国内外科研机构共建自主研发机构、工程中心、技术中心，鼓励企业开展产学研合作，提高新产品、新技术、新工艺的自主研发能力。三是支持符合条件的企业申报高新技术企业，对通过认定的企业予以享受相关税收优惠政策；鼓励有实力的企业主导或参与制定国际国内标准。

3. 加强加工贸易企业自身的技术研发和创新能力

（1）支持加工贸易企业自主创新

加工贸易转型升级要求增强自主创新能力，提高加工贸易产品的科技含量，增加产品附加值，这些归根到底就是要求企业增强创新能力，提高科技水平。推动企业提高创新力主要可以从三方面来进行：一是鼓励企业增加产品的科研投入，尤其是对企业影响较大的一些产业领域的前沿技术以及高效平台进行密集性的投资，并且不断把科研机构的研究成果转化成为实际的生产力，从而达到增加产品附加值，延伸价值链的效果；二是推动企业加强对市场的前瞻性和预测性，产品始终围绕着市场需求的变化而升级换代，慢慢实现由模仿者到领导者的蜕变。三是建立完善的资本市场体系，改善企业在科技创新方面的多元化投融资机制，从而为企业的创新研究提供稳定可靠的资金来源。

（2）注重创新人才的培养

企业是加工贸易的创新的主体，而人才是企业进行创新的主体，是佛山加工贸易转型升级成功与否的关键因素。虽然佛山地处珠三角经济发达地带，人才资源比较丰富，但是周边城市对人才的竞争的也十分的激烈。因此，要采取切实有效的措施培养、引进并留住人才。一是根据佛山加工贸易集群的各自特色，开设具有针对性的学科，充分发挥高校的作用，为佛山加工贸易培养紧缺的专业技术人员，尤其是具有极强专业知识的高级技术人员。二是企业对于现有的人才资源应当组织其进行定期学习与培训，促进他们与跨国公司母公司之间的交流，让他们有更多机会来不断提升自己的技术能力。三是通过完善产权激励制度来建立有效的人才激励机制，在吸引人才进入佛山的同时充分调动他们进行创新的积极性，为佛山加工贸易转型升级提供智力的支持。第四，要重视精神激励的需要，通过多种精神激励方式，如成长空间和自我实现激励、尊重和荣誉激励、兴趣和环境激励等等来增强对人才的吸引力度，从精神层面来调动他们的潜能，激励他们不断创新，不断进行自我超越。

4. 顺势发展，推进佛山加工贸易的区域转移

（1）引导加工贸易企业在国内有序转移

佛山之所以能够发展加工贸易是因为充分利用佛山廉价且丰富的劳动力、完善的环境设施等比较优势，抓住了国际产业转移的机遇。然而，经过几十年的发展，佛山的这些比较优势正在消失，特别是近年来，由于佛山的劳动成本上升、土地等资源性产品价格上升等原因，加工贸易企业的利润空间越来越小。为了降低成本，保持产品竞争力，一些加工贸易企业，特别是一些低技术、高耗能的传统劳动密集型企业开始选择迁出佛山。政府有关部门应充分认识和顺应这一产业发展的客观规律和市场作用，在区域经济协调发展的大战略之下，统筹兼顾，顺势而为，鼓励不同区域发挥各自的比较优势，引导和推动佛山加工贸易的地区转移和错位发展。佛山应首先考虑将劳动密集型产业转移到本市具有相对发展优势的地区，然后再考虑粤西地区、我国中西部地区。在佛山市内转移的，对于产业移出地的政府应当鼓励、积极配合企业进行产业转移，为佛山加工贸易转型升级"腾笼换鸟"；对于产业转入地政府应当提高办事效率，加强各部门的协调与合作，努力改善当地的基础设施环境，因地制宜，结合当地优势，制定各具特色的加工贸易管理模式。

（2）鼓励加工贸易企业发展境外加工贸易

对于一些有实力的加工贸易，企业政府应当鼓励他们去主动参与国际分工，走出去发展境外加工贸易。就目前来看，佛山企业在这方面还缺乏经验、亟需政府的政策性指导与支持。首先需要改变以往复杂的审批程序，为企业开设绿色通道，同时给予企业一些优惠政策，扶持其"走出去"战略。其次要建立健全现有的投资风险保障机制，利用政府内部的信息网络，及时告知投资者潜在的风险，监督并指导企业强化风险意识，帮助企业及时调整经营策略，避免不必要的损失。最后政府可以为相关企业建立信息咨询服务体系，及时公布政府所掌握的行业信息、优惠政策以及配套措施，帮助企业更快地掌握市场情况。

5. 积极推动企业扩大国内市场

（1）加大对加工贸易企业扩大内销工作的资金扶持力度

一是要用足、用活、用好中央、省、市各级资金扶持政策，协助外商投资和加工贸易企业申报自主品牌建设和科技研发方面的支持资金。二是要实施外商投资和内资加工贸易企业在扩大内销方面的奖励机制。市政府应从财政拿出适当资金，对当年加工贸易内销总额和内销纳税总额排前五名的内销企业实行奖励。各区应参照市政府的奖励办法对辖区内的内销企业予以奖励。

（2）加强对加工贸易企业开展内销工作的业务指导

各级政府部门要积极主动地向全市加工贸易企业宣传国家有关加工贸易转内销的最新政策，及时掌握外商投资和内资加工贸易企业在扩大内销方面遇到的困难和问题，并积极协调解决，消除企业的疑虑。商务部门要充分利用现有的干部挂钩联系企业的沟通机制，做好对重点企业尤其是内销大户的跟踪管理和服务工作。一是要充分调查掌握企业开拓国内市场的意愿，协助和推动更多的外商投资和内资加工贸易企业扩大国内市场份额。二是要定期将全市外商投资和内资加工贸易企业以及加工贸易转内销的有关情况进行统计，加强和完善内销统计体系。

（3）营造良好的内销环境

各级政府及有关部门要对针对自身的职能范围，认真掌握国家有关加工贸易转内销的新政策，进一步简化办事流程，加强政务环境建设，增强服务意识。要制订出详细的加工贸易内销业务操作流程及办事指南，供企业参考，为企业提供便捷高效的服务。同时，要进一步加强外经贸、海关、检验检疫、财政、国税、地税、劳动保障、环保、外管、工商等有关部门的沟通与联系，做到部门信息共享，为企业转内销提供高效便捷的服务。及时了解和掌握企业在开展转内销工作中遇到的问题和困难，积极予以协调解决，制定专人负责进行重点跟踪扶持，建立完善的跟踪服务机制。

（4）想方设法协助企业开拓国内市场

积极鼓励、支持和引导外商投资和内资加工贸易企业通过一般贸易生产和自主经营，开展内销业务，争创内销品牌，扩大产品内销比重，提高国内市场占有率。开拓国内市场是企业扩大内销工作的重中之重，政府部门要想方设法协助企业开拓国内市场。一方面，要积极组织和鼓励企业参加国内的"广交会""深交会"等各种境内外大型国际商品交易会和展览会、展销会，并在摊位的申请和安排等工作上给予一定的扶持和鼓励，为产品进入国内市场提供良好的展示平台。另一方面，要借助自身掌握的信息，为企业之间的转厂合作牵线搭桥，支持企业创立内销品牌，扩大产品的知名度和影响力。

第五章 佛山城镇化道路的探索与实践

改革开放以来，我国不断推进城镇化进程，提高城镇化水平，涌现出"苏南模式""温州模式"和"珠三角模式"。这些发展模式各具特色，在我国城镇化发展中起到了一定的示范作用。其中，苏南模式总体上是以政府推动公有制经济为主，以乡镇工业为主导而发展的城镇化模式；温州模式以分散的个体经济和民营经济为主导，是一种市场主导型城镇化模式；珠三角模式是一种引进外资型的工业化、城镇化模式。以上三种模式的共同特征在于，都是通过非农化、工业化的发展来拉动区域经济增长进而推进城镇化建设。但三种模式工业化的途径不同：苏南模式以发展乡镇企业、民营企业等集体经济来实现工业化；温州模式以发展个体作坊、小商品经济等私营经济来实现工业化；珠江三角洲模式则是引进外资型工业化。三种城镇化模式的成功都建立在对当地区域优势和资源禀赋明确了解并充分利用的基础上，三种模式在特定历史背景下的成功与兴起，对我国的经济发展和城镇化进程起到了推动作用。

进入 21 世纪，我国城镇化建设掀起了新的高潮，迈向更高层次。党的十六大提出了"走中国特色的城镇化道路"，十七大进一步补充"按照统筹城乡、布局合理、节约土地、功能完善、以小带大的原则，促进大中小城市和小城镇协调发展"，十八大提出"新型城镇化"，是在未来城镇化发展方向上释放了"转型"的"新信号"。实现城镇化既是党的十八大提出的重要战略任务，也是未来 10 年我国经济社会发展的重大历史机遇。十八大以来，全国各地在借鉴已有发展模式的基础上，积极探索适合本地实际的城镇化路子，呈现出许多成功案例，如：辽宁省铁岭市的凡河新城，走出了一条以人为本、绿色低碳、三位一体的新型城镇化之路；山东省宁阳县鹤山乡以建设九皋文化社区城为统领，探索特色城镇化道路；陕西省宝鸡市东岭村以村企合一、以企带村模式，走出了一条具有东岭特色的新型城镇化之路；浙江省桐乡市洲泉镇，变"工业立城"为"产城人融合"，推进城镇化发展转型升级；甘肃省金昌市河西堡镇推行"园区带动、城乡融合"的小城镇发展模式；黑龙江省伊春市金山屯区通过全力打造金山旅游名镇推进城镇化建设。

作为新型城镇化成功案例之一的佛山市禅西新城绿岛湖都市产业区，是南庄镇首个运用城市标准规划的农村留用地，通过政府主导、反租土地、多种投资方式并存的产业区，是南庄镇推进新型城镇化的创新尝试。绿岛湖都市产业区在政府主导下，采用"区镇联动、四级开发的运营模式，资金封套运营的开发建设模式，专业运营以商招商的招商引资模式"，在新型城镇化道路上勇于创新，大胆实践，积累了成功经验。园区开发建设所走过的历程，是佛山推进改革开放和探索新型城镇化发展道路的成功缩影。园区发展所取得的成果，是全面落实科学发展观，贯彻创新、协调、绿色、开放、共享发展理念，构建社会主义和谐社会的生动体现。认真总结和推广绿岛湖都市产业区开发建设的成功经验和发展模式，对于进一步提高绿岛湖都市产业区的发展水平，更好地发挥其窗口、示范、辐射和带动作用，推进新型城镇化建设具有重要意义。

一、禅西新城开发建设历程

（一）开发建设背景与范围

1. 开发建设背景

2005 年 10 月，党的十六届五中全会提出建设社会主义新农村的重大历史任务，明确了"生产发展、生活宽裕、乡风文明、村容整洁、管理民主"的具体要求。2007 年 10 月，党的十七大顺利召开，会议提出"要统筹城乡发展，推进社会主义新农村建设"。社会主义新农村建设，包括经济建设、政治建设、文化建设和社会建设，其中经济建设是关键，它是在全面发展农村生产的基础上，建立农民增收长效机制，千方百计增加农民收入，实现农民的富裕，努力缩小城乡差距。社会主义新农村建设，既是全面建设小康社会的重点任务，又是保持国民经济平稳较快发展的持久动力，更是构建社会主义和谐社会的重要基础。

"十一五"期间，佛山市按照十六届五中全会的要求，为加快社会主义新农村建设，努力实现生产发展、生活富裕、生态良好的目标，开展了城市升级行动、美丽文明村居建设、百村升级行动等工作，并取得了一定的成效。但同时也存在一些问题，如农村居民增收缓慢、农村资源环境压力增大、土地开发利用中的矛盾凸显等问题。南庄镇是禅城区农村面积最大的镇，新农村建设任务更加艰巨。为此，急需探索佛山新农村建设的有效模式，进一步推进社会主义新农村建设进程。通过推进社会主义新农村建设，加快佛山农村经济社会发展，更好地维护农民群众的合法权益，缓解农村的社会矛盾，减少农村不稳定因素，为构建佛山社会主义和谐社会打下坚实基础。

同时，为顺应城市转型和发展需要，2012 年佛山市委、市政府提出了"一老三新"为核心的"强中心"战略，其中"一老"是指以东华里、祖庙为代表的禅城老城区，"三新"分别是指沥桂新城、佛山新城、禅西新城。在"一老三新"中，禅城区的老城祖庙和禅西新城占据了"一老一新"两大板块。为落实市委、市政府提出的"一老三新"为核心的"强中心"战略，2012 年 8 月 27 日，禅城区政府发布《禅西新城城市设计及产业布局规划（征求意见稿）方案》（以下简称《禅西新城规划》），确定禅西新城建设范围为 36.8 平方公里，提出将禅西新城建设成为立足佛山、面向华南、接轨国际的"华南国际化产业集聚区"，重点打造国际化的产业制造中心、产业服务中心以及文化旅游商业中心，发展精密制造、高端电子信息、生物医药、现代服务业四大核心产业。

为完成党中央提出的建设社会主义新农村的重大历史任务，南庄镇抓住禅西新城建设的机遇，从 2012 年始租用位于绿岛湖的南庄镇堤田村的鱼塘用地，以绿岛湖片区开发建设为抓手，以绿岛湖都市产业区为"龙头"，打造产、城、人融合的价值新城，融入"强中心"，以探求社会主义新农村建设道路。

2. 开发建设的范围

绿岛湖片区总规划面积约 20 平方公里，其中核心区 9.69 平方公里，东、北至东平水道，西至顺德水道，南至季华路，由佛山一环纵贯南北，季华快速路、魁奇路横穿东西，佛山地铁 2 号线、4 号线、广佛环线快速连接广佛，地理位置优越（见图 5-1）。从产业发展阶段上看，绿岛湖片区位于广佛都市区中心城区外缘，经济发展相对滞后，产业处于转型提升阶段，具备后发优势，将成为引领佛山西部发展强力新引擎。

图 5-1　绿岛湖片区地理位置图

根据南庄镇"三带四片区"的产业布局，绿岛湖片区位于季华路都市产业服务带，分为绿岛湖都市产业区和绿岛湖智造产业区，产业发展方向定位为：传统产业的发展摇篮、高端"智"造的孵化基地、现代服务业的标杆，将建设成为禅西乃至佛山的传统产业升级、高新技术产业、现代服务业的聚集区（见图5-2）

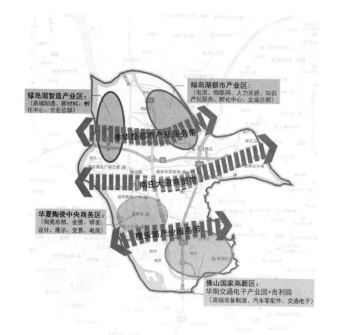

图5-2　绿岛湖片区的智造产业区和都市产业区

绿岛湖都市产业区位于广东省佛山市禅城区南庄镇绿岛湖南面、季华西路北侧，是南庄镇首个运用城市标准规划的农村留用地，占地面积约337亩，总建筑面积约83万平方米。园区形成了"四区五园"的空间布局，即：产业集聚区（五大主题园）、产业服务区（行政服务中心）、商业项目区（绿岛广场、金盈绿岛国际中心）及人才集聚区（绿岛青年荟）等四大功能区域。五大主题园分别是：中国建筑装饰设计创新基地、佛山全球电商生态科技城、佛山人力资源服务产业园、佛山博士创新梦工场、佛山市知识产权保护中心。其中，中国建筑装饰设计创新基地位于绿岛湖都市产业区A3栋的办公场地，有2万多平方米的使用空间；佛山全球电商生态科技城位于绿岛湖都市产业区B2栋的办公场地，建筑面积为10万平方米；佛山人力资源服务产业园位于绿岛湖都市产业区 B3 栋的办公场地，总建筑面积约 2 万平方米；佛山博士创新梦工场总建筑面积为位于绿岛湖都市产业区 D4 栋的办公场地，总建筑面积为 2.33 万平方米；佛山市知识产权保护中心位于绿岛湖都市产业区 B4 栋的办公场地，总面积 2 116.3 平方米，包含一个建筑面积 314.7 平方米的受理大厅和一个建筑面积 1 801.6 平方米的办公区。（见图 5-3）

图 5-3　绿岛湖都市产业区

（二）开发建设的主要阶段

绿岛湖都市产业区启动建设以来，认真贯彻落实改革开放基本国策，结合国情和开发建设实际，广泛学习借鉴国内外先进地区成功经验，积极探索都市产业和城市现代化发展之路，开创了城镇化建设的新模式。园区开发建设主要经历了以下三个阶段：

1. 酝酿启动阶段（2008—2012 年）

2008 年禅城区出台城市总体规划，明确"西拓"作为未来主要发展方向之一。2009 年南庄镇启动千亩湖面的生态休闲区建设，后将此生态休闲区定名为绿岛湖。2010 年禅城区委二届七次会议提出"西进东提中贯通"的发展思路，强调要将城市发展引向张槎、南庄为主的西部板块。2012 年禅城区提出禅西要加快融入中心，并在禅西密集安排路网建设。同年，佛山市提出"一老三新"的"强中心"战略，明确将南庄、张槎的禅西片区与祖庙老城区、沥桂新城、佛山新城共同组成强中心的"一老三新"。作为中心城区进入南庄的桥头堡，绿岛湖都市产业区的开发建设由此拉开序幕。

2. 奠定基础阶段（2012—2014 年）

这一阶段，禅城区编制并经佛山市人民政府批准实施了《禅西新城规划》

及绿岛湖都市产业区发展总体规划，在禅西新城的城市与产业规划中，绿岛湖都市产业区定位为"产业服务集聚区"，重点打造生产性服务业集聚区、行政公共服务区、高端商业配套和人才集聚区等四个功能区域。在规划引领下，园区全面展开了重大基础设施及水、电、气等建设，完成了约83万平方米的建筑工程，以及基础设施及主要路网与配套设施建设任务，建成了金盈绿岛国际中心、禅城行政服务中心、绿岛广场、绿岛青年荟以及一批商业休闲、社区服务等现代化配套设施。按照"精简、统一、高效"的原则，正式建立了园区行政管理主体——禅城经济开发区管委会及相关管理体制，建立了园区运营主体——禅城区绿岛湖产业投资有限公司，初步建立了专业招商队伍和招商网络。

3. 加速发展阶段（2015年至今）

2014年年底绿岛湖都市产业区80多万平方米物业建设已全部完成，其中A地块、B1地块、C地块所有楼宇已建成并投入使用，B2地块已全面结构封顶，此后园区进入大量招商引资阶段。园区与时俱进，适时调整招商引资策略，坚持发展现代服务业与打造产业生态圈并举，不断加大招商引资和招才引智力度。2016年，在禅城区国民经济和社会发展第十三个五年计划中进一步强调：完善绿岛湖都市产业区建设，培育发展生产性服务业，加快布局发展现代物流业。在南庄镇国民经济和社会发展第十三个五年计划中，绿岛湖都市产业区被定位为集聚电商、物联网、人力资源、知识产权服务、孵化中心和企业总部等生产性服务业的集聚区。在区、镇两级发展规划的指引下，绿岛湖都市产业区进入加速发展阶段。自2015年以来，先后建成并投入运营的有中国建筑装饰设计创新基地、佛山全球电商生态科技城、佛山人力资源服务产业园、佛山博士创新梦工场、佛山市知识产权保护中心五大主题园，招商引资成效显著，生态环境日展新颜，取得了预期的经济效益和社会效益。截止到2017年年底，园区入驻企业612家，就业人数近5 000人，累计营业收入48.38亿元，累计纳税1.27亿元。

（三）绿岛湖都市产业区成为禅西新城开发建设的"龙头"

自2012年以来，在市区"强中心"战略、南庄镇"三带四片区"产业发展战略的推动下，绿岛湖片区通过不断强化基础设施建设和城市资源要素配置，与中心老城区的时空距离进一步缩短，吸引了众多都市型产业进驻，整个区域的区位优势和价值得到进一步提升，已成为禅西新城开发建设的"龙头"和核心区。

1. 区域内公共服务健全

绿岛湖秉承"城产人"融合发展理念，先后投入资金20多亿元，大力夯实公共配套建设，构筑宜居宜商生态新城。在交通建设方面，绿岛湖片区内部的交通路网已经基本建设完成，禅港路、科韵路、乐狮立交、樵乐路、禅西大道二期、广明高速二期等道路建成通车，季华路完成了快速化改造，整个绿岛湖片区"内联外通"的立体化交通格局已基本成型。此外，绿岛湖片区将会有佛山地铁2号线通过。2号线从佛山市禅城区南庄出发，直通广州南站，其堤田站坐落于片区内，开通后将大大地提升绿岛湖片区的出行速度。在公共服务方面，设立"一门式"行政服务中心绿岛湖大厅，搭建"一窗式"办理业务办理平台，多个部门与服务窗口进驻绿岛湖都市产业区等，使得企业和市民办事更加方便快捷。在商业配套方面，建成商业综合体——绿岛广场，人才公寓——绿岛青年荟，以及中小型餐饮和娱乐场所，满足园内就业人员的生活、娱乐与休闲需求。

2. 生态环境优越

绿岛湖片区内拥有中心城区得天独厚的自然生态环境——1 500多亩的生态活水湖绿岛湖、20万平方米滨江湿地公园以及东平河畔得天独厚的自然景观，形成碧水、绿地、蓝天的生态美景。这里融合了季华路、绿岛湖的繁华与静谧，营造出生态、悠然的工作生活区域，成为佛山都市中最大规模、最靓丽的城市生态区。在绿岛湖的湖心岛上，长期栖息着数千只被称为"大气和水质状况监测鸟"的鹭鸟，成为中心湖上一道靓丽的风景线。作为岭南水乡的绿岛湖湿地公园，设有水利科普区、水乡文化区、水生科普区、历史渊源区、体育休闲区五大功能区，片区内拥有各种岭南湿地植物，万余平方米波斯菊花海，并设置了5人足球场、风筝广场、亲水平台、亲子娱乐设施等众多休闲设施，成为一个集休闲、娱乐、旅游的区域。

3. 产业集聚效果初现

目前，绿岛湖都市产业区已建成中国建筑装饰设计创新基地、佛山全球电商生态科技城、佛山人力资源服务产业园、佛山博士创新梦工场、佛山市知识产权保护中心等五个特色鲜明、产业链相对完善的主题产业园。其中，中国建筑装饰设计创新基地是全国唯一以设计师为主题核心的设计创新基地，集会所、俱乐部、创意空间、展示空间等多功能为一体；佛山全球电商生态科技城是集电商创业孵化、电商总部、电商新兴企业办公、传统产业电商化升级、电商人才培训、仓储物流等于一体的电子商务全产业链基地；佛山人力资源服务产业园是广东首个挂牌成立的人力资源服务产业园，提供公共服务平台以及全产业链的人力资源服务产品；佛山博士创新梦工场是以企业为主体、市场为导向，产学研用深度融合的创新型人才创业和高新技术项目孵化平台；佛山市知识产权保护中心提供知识产权咨询、培训、维权服务和专业受理、审判知识产权纠纷案件的审理。各个主题产业园聚集了一批竞争力较强的服务业龙头企业，产业集聚效果初步显现。

二、绿岛湖都市产业区发展定位、主导产业与发展模式

（一）绿岛湖都市产业区发展定位、目标与路径

1. 发展定位

（1）华南国际化、生态型、高端产业园区

绿岛湖都市产业园位于禅西新城的核心位置，地处广佛一小时都市圈内，区位优越，交通便捷，充分依托广佛都市圈现有产业和基础条件，形成优势互补、错位竞争的发展格局，将其建设成为华南地区一个融工作、生活、休闲娱乐于一体的国际化、生态型、高端产业园区。

（2）佛山现代服务业集聚区

绿岛湖都市产业区以"禅西生态城、佛山服务园"为其发展方向，在充分尊重开发规律和市场规律、引进成熟开发模式的基础上，高起点规划，高质量建设，高标准管理，提升园区集聚资源要素的能力。此外，这里独具岭南水乡特色，环境优美，生态最优，为入驻企业和员工提供创新、创业的平台和理想家园，吸引更多的高端人才在这里工作和生活。通过现代服务业集聚和人口集聚，绿岛湖都市产业园将成为佛山现代服务业集聚区。

（3）禅城"双创"示范区

绿岛湖都市产业区凭借其优越的区位和后发优势，努力打造禅城"双创"的示范区。通过大力推进双创载体和平台建设，完善"双创"服务体系，内引外联，与大专院校、科研院所、政府机构等各创新要素结合，形成产、学、研、用为一体的综合孵化网络，努力在"双创"方面有所突破，并在禅城乃至佛山发挥示范带动作用。

2. 发展目标

（1）2012—2017年

发展重点在于构建基础设施建设框架，明确产业发展定位和方向。基本完成产业区基础设施建设，招商引资工作取得重大进展，重点打造生产性服务业

集聚区、行政公共服务区、休闲居住区、高端商业配套等四个功能区域，初步建立起五大主导服务产业体系。

（2）2018年以后

进一步健全产业链、完善产业生态圈，提高园区配套设施水平。基本建成以现代服务业为主体的现代化、国际化、生态型都市产业区，成为"有岭南水乡特色的中心城区"，成为佛山中心城区集产业发展、城市升级、商住办公于一体的都市型产业发展核心载体。

3. 发展路径

（1）确定总体发展思路，明确园区建设方略

空间上：精准选址，集约开发。选择城郊接合部原利用价值较低的大片农用地，连片开发，降低开发建设成本，提高土地利用价值，保障征地村民眼前和未来的利益。

战略上：由点带面，强力引领。统一规划、在土地开发上分片推进，以点带面，由绿岛湖产业投资有限公司负责园区开发建设，引领和带动都市产业区发展，逐渐形成现代服务业格局。

组织上：政府搭架构，选好运营商。起步时政府布局，帮助搭建组织架构，成立区镇联动的绿岛湖产业投资有限公司，并由其选择各主题园运营商，建立起有效的经营管理体系。

资金上：政府先期投入，撬动社会资本。区镇联动政府投入硬件建设资金，建设区内道路、供电、供水等基础设施，撬动社会资本跟进，并进行资金（土地出让、基础设施投入、区内产业税收等资金）封套运营、持续发展。

（2）实行有序发展策略，推进园区建设进程

第一阶段：绿岛湖都市产业区以佛山强大的制造业基础为依托，在前期聚集了阿里巴巴佛山产业带、佛山全球电商生态科技城、佛山市人力资源服务产业园、金盈绿岛国际中心等一批新兴产业平台。

第二阶段：在此基础上，重点引进和孵化高端"智"造、大数据、科技服务、知识产权服务，研发设计，博士双创等产业平台。新增中国建筑装饰设计创新基地、佛山博士创新梦工厂、国家知识产权服务业集聚发展试验区等创新创业主题产业园，成功实现了扩容提质。

第三阶段：目前绿岛湖都市产业区开始进入高速发展阶段，对企业的虹吸效应开始呈现，大数据、新能源、创意设计、科技服务、人力资源等行业的优质企业纷纷进驻。

（3）融合高端资源要素，提升园区建设质量

都市产业区的智力资源密集、规模较小等特征决定了其功能的综合性，产值的高附加性。为此，绿岛湖都市产业区着力通过集聚设计、人力资源服务、大数据应用、产业孵化、知识产权服务等高端资源要素，引进了一批高端复合型人才，整合资源要素，初步建立起家居设计服务、人力资源服务、产业孵化服务、电子商务服务、知识产权服务等现代服务业集群，并不断做大产业集群的规模，通过产业的规模化来降低企业成本、延伸产业的链条，促进园区的高端化、集约化发展，提升园区建设质量。

（4）科学规划功能区域，优化园区空间布局

面对佛山产业结构的不断调整和产业链不断完善和提升的新形势，绿岛湖都市产业区相应地优化园区发展空间，合理进行区域分工和产业布局。一是加强都市产业区的顶层设计和规划，对园区资源进行有效配置，形成"四区五园"的空间布局；二是推进对土地的集约利用，充分挖掘已建、在建和未建土地的产业空间潜能，推动土地空间利用模式由平面式向立体式发展转型；三是强化园区空间功能的综合性，逐步实现与城市生活的对接融合，把园区建设成集生产、生活、生态于一体的新型城区。

（5）建立高效管理与服务体系，创新园区管理机制

都市产业区发展的动力和活力，来源于体制机制的不断创新与发展。绿岛湖都市产业区突破体制机制羁绊，着眼园区产业发展和功能需求，进一步转变政府职能，建立健全管理与服务体系。通过创新行政管理体制，打造廉洁、勤政、务实、高效的服务型园区；通过创新土地管理机制，推动土地的集约化使用；通过创新产业发展机制，推动产业向集群化、低碳化、高端化方向发展，不断提升核心竞争能力；通过创新园区服务机制，不断拓宽园区内生产、生活的服务领域，完善服务功能，积极推动行政服务、招商引资、人才培育、信息化建设、法律服务等重要服务平台建设。

（二）绿岛湖都市产业区主导产业选择

1. 绿岛湖都市产业区主导产业选择的依据

为准确选择主导产业，园区的管理者经过反复调研，并对园区需要发展的主导产业的特征达成共识：第一，具有很强的扩散效应，能带动或启动其他产业的增长；对其他产业的增长产生广泛的直接和间接的影响。第二，具有较强的创新能力，能够实现"产业突破"。第三，具有良好的发展潜力，是区域经济发展的支柱和主导。

基于上述共识，园区管理者在确定主导产业时，始终围绕南庄镇、禅城区乃至佛山市的传统优势产业，并遵循以下原则：

（1）产业的关联性：围绕南庄陶瓷行业及其上下游泛家居产业。如以中国建筑装饰设计创新基地为载体的设计服务。

（2）产业的带动性：如以佛山人力资源服务产业园为载体的人力资源服务业、以佛山市知识产权保护中心为载体的知识产权保护服务业、以佛山全球电商生态科技城为载体的电子商务服务业等，不仅服务南庄产业，还带动整个禅城区乃至佛山经济发展。

（3）产业的先进性：找准产业发展的前沿科技领域进行创新。如以博士创新梦工场为载体的产业孵化服务，按照陶瓷及泛家居产业升级方向，向环保型、智能型产业目标发展。

（4）产业的完备性：各产业互补助推服务业生态圈形成。有以设计见长的中国建筑装饰设计创新基地、有保驾护航的知识产权保护服务园区，有产学研用于一体的博士创新梦工场，有提供人才保障的人力资源服务园区。各主导产业之间相互配合、相互衔接、相互作用，推动形成服务产业生态圈。

2. 绿岛湖都市产业区主导产业的构成

基于以上原则，绿岛湖都市产业区确定了家居设计、人力资源服务、电子商务服务、产业孵化服务、知识产权服务五大主导产业，并围绕五大主导产业进行招商引资，基本形成了以现代服务业为核心的新型服务业发展格局。

（三）绿岛湖都市产业区发展模式

绿岛湖都市产业区在开发建设中，始终坚持务实与创新并举，在生态系统打造、园区开发建设、园区运营、园区招商、园区管理与服务等方面，不断探索与创新，形成了特有的发展模式，即"绿岛湖模式"，具体包括："三生融合、产业互补"的生态系统模式；"区镇联动、四级开发"的园区运营模式；"兼顾各方利益、资金封套运营"的开发建设模式；"专业运营、以商招商"的招商引资模式；"组织架构完整、服务高效便捷"的管理与服务模式。"绿岛湖模式"既是园区多年来探索适合自身实际的发展道路的实践结晶，更是园区健康快速发展的重要保障。

1. "三生融合、产业互补"的生态系统模式

绿岛湖都市产业区在开发建设中，注重生态系统的打造。一是构建生活、生产、生态"三生"合一空间，营造优良的宜居宜业环境。绿岛湖都市产业区分为产业集聚区、产业服务区、商业项目区及人才集聚区四大功能区域。其

中，产业集聚区建有五大服务业产业园。产业服务区搭建税务、建设、咨询于一体的产业服务平台，将行政管理融入产业配套，加快推动产业发展。商业项目区是园区的配套项目，配备酒店、食肆、商场、超市等综合体，为园区产业发展提供完善配套。人才集聚区主要配套人才公寓、小区设施，为园区研发人才、白领、管理人员提供居住休闲社区。二是完善产业链和公共服务平台，构建产业生态圈。完善各服务产业的内部产业链条，为产业生态圈形成提供微观基础。绿岛湖都市产业区根据园区发展定位和发展目标，确立了五大主导服务产业：即创意设计服务、电子商务服务、人力资源服务、产业孵化服务、知识产权保护服务，并通过精准招商，初步形成了较为健全的产业链。如：创意设计服务业已形成设计师的展示、交易、交流、体验、创业、发展平台，电子商务服务业则提供电商产业办公、电商人才培训等服务，产业孵化服务业囊括了创新型人才创业和高新技术项目孵化，人力资源服务业涉及了企业的人力资源外包、人才培训、人才招聘、人才战略咨询管理等，知识产权保护服务业则为企业提供知识产权咨询、培训和维权的服务和专业受理、知识产权纠纷案件的审理等服务。同时，通过人力资源服务业和知识产权保护服务业的发展，搭建起人才服务和知识产权服务两大服务平台，为园区内的设计、成果转化和电商生态圈的生长和壮大提供强力支撑。

2. "区镇联动、四级开发"的园区运营模式

绿岛湖都市产业区在建设运营过程中创新推出了"区镇联动""四级开发"运营模式，让园区步入良性运营轨道。

区镇联动：即由区、镇政府共同出资组建园区运营公司。2012年按照"精简、统一、高效"的原则，组建了区镇联动的园区运营主体——绿岛湖产业投资有限公司（以下简称"绿岛湖公司"）。绿岛湖公司的运营资金由区、镇两级政府共同出资，2016—2018年区财政每年根据实际按禅城区与南庄镇5∶5的比例安排配套资金，共同设立"绿岛湖·智荟产业发展专项资金"，禅城区财政每年安排不超过500万元，超出部分由南庄镇政府负担。区、镇两级政府每年投入1 000万元的产业发展专项资金，推动绿岛湖都市产业区的建设。人事安排上，由区、镇派代表帮助公司搭建组织架构。区、镇政府在对园区的管理上分工明确，禅城区政府利用丰富的经验进行资金和资产管理，而南庄镇政府进行属地管理，负责园区开发建设具体事宜，以及涉及土地问题与村民对接。

"四级开发"，即"政府+园区总运营商+主题园区运营商+企业"。其中政府负责园区总体规划审核，制定资金扶持政策，对入驻企业实行税费减免，为

园区提供人才保障等；园区总运营商（绿岛湖公司）负责产业园统一规划、建设，统一搭建平台、包装项目、产业招商，统一提供物业管理等配套服务，发挥公有资产对产业全局的引领和示范作用；主题产业园运营商分别负责围绕各主题产业园确定的产业方向，引进相关的上下游企业，并提供管理与服务。企业负责产品研发、提供生产服务。通过"四级开发"模式，推动了园区的发展和生产性服务业的集聚，实现了园区的定位。

3. "兼顾各方利益、资金封套运营"的开发建设模式

兼顾社会投资者利益。绿岛湖都市产业区建设模式是：政府打包承租村民土地—公共交易平台招商—社会投资商投资建设，即是由民营企业代建，政府采购，租期使用权 25 年，社会投资者有一定权力和利益。这种模式是一种建设机制的创新，可以很好地吸引社会资本投入到公共设施建设中，以这种方式民营资本承建了园区内的三栋楼宇，由于政府背书，建设速度比较快，2012年开始建设，2014 年竣工验收，只用 3 年完成了建设任务。

兼顾征地村民利益。关于农用地处理部分，如堤田村农用地开发之初，开始冲突较大，后来在管委会出面调解下平衡相关方利益矛盾，保障了村民利益，为村民长期收益提供了保障，即租期满后（租期到 2040 年）物业产权全部归还给农民，物业交由村民经营。

资金封套运营。创新城镇化建设资金使用模式，给园区建设不断注入新动力。具体做法是将产业园区产出的收益，包括土地、租金、税收等资金封闭运营，再投入到市政、公园、污水管网建设项目中来。税收返还按一定的比例（约一半），主要是所得税、增值税等，以这种方式区、镇政府投入约 22 亿元。以此实现了园区发展的良性循环，即招好商—税收好—好园区—好招商。

政府债券转换。为进一步加强资金管理，禅城经济开发区管委会积极创新资金运营模式，2017 年 5 月协助区公资办和区土地储备中心完成 2.7 亿元的银行信贷债券置换。目前禅城经济开发区管委会下属公司银行贷款已全部置换，进一步缓解了资金压力，为建设发展换取宝贵时间。

4. "专业运营，以商招商"的招商引资模式

按照"四级开发"运营模式，绿岛湖公司负责公开招标寻找主题产业园运营商，签订合作协议，采购服务，按有关要求招商。然后主题园运营商负责招商、跟进商户、办理执照、安排住宿，协调开业等事宜，业务方面由运营商来管理。

主题产业园运营商按主导产业发展方向，围绕各自产业链来招商。招商对象考虑企业行业地位、规模、影响力，以及税收、就业等要求，招商对象重点

瞄准人才、创新、现代服务业等方向"大招商""招大商",引进了一批优质企业,逐渐形成行业内部聚集经济效应,大大降低行业运营成本。而各主题产业园之间由于行业不同,存在着互补和替代关系,互相作用发生化学反应,产生 1+1>2 的裂变效应。实践中,园区也注重企业和企业之间的创新融合,抱团发展,通过积极和优质的服务,推动产业不断创新孵化,如牵线促成博士梦工厂与新明珠、东鹏合作;推动源创高科与天安新材的合作等,通过强化产业之间的联系与创新,推动经济循环发展。

绿岛湖都市产业区招商政策上,一方面,有各级政府扶持企业发展的普惠制政策,同时也有两级园区运营商按照市场原则,制订的特惠型政策,形成"普惠政策+运营商特惠"相结合的招商政策激励。五大主题业园的招商政策相对灵活,基本上是一园一策。其中人力资源服务产业园和中装园与镇扶持资金有匹配,电商产业园只有区级资金扶持,博士创新梦工场最早有扶持资金,后予以取消。博士创新梦工场政策:免租企业,补大学生房租;运营商补贴,三年每年补贴 100 万;若招到高新技术企业进行奖励。人力资源服务产业园扶持政策:租房补贴;运营商补贴;招聘和培训等活动补贴。

5. "组织架构完整、服务高效便捷"的管理与服务模式

都市产业园在经营管理上实行区管委会属地管理原则。绿岛湖公司按区镇联动模式设置组织架构,董事会、党委会书记、经营班子按公有资产管理体制组建和配备。区、镇政府大力支持,如园区建设之初时任区委书记区邦敏就亲自指挥谋划,提升了园区建设信心并保证了建设的执行力。

注重制度的建设和落实。在干部管理方面,防止利益冲突,激励为官有为;在项目管理方面,加强廉政风险防控及管理、加强质量内控管理、加强与行业管理部门的信息沟通、加强工程信息公示;在企业服务方面建立"亲、清"的新型政商关系,联合片区十余家企业法人,共同发起绿岛湖生态文化联盟及政企廉洁诚信联盟,开启法人治理新尝试,推进决策的科学化、公开化和透明化;成立绿岛湖片区联合党委,借助联合党委平台,集中党组织力量,推动片区建设。

提供优质暖心和高效服务。如成立企业服务中心,以团队运作的方式,全程、高效服务企业。多次主办和协办各类政策宣讲会,为企业做好政策解读,提高企业申报扶持政策的成功率。2017 年先后出台了《绿岛湖智荟建设工作方案和绿岛湖智荟产业发展专项资金使用管理办法》《南庄镇城市产业发展扶持管理办法》《南庄镇会展业发展扶持管理办法》等扶持政策,修订了人力资源产业园的相关政策,从供给侧结构性改革方向,找准市场需求,支持企业提

高研发效率、生产效率和经济效益，2017年兑现给企业的各类补贴5 580万元。同时，加强产业区的宣传服务工作。如提升硬件标识指引，组织开展联谊活动，活跃产业区氛围，加强园区形象宣传，进一步提高了绿岛湖都市产业区的知名度。

几年来，绿岛湖都市产业区借助特有的发展模式，提高了园区开发建设效率，取得了显著的经济效益和社会效益，但在实践中也暴露出一些问题。如："区镇联动"和"四级开发"运营模式存在一些不足，主要表现在各层分散决策、目标和理念不同，因而管理方式和行事规则也就不同。绿岛湖公司与主题运营商之间，主题园区运营商和园区企业之间都存在利益不一致上的矛盾。虽然分级管理一般短期有竞争和不协调问题，但长期看有利于凭借市场的力量实现资源配置最优化和持续发展。对于绿岛湖公司而言，作为国有资本，目前发挥作用的空间主要是收租金、完善基础设施和公共服务，经济效应不明显，但其引领和带动作用强，社会效益和公共效益较显著，下一步该公司如何定位和可持续发展是政府应该考虑的问题。可以学习借鉴南海高新区开发公司经验，在完成其历史任务之后，也能有自己的产业和自主经营能力，进行相应的实体运作。

再如，在招商方面，虽然有政策上扶持，但与其它城市相比，受区位限制，绿岛湖都市产业区招商还是有特定难度，处于"上不接、下不接"的尴尬局面：与北上广深一线城市比较，它们的商业环境优越，虹吸性较强；与内地欠发达城市比较，它们招商人员多，优惠政策力度很大。与之相比佛山无明显优势，甚至与竞争对手东莞相比，佛山在土地优惠方面也存在劣势。

三、绿岛湖都市产业区开发建设主要成就及成功的原因

（一）绿岛湖都市产业区开发建设主要成就

在佛山市、禅城区和南庄镇各级政府的支持下，园区始终坚持走集约发展、协调发展、可持续发展道路，实现了高速、高质、高效的跨越式发展。经过多年的开发建设，绿岛湖都市产业区已经成为佛山生产性服务业集聚区，成为禅西融入"强中心"的桥头堡，成为凸显禅西新城价值的战略引擎。其发展是产城人完美融合的典范，取得了一系列成就，集中体现在以下几个方面：

1. 产业发展走向高端，经济实力不断增强

绿岛湖都市产业区紧抓佛山发展战略，以及南庄镇和禅城区发展机遇，坚持"专业化聚集、集群化推进、园区化承载"的发展理念，以生产性服务业实现跨越发展，倾力发展现代服务业产业，加快推进产业集聚区、产业服务区、商业项目区、人才集聚区等区域功能布局，区域发展和产业承载空间进一步扩大，基本形成了以现代服务业为核心，以设计、电子商务、人才服务、产业孵化、知识产权服务为主导的新型服务业发展格局。引入了中国建筑装饰协会、博尔捷管理咨询（上海）有限公司、佛山市广科产业技术研究院有限公司等主题园运营商，吸引了佛山市禅城区行政服务中心、佛山市知识产权保护中心等机构，世界500强任仕达、中国互联网100强企业智联招聘等一批知名的全球或全国领导性企业纷纷入驻，进一步完善了绿岛湖都市产业区现代服务业产业链。

与此同时，园区产业规模不断扩大，经济实力不断增强。2014年至2017年间，园区入驻企业逐年增加，由2014年的146家增长到2017年的612家，增长了3.19倍，年均增长61.24%；就业人数逐年增长，由2014年的1 115人增长到2017年的4 590人，增长了3.12倍，年均增长60.27%；营业收入不断增加，由2014年的88 920万元增加到2017年的224 428万元，增长了1.52倍，年均增长36.15%，累计营业收入为48.38亿元；纳税总额大幅增长，由2014年的2 723万元增加到2017年的5 618万元，增长了1.06倍，年均增长27.30%，累计纳税额为1.27亿元。2017年四大主题园区就业人数达3 590人，其中，中国建筑装饰设计创新基地就业人数为1 140人，佛山全球电商生态科技城就业人数为1 470人，佛山人力资源服务产业园就业人数为780人，佛山博士创新梦工场就业人数为200人，为南庄镇经济增长做出了贡献。（见表5-1和表5-2）

表5-1　2014—2017年绿岛湖都市产业区经济规模指标

年份	进驻企业数（个）	就业人数（人）	营业收入（万元）	纳税总额（万元）
2014	146	1 115	88 920	2 723
2015	299	1 945	71 265	1 803
2016	557	3 622	99 173	2 519
2017	612	4 590	224 428	5 618
2017年比2014年增长（%）	319.18	311.66	152.39	106.32
2014—2017年年均增长（%）	61.24	60.27	36.15	27.30

资料来源：根据绿岛湖产业投资有限公司提供数据整理。

表5-2　2017年绿岛湖都市产业区主题园进驻企业、纳税及就业情况

主题园	进驻企业数 （个）	纳税总额 （万元）	就业人数 （人）
中国建筑装饰设计创新基地	38	678.18	1 140
佛山全球电商生态科技城	49	279.90	1 470
佛山人力资源服务产业园	39	323.32	780
佛山博士创新梦工场	21（团队）		200

资料来源：根据绿岛湖产业投资有限公司提供数据整理

　　绿岛湖都市产业区的建立促进了南庄镇产业结构的优化，特别是促进了南庄镇第三产业的发展。绿岛湖都市产业区建立前后南庄镇三次产业增长速度及三次产业贡献率的变化，在一定程度上体现了绿岛湖都市产业区对优化南庄镇产业结构方面所起的作用。

　　表5-3和5-4数据显示，2010—2013年（绿岛湖都市产业区建立前），南庄镇第一产业增加值由4 798万元增加到6 709万元，增长了18.99%，年均增长6.03%；第三产业增加值由475 586万元增加到632 956万元，增长了33.09%，年均增长10%。2014—2017年（绿岛湖都市产业区建立后），南庄镇第一产业增加值由5 930万元下降到4 205万元，减少了29.09%，年均减少10.83%；第三产业增加值由65 523万元增加到939 076万元，增长了43.32%，年均增长12.75%。2014年以后，南庄镇第一产业的增长速度远低于2014年以前，而第三产业的增长速度明显高于2014年以前。（见表5-3）

表5-3　2010—2017年南庄镇经济规模指标

单位：万元、%

年份	地区生产总值		第一产业		第二产业		第三产业	
	金额	比上年增长	金额	比上年增长	金额	比上年增长	金额	比上年增长
2010	1 218 796	–	4 798	–	738 412	–	475 586	–
2011	1 274 700	4.59	5 347	11.44	722 325	-2.18	547 028	15.02
2012	1 336 672	4.86	5 681	6.25	777 173	7.59	553 818	1.24
2013	1 497 625	12.04	5 709	0.49	858 960	10.52	632 956	14.29
2014	1 707 165	13.99	5 930	3.87	1 045 997	21.77	655 238	3.52
2015	1 922 967	12.64	4 991	-15.83	1 156 562	10.57	761 414	16.20
2016	2 089 173	8.64	6 246	25.15	1 267 266	9.57	815 661	7.12

表5-3(续)

年份	地区生产总值		第一产业		第二产业		第三产业	
	金额	比上年增长	金额	比上年增长	金额	比上年增长	金额	比上年增长
2017	2 466 178	18.05	4 205	−32.68	1 522 876	20.17	939 097	15.13
2013 年比2010 年增长	22.88		18.99		16.33		33.09	
2010—2013 年年均增长	7.11		6.03		5.17		10.00	
2017 年比2014 年增长	44.46		−29.09		45.59		43.32	
2014 年—2017 年年均增长	13.04		−10.83		13.34		12.75	

资料来源：根据南庄镇政府提供数据整理。

从南庄镇三次产业贡献率来看，2012—2014 年，第一产业的贡献率均为正值，平均为 0.22%，第三产业贡献率均为正值，平均为 23.57%；2015—2017 年间，第一产业的贡献率正负相间，平均为 −0.06%，第三产业贡献率均为正值，平均为 38.19%。可见，2014 年后，农业对南庄镇经济增长的贡献越来越小，而服务业对经济增长的贡献则越来越大。（见表5-4）

表 5-4　2012—2017 年南庄镇三次产业贡献率

单位：%

年份	第一产业	第二产业	第三产业
2012	0.54	88.50	10.96
2013	0.02	50.80	49.17
2014	0.11	89.26	10.63
2015	−0.44	51.23	49.20
2016	0.80	66.61	32.64
2017	−0.54	67.80	32.74

资料来源：根据南庄镇政府提供数据整理。

2. 完善电商生态系统，助推佛山制造升级

当今世界，国与国之间、地区与地区之间的竞争很大程度上体现在现代服务业发展水平上的竞争。伴随着电子商务在国民经济与社会发展领域的广泛渗透，电子商务服务业已成为现代服务业发展的一面旗帜，对未来经济和社会发展的走向正在发挥越来越重要的作用。为了争夺电子商务发展的制高点，全国

各地有很多地方都在大力推进电子商务产业园的建设，希望借此带动地方经济转型和产业升级，培育出以电子商务服务为主要标志的战略性新兴产业。绿岛湖都市产业区顺应产业发展趋势，抢先占据城市发展格局的战略高地，兴建了电子商务产业园——佛山全球电商生态科技城，该产业园集电子商务产业办公、商务休闲、生态宜居城市生活于一体，通过产城互动、产业集聚，生态与科技的相互融合，为企业提供最优质最全面的发展空间。不同于传统电子商务产业园尚停留在"作房东收租子"阶段、对产业园发展缺乏政策扶持和服务配套，佛山电商生态科技城通过产业经济集聚效应，着力构建完整的电商生态系统。佛山电商生态城布局包括有电商创业孵化大楼、服务中心、电商总部办公区、电商新兴企业办公区、传统产业电商化升级办公区、电商人才培训中心、电商人才公寓、佛山优势制造业产品电商展示体验区、仓储物流区等功能区，同时根据电商企业共性需求搭建专业的政策扶持、金融、仓储、物流、通信等专业配套服务，打造电子商务全产业链基地。2017 年佛山全球电商生态科技城进驻企业 49 家，吸纳就业人员 1 470 人，纳税总额为 279.90 万元（见表 5-2）。目前，佛山全球电商生态科技城已被认定为"广东省（佛山）软件产业园科技创新服务区"和"禅城电子商务产业园"。

3. 创新产业孵化体系，充分释放科技效能

绿岛湖都市产业区通过佛山博士创新梦工场的建设，打造具有国际水准的产业孵化平台和集聚基地，不断完善产业孵化体系。佛山博士创新梦工场是由南庄镇政府联合禅城区人才工作领导小组办公室、区经济和科技促进局、区人力资源和社会保障局、佛山科学技术学院和佛科产业技术转化研究院共同推动的高层次人才与产业相结合的创新型平台，集聚了政府、高校与企业三方力量，通过聚合高端人才，为佛山的传统产业转型升级与新兴产业壮大发展提供智力支撑。佛山博士创新梦工场以"100+400+N"的博士聚集模式建设：引进100 名博士以上高层次人才进驻博士工作室，充分利用佛山科学技术学院 400多名在职博士资源支撑园区发展，吸引 N 个带项目的海内外高层次人才团队入驻园区开展技术研究与成果转化工作。通过资源共享、优势互补与战略合作，使人才、教育、科技与产业紧密融合，紧紧围绕智能制造、新材料、新能源、电子信息、节能环保等多个领域，重点引入前沿技术、科研成果、高端人才等。作为佛山的高端人才载体，博士创新梦工场不仅可以开展学术研究、学术交流，还建设有高层次人才团队技术转化平台及创业平台，使"产、学、研、用"深度融合，形成更完善的成果转化生态圈，为高端人才的创新创业提供优质的双创条件，通过研究成果产业转化，使得更多研究能走出实验室，

服务社会，带动经济发展，为生产制造业企业的转型升级，效率提升提供高质的技术支持，为南庄镇、禅城区乃至整个佛山的产业转型升级提供科技创新、高端人才等重要支撑。目前佛山博士创新梦工场入驻博士创新团队 21 个，吸纳创业创新型人才 200 人。

4. 构建人力资源服务"超市"，发挥智力支撑作用

人力资源服务业是生产性服务业和现代服务业的重要组成部分，具有高技术含量、高成长性和辐射带动作用强等特点，在促进就业、集聚人才、优化人力资源配置、促进创新驱动和产业转型升级，确保经济社会可持续发展等方面发挥着越来越重要的作用。发展人力资源服务业具有社会价值和经济价值双重意义，通过发展人力资源服务业可以集聚行业高端人才，带来人才团队，对产业、经济产生辐射作用，创造出更多经济价值。以上海为例，1 100 多家的人力资源服务机构年产值高达 2 500 多亿。正是看到了人力资源服务业的巨大社会价值和经济价值，绿岛湖都市产业区将人力资源服务业确定为主导产业，兴建了佛山市人力资源服务产业园，推动佛山人力资源服务业的快速发展。

佛山市人力资源服务产业园以聚集产业、促进升级、打造省级人才服务超市为目标，旨在提供公共服务平台以及全产业链的人力资源服务产品，构筑集"聚集产业、拓展服务、孵化企业、培育市场"等功能于一体的综合性人力资源服务产业园。2017 年佛山市人力资源服务产业园进驻企业 39 家，吸纳就业人员 780 人，纳税总额为 323.32 万元。目前，佛山市人力资源服务产业园已被授予广东省人力资源研究会副会长单位，领航人力、北大青鸟、智联招聘等一批知名机构已经落户进驻，开展了线上线下招聘、人力资源外包、劳务派遣、人才招聘、人才战略咨询管理、人才培训、职业规划、人力资源信息技术等服务，目前已服务 3 万家企业，每年培训 6 万多人次。佛山市人力资源服务产业园充分发挥"聚集产业、拓展服务、孵化企业、培育市场"的功能，加大人力资源项目的引入和开发，聚集人力资源服务产业，这将有力推动佛山人力资源服务业规模化、产业化发展，充分发挥人力资源市场配置的决定性作用；有利于打造成为吸引人才、聚集人才、服务人才重要载体，提升城市竞争力，更好地实施人才优先发展战略和创新驱动发展战略。

5. 打造设计师创业"硅谷"，驱动家居行业升级

佛山是全中国乃至全世界的建筑陶瓷生产基地，也是家居产业链最完善的制造业大市，具备完整的家居家装集群制造基础。为促进家居家装产业转型升级，绿岛湖都市产业区引入了由中国建筑装饰协会与禅城经济开发区合作共建的"中国建筑装饰设计创新基地"，发展以家居为核心的设计服务业。中国建

筑装饰设计创新基地是全国唯一以设计师为主题的设计创新基地，基地立足佛山家居制造优势，构建集设计师俱乐部、家居设计城、家居体验中心、"家居互联网+大数据中心"四维一体的平台，并以设计师为主题和核心，打造建筑装饰产业"产、学、研、商、用"产业生态闭环。同时，搭建互联网交易平台，通过互联网大数据、设计平台以及与相关平台的对接，集合用户数据，以设计师平台建设为核心要素打通"产、学、研、商"的各个环节；以需求为导向，运用"互联网+设计工具"实现建筑装饰产业生产与消费无缝对接；以客户需求的专业设计为主线，驱动全家居行业的升级。基地既引入设计师"大咖"，设立工作室，让绿岛湖成为设计流行的风向标。同时，引入创业型设计师工作室，让绿岛湖成为初创、创业设计师的创业"硅谷"。此外，还与科研机构、相关专业院校合作，以人为中心，进行设计科学研究，并进行设计师培训，让绿岛湖成为设计师集聚的地方。2017 年中国建筑装饰设计创新基地进驻企业 38 家，吸纳就业人员 1 140 人，纳税总额为 279.90 万元。

6. 构筑知识产权保护高地，护航制造转向智造

为充分发挥知识产权对实施创新驱动、促进地区产业经济发展的重要作用，推动佛山先进装备制造业及建材产业结构调整和转型升级，佛山市政府向国家知识产权局提交了建设中国（佛山）知识产权保护中心的申请，并于 2017 年 8 月 17 日得到国家知识产权局正式批复同意建设中国（佛山）知识产权保护中心。绿岛湖都市产业区凭借其产业优势和区位优势，吸引中国（佛山）知识产权保护中心落户园区。该中心作为围绕智能制造装备和建材产业开展知识产权保护工作的公益服务机构，是全省第一个、全国第五家国家级知识产权保护中心；加之知识产权服务业属于生产性服务业中的高附加值链条，而作为知识产权服务行业的权威机构，中国（佛山）知识产权保护中心将对行业机构、人才起到强烈的集聚效应。因此，该中心的落户，无疑在绿岛湖乃至禅城生产性服务业体系中建起了一根"顶梁柱"，构筑起知识产权保护高地。佛山市知识产权保护中心以建立"跨行业、跨部门、跨区域、跨类型"的综合性知识产权保护和服务平台为目标，建立政府、企业、协会、专利联盟、运营中心、研发机构协同合作的工作体系，全面提升佛山知识产权创造、运用、保护的能力；其特色功能是面向智能制造装备产业和建材产业开展知识产权快速协同保护工作，提供集快速审查、快速确权、快速维权于一体的全方位知识产权服务，为两大行业企业在知识产权领域开设"绿色通道"，提升智能制造装备产业和建材产业全面价值。

7. 产城融合高效推进，优化宜居宜业环境

绿岛湖都市产业园区坚持产业与城市相融合、创业与生活相适宜的发展方向，不断提升园区环境品位，为百姓缔造一个更加和谐的城市社会生活圈、更加舒适便捷的品质生活。禅城区行政服务中心进驻到都市产业区，按照"一门式"的改革服务理念，企业的工商注册、税务登记、社保缴纳等业务可以在这里一窗式办理，为园区企业、员工提供便利的行政服务，提升公共服务水平。都市产业区内有45万平方米的全新办公写字楼，大型空中花园，公用会议室，员工食堂和人才公寓，商务办公环境一流。都市产业区内的绿岛广场是佛山首个购物公园，集购物、餐饮、娱乐为一体的商业广场。同时众多房地产巨头入驻绿岛湖片区（保利、和记黄埔、招商地产、中国金茂、青年公寓、绿岛湖壹号等房地产企业），园区附近建有学校、医院等公共配套设施。园区周边以季华路、魁奇路、禅西大道、紫洞路为主骨架，佛山一环、佛开高速、广佛环线贯穿其中，并汇聚了地铁、公交等现代化公共交通设施，构成四通八达的交通路网，无缝连接中心城区，到达广州白云国际机场只需50分钟车程，30分钟可直达广州高铁站和广州城区，1小时工作生活圈可到达东莞、珠海等地。

（二）绿岛湖都市产业区开发建设成功的主要原因

绿岛湖都市产业区开发建设取得的成就，是在保障了征地村民长期利益的前提下取得的，是园区开发建设者奋力开拓、创新发展的结晶，更是佛山市各级政府高度重视和大力支持的结果。

1. 构建利益共同体，保障村民长期利益是产业区开发建设取得成功的基础

从全国来看，工业化、城镇化的快速推进必然导致农村土地的占用不断增加，凡是镇域经济发达地区的快速发展都与土地的大规模开发利用密切相关，由此也引发了较为尖锐的土地开发利益分配问题。然而，绿岛湖都市产业区在征地过程中，积极探索建立政府与农民的利益协调机制，通过"租地—建设—返回"的土地开发利用模式，满足征地村民的长远利益，解决了土地开发利用中的矛盾，既成就了产业区的建设，也保证了社会的稳定，更推动了农村的新发展。在实践中，创造出绿岛湖都市产业区土地开发利用的模式。其具体做法是：由政府租用村民土地，在公共交易平台招商吸引社会资本投资建设，建成后的园区由区、镇共同经营，实行规划、招商、开发和管理"四统一"，租期届满后（2040年）全部归还村民。由此，村民及村解决了有土地没有启

动资金、土地开发进度慢和利用水平低，以及缺乏经济发展载体的问题；区、镇则实现了对土地的整合开发和科学有效管理，提高了土地使用价值。充分考虑征地村民诉求，保障征地村民的长远利益，是绿岛湖都市产业区开发建设取得成功的根本。

2. 经营者勇于创新，破解了"三无"难题是产业区开发建设取得成功的关键

南庄镇有 18 个村，是禅城区农村面积最大的镇。在党中央"建设社会主义新农村"总体要求下，在佛山"一老三新"战略布局下，如何建设新农村，实现新城梦，成为禅城区和南庄镇政府必须解决的重大课题。为解决这一难题，区、镇政府决定发展都市产业，搞好示范区，以点带面，在"无地、无钱、无人"的情况下，通过创新破解"三无"难题，带领村民致富，实现新城梦。为解决建设用地短缺问题，采取了"租地—建设—返回"的土地开发利用模式，即政府租用位于禅西新城核心位置的堤田村 1 500 多亩鱼塘，开发建设物业，保证土地增值，并于 2040 年土地租期届满后全部归还村民。由于征地村民的利益得到充分保障，很好地解决了土地开发利用中的矛盾，维护了社会稳定，满足了都市产业区的建设用地需求。为解决建设资金短缺问题，采取了资金封套运营模式，即将产业园区产出的收益，包括土地、租金、税收等资金封闭运营，再投入到市政、公园、污水管网建设项目中来。其中税收返还按一定的比例（约一半），主要是所得税、增值税等，以这种方式区、镇政府投入约 22 亿元，一定程度上缓解了开发建设资金短缺的问题。为解决经营人员短缺问题，采取"区镇联动"的运营模式，即由区、镇政府共同出资组建园区运营公司——绿岛湖产业投资有限公司，由区、镇派代表帮助公司搭建组织架构，并明确分工，禅城区政府利用丰富的经验进行资金和资产管理，而南庄镇政府进行属地管理，负责园区开发建设具体事宜，以及协调解决与征地村民的土地开发矛盾与利益分配问题。正是由于园区经营者通过大胆创新，成功破解了园区开发建设过程中遇到的种种困难，才有了绿岛湖都市产业区的迅速崛起和快速发展。

3. 各级政府高度重视，得到了政府的大力支持是产业区建设取得成功的保障

绿岛湖都市产业区的开发建设及成就是在佛山市各级政府的高度重视和大力支持下取得的。从市级层面，应归功于佛山市委、市政府"一老三新"为核心的"强中心"战略布局。2012 年，佛山市提出了以"一老三新"为核心的"强中心"战略布局，同年，佛山市禅城区政府公布《禅西新城城市设计

及产业布局规划（征询意见稿）方案》，规划中的禅西新城横跨禅城张槎街道和南庄镇，定位打造为"华南国际化产业集聚区"，并建设成为国际化产业制造中心、国际化产业服务中心以及国际化文化旅游商业中心三大产业中心，重点发展精密制造、高端电子信息、生物医药以及现代服务业等四大核心产业。在禅西新城的城市与产业规划中，绿岛湖片区被定位为都市产业区，将打造成为"有岭南水乡特色的中心城区"，并加大产业对接和聚集力度，重点打造生产性服务业集聚区、休闲居住区、行政公共服务区域、高端商业配套等四个功能区域。作为禅西新城桥头堡的绿岛湖从此赢得了新的发展机遇。从区、镇层面，禅城区和南庄镇两级政府均将绿岛湖都市产业区建设作为融入"强中心"的重中之重，制定规划及政策措施，集中全区全镇人力、物力与资金、资源全力推动绿岛湖都市产业区开发建设。禅城区政府出台了《禅西新城城市设计及产业布局规划（征求意见稿）方案》，明确规定禅西新城面积、地理位置、发展目标、城市功能区分布、产业方向等；南庄镇政府出台了多个具体政策，如《绿岛湖·智荟建设工作方案》和《绿岛湖·智荟产业发展专项资金使用管理办法》，人力资源产业园的相关政策等，积极做好园区开发建设和招商工作。2015年以来，区、镇两级政府加强领导，取得了合作开发的丰硕成果，走出了一条区、镇联动开发建设的成功之路。

（三）绿岛湖都市产业区存在的主要问题

几年来，绿岛湖都市产业区借助特有的发展模式，提高了园区开发建设效率，取得了一定的经济和社会效益，但在实践中也暴露出一些问题，主要体现在以下方面：

1. 产业区的管理体制和运营机制尚未完善

目前，绿岛湖都市产业区采取"区镇联动"和"四级开发"的管理和运营模式，这一模式虽是创新之举，但存在一些不足：一是园区总运营商——绿岛湖公司的管理职能不健全。对于绿岛湖公司而言，作为国有资本，虽然其引领和带动作用强，社会效益和公共效益较显著，但目前其发挥作用的空间主要是收租金、完善基础设施和公共服务，缺少自有的物业资源，经济效应不明显，这将影响该公司的可持续发展能力。下一步该公司如何定位和可持续发展是政府应该考虑的问题。二是联动主体的多元化必然导致利益诉求的多元化。主要表现在各层分散决策、目标和理念不同，因而管理方式和行事规则也就不同。园区总运营商绿岛湖公司与各主题园专业运营商之间，主题园专业运营商和园区企业之间都存在利益不一致的矛盾。都市产业区的管理和运营关系到政府众多的业务部门和具体政策，如果产业区的管理体制和运营机制不完善，就很难得到入园企业的认同，产业区的运营成效也就无法得到保证。

2. 招商引资饥渴导致部分主题园的主导产业不清晰

在产业园建立之初一般都是有明确产业定位的，明确了园区未来主要发展的产业方向。但一旦园区建成进入招商环节的时候就会发现，之前所有的定位都是美好的宏伟蓝图，理想很丰满，现实很骨感。园区投资者和经营者出于资金回笼以及园区人气等多方面的综合考虑，在园区建设早期，会出现招商引资饥渴，捡到篮子里的都是菜的状况，从而导致园区主导产业不清晰。绿岛湖都市产业园区建园之初产业定位明确，要大力发展现代服务业，建成佛山现代服务业集聚区，并确定了 5 大服务业主题园区。但产业园建成后，各主题园专业运营商在招商引资过程中，迫于招商压力放低企业准入门槛，产业导向的连贯性被切断，造成部分主题园主导产业不明确，园区定位不清晰。如中国建筑装饰设计创新基地本是以家居为核心的设计服务业园区，但却有能源企业入驻；佛山全球电商产业城是电子商务产业区，但引进的企业并非全部都是做电子商务的，与主题园的产业定位严重偏离。

3. 区位优势减弱及配套设施不完善致使招商难度增大

一方面，虽然禅城区和南庄镇政府给予绿岛湖都市产业区一定的政策扶持，但与其它城市相比，受区位限制，绿岛湖都市产业区招商还是有特定难度，处于"上不接、下不接"的尴尬局面：与北上广深一线城市比较，它们的商业环境优越，虹吸性较强；与内地欠发达城市比较，它们招商人员多，优惠政策力度大。相比之下佛山无明显优势，甚至与竞争对手东莞相比，佛山在土地优惠方面也存在劣势。佛山区位及政策优势的减弱，无疑增大了绿岛湖都市产业区招商引资的困难。另一方面，目前绿岛湖都市产业区的交通和生活服务配套设施仍不完善。相对于国内一些"纯经济"的产业区而言，绿岛湖都市产业区的交通与生活服务配套设施相对较好，但仍不完善，主要表现在：道路交通方面：地铁 2 号线和湖涌 TOD 项目正在建设之中，公交线路不足；园区部分道路交通标识缺乏，交通安全设施建设（如电子眼）不够完善。生活配套设施：目前园区及周边的购物中心、星级酒店、娱乐中心等不完善，缺乏高档商业配套设施，缺少文体活动中心和医院，年轻人目前还不愿意住在这里，人气聚集不充分，"产城人"融合水平不高。这在一定程度上加重了企业"招人难""留人难"问题，对园区的招商环境也造成不利影响。

4. 产业集聚效应尚未充分形成

主要表现在以下方面：一是园区内服务业就业人数较少。数据显示，2017

年绿岛湖都市产业区从业人员总数为 4 590 人，同年禅城区服务业从业人员总数为 377 983 人，绿岛湖都市产业区服务业就业人数占禅城区服务业就业人数的比重仅为 1.2%，这与绿岛湖都市产业区产业定位——佛山现代服务业集聚区的目标尚有较大差距。二是园区企业集聚能力不强。如人力资源产业园，受当地经济发展对人力资源服务业的需求和地理位置所限，园区对国内外知名人力资源服务机构的吸引力不强，入驻园区的知名人力资源服务机构仅仅在园区设立办事处或分公司，对当地人力资源服务业的发展带动作用比较有限。三是部分主题园区产业链搭建效果不佳。个别主体产业园在招商引资工作中，过于注重入驻企业的税收业绩，强调经济效益，服务产品过度集中在中低端市场，无法形成上、中、下相互衔接的产业链，造成了"有业无链"的现象。究其原因，主要是由于个别园区不重视产业链搭建，且有关专业人才相对匮乏，以致部分主题园区产业链搭建效果不佳。

四、绿岛湖都市产业区开发建设的主要经验

在绿岛湖都市产业区开发建设的过程中，园区在实践中大胆探索，在竞争中寻求主动，在发展理念、建设开发、政策扶持、招商引资、产业布局、产城融合、社会建设、体制创新等方面积累了宝贵的经验。

（一）坚持"一个理念"，推动和谐园区建设

绿岛湖都市产业区开发建设过程中，始终坚持以人为本的理念，建设新型都市产业区，将发展与惠民相结合，确保开发建设成果惠及片区人民。我国传统都市产业园区普遍存在缺乏人气、生活配套设施差等缺点，园区内往往感觉冷冷清清、人烟稀少，不仅不能给投资者创造适宜的投资环境，也不能给园区的住民创造安居乐业的生活环境。绿岛湖都市产业区在开发建设过程中，摒弃传统都市产业园区的弊端，突破传统都市产业园区"纯经济区"的框架，始终坚持"以人为本"的理念，在发展经济的同时兼顾住民生活、商务、休闲等各方面的需要，使园区真正成为住民工作、生活、休闲、娱乐一体化的多功能新型社区。同时，园区在开发建设过程中，结合开发实际，建立了覆盖整个园区的社会保障体系，园区所有企业及就业人员均参加了各类社会保险，参保率达100%，并为企业职工建立公积金制度，一揽子解决员工养老、医疗、生育、住房、失业救济等多项社会保障。

（二）遵循"两个原则"，实现园区发展定位

绿岛湖都市产业区在建设过程中遵循提升产业层次和发展质量的原则、市场化运作和政府引导有机结合的原则，为实现园区定位提供了保障。

1. 遵循提升产业层次和发展质量的原则

绿岛湖都市产业区属于发达地区的后发园区，具有良好的区位条件，在招商引资方面有着自己独特的优势。在佛山用地普遍紧张、很多项目寻求扩张空间的背景下，绿岛湖都市产业区坚持提升产业层次和发展质量的原则，根据自身的目标定位开展有针对性的招商，大力发展现代服务业，抬高入园项目的门槛。注重产业发展层次和发展质量，也是绿岛湖都市产业区在产业发展领域贯彻落实科学发展观的具体体现。只有坚持高起点高水平发展，才能使绿岛湖都市产业区的产业发展更具有持续性，才能保障园区在激烈的市场竞争中保持自身的竞争力和优势，才能在产业上有力支撑绿岛湖都市产业区的定位要求。

2. 遵循市场化运作和政府引导有机结合的原则

随着我国社会主义市场经济体制的不断完善，我国产业发展的外部环境不断改善。绿岛湖都市产业区作为佛山极具发展潜力的区域，在产业发展方面，坚持市场化运作，充分发挥市场在资源配置中的基础性作用，更多地运用市场机制解决园区发展中的问题。通过发挥市场机制，着力推进产业分工与协作，发挥绿岛湖都市产业区的比较优势，与周边地区实现错位发展，最终达到产业发展的优势互补、合作共赢。政府则主要通过加强规划和政策引导，提高和完善公共服务水平，为市场机制的发挥营造良好的环境。

（三）推行"三个创新"，奠定园区发展基石

绿岛湖都市产业区在建设过程中创新推出了"四级开发""主题园招商"和"政策激励"三个创新模式，让园区步入良性发展轨道。

1. 创新"四级开发"模式，提高园区建设效率

"四级开发"模式即"政府+园区总运营商+主题园运营商+企业"，政府负责园区总体规划审核，制定资金扶持政策，对入驻企业实行税费减免，为园区提供人才保障等；园区总运营商（区镇联动的绿岛湖产业投资有限公司）负责产业园统一规划、建设，统一搭建平台、包装项目、产业招商，统一提供物业管理等配套服务；主题园运营商（中国建筑装饰协会、博尔捷管理咨询（上海）有限公司、佛山市广科产业技术研究有限公司等）分别负责围绕各主题园确定的产业方向，引进相关的上下游企业，并提供管理与服务。企业负责

产品研发、提供生产服务。通过"四级开发"模式，实现"以园引企"做强产业，形成"园企一体"的集群发展态势。

2. 创新"主题园招商"模式，加快产业空间布局

园区始终突出招商工作的龙头地位，积极拓展招商思路，构建招商网络，创新招商方式。遵循产业的关联性、产业的带动性、产业的先进性、产业的完备性四大原则，确立了家具设计、人力资源服务、电子商务服务、产业孵化服务、知识产权服务五大主题产业园，并以主题园方式招商，已形成中国建筑装饰设计创新基地、佛山全球电商生态科技城、佛山人力资源服务产业园、佛山博士创新梦工场、佛山市知识产权保护中心五大主题产业园。随着五大主题产业园招商的推进，绿岛湖都市产业区生产性服务业的集聚程度不断提高。

3. 创新"政策激励"模式，优化投资政策环境

绿岛湖都市产业区既着眼于发挥政府有形之手的推力，又巧妙挖潜激发市场活力。一方面，将国家、省、市和区对服务业集聚区发展方面的政策具体细化，成为地方政府扶持企业发展的普惠制政策。另一方面，充分发挥市场作用，由园区运营商按照市场原则，结合运营园区产业发展定位，从高层次人才引进、科技创新、产业扶持、物业租金减免优惠等方面着手，制订适合运营商发展的特惠型政策。形成"政府普惠政策招引+园区运营商特惠扶持"的政策激励模式，共性政策突出公平公正，个性扶持突出量身订制，真正实现政府与市场优势互补、良性互动。

（四）推进"四个融合"，建设一流都市园区

园区开发建设过程中，坚持"产城人"融合、发展理念与经营理念融合、现代服务业和传统服务业融合、企业发展与园区发展融合，着力打造产城合一、宜居宜业、配套完善、管理一流的现代都市产业园区。

1. 推进"产城人"融合

产城人相融是都市产业园的实现路径，园区发展必须坚持走产城相融、产城互动、产城共进之路，努力实现产业发展与城市建设良性互动、经济发展与环境保护相互协调，真正做到"城市中有产业、产业中见城市"。绿岛湖都市产业区在开放建设过程中坚持"产城人"融合，既在顶层设计上注重以人为本，牢牢树立打造产城人融合的目标，也在细节实施上体现人文关怀，赋予城市温度。一方面，绿岛湖都市园区按照"产城人一体化"方式，统筹产业功能区建设，注重生产、生活、生态三者合一，把生产和生活统筹起来，建设集产业集聚区、居住、消费、人文、生态等多种功能为一体的城市新型社区。在

空间上实现产城人融合，园区产业定位为产业服务集聚区，大力发展生产性服务业，各主题产业园均向空中和地下发展，大幅度提高土地利用率，同时，园区注重向综合配套发展，致力解决企业员工吃、住、行、游、购、娱，提升教育、文化、体育、医疗卫生等公共配套服务功能，使员工生产不出城、生活不出园，提高综合配套水平，既能满足高质量的人本需求，又能提供高品质的生活载体，建设宜居宜业的都市产业示范区。另一方面，园区注重生态环境保护和岭南文化的传承发展，充分调动整个片区企业参与环境保护与和文化传承的积极性，争创环境友好型与和谐社会建设的示范区。为促进"产城人"融合发展，绿岛湖片区各单位企业秉持"创新、协调、绿色、开放、共享"理念，共同组建绿岛湖生态文化联盟，并发表宣言：保护绿岛湖生态环境，共同推动可持续发展，共建低碳、绿色社区。营造良好政商氛围，共同推动廉洁试验区建设，共建共享廉洁、高效的政商环境。维护绿岛湖生态文化发展，传承发展岭南水乡特色文化，培育健康、时尚的社区文化，提升城市品位。树立区域品牌意识，汇聚政商智慧，参与片区治理，提升绿岛湖片区城市价值。以此打造生态、文化、活力、和谐绿岛湖片区，提升区域城市价值。

2. 推进发展理念与经营理念融合

随着绿岛湖都市产业区开发建设工作的不断推进，绿岛湖都市产业区的发展逐渐从初始的较为纯粹的政府布局建设阶段向较为复杂的市场开发主体建设及政府精耕细作的运营阶段转变。与此相适应，绿岛湖都市产业区的开发建设更加注重发展理念与经营理念的融合，在坚持发展理念的同时，树立城市经营理念，从交通格局、区域经济、民生建设等多维度推动都市产业区建设。一是构建内联外通的道路交通网络。推进园区"城市化"，以城市的标准打造产业园区，更好地配置资源要素，道路交通是其中最直接、关键的一环。绿岛湖都市产业区投资数十亿元建设交通路网，禅港路、科韵路等道路建成通车，整个绿岛湖片区"内联外通"的立体化交通格局已基本成型。二是优化产业布局。将园区作为城市来经营，产业结构优化是关键。绿岛湖都市产业区的开发建设实施土地资源节约集约利用，着力推进生产性服务业集聚，提升服务业对制造业转型升级的支撑力度。三是加强民生建设。以民生工程建设为抓手，提升便民服务水平。建立社区服务中心、社区服务站等硬件设施，开展面向社区居民的劳动就业、流动人口服务管理等服务项目，构建以社区为基础的基层社会管理和公共服务平台。

3. 推进现代服务业和传统服务业融合

都市产业园的建设必须以产业为支撑，绿岛湖都市产业区牢牢把握产业发展的新趋势，坚持现代服务业和传统服务业"双轮驱动"。大力发展生产性服务业，形成了以建筑装饰设计、电子商务、人力资源服务、产业孵化、知识产权服务等为主导产业的新型业态，提高服务业对产业升级的支撑力和经济增长的贡献率。截止到 2017 年年底，园区拥有建筑装饰设计企业 38 家，就业人数 1 140 人，纳税总额 678.18 万元；人力资源企业 39 家，就业人数 780 人，纳税总额 323.32 万元；电子商务企业 49 家，就业人数 1 470 人，纳税总额 279.90 万元；博士创新团队 21 个，就业人数 200 人。合理发展生活性服务业，围绕吸引人才、留住人才，绿岛湖产业区在区内大力发展商贸服务、餐饮住宿、休闲娱乐等生活性服务业，完善园区服务功能。目前园区有大型商业广场 1 家，多家小型餐饮、休闲、娱乐机构。

4. 推进企业发展与园区发展融合

建设都市产业园要发挥政府的主导作用、企业的主体作用，政府通过政策引导、环境营造、服务提升、文化凝聚等多种方式推动产业区发展。一是加强政策引导和扶持。制定出台了《绿岛湖·智荟建设工作方案》和《绿岛湖产业发展专项资金管理办法》，汇编各级支持企业发展的相关政策及时送给企业，务实开展各类扶持政策专题宣讲会、举办高端产业论坛，搭建交流发展平台，让企业了解政策的导向，充分享受政策的支持。二是优化企业发展环境。深入贯彻服务理念，搭建企业服务网络平台和企业互动平台，建立企业定期座谈、定期走访联系服务等制度，及时了解企业所需所求所盼，协调解决企业发展过程中遇到的困难和问题，对园区能够处理的问题和建议，明确专人限时解决。三是提高园区的服务能力。开展干部解放思想大讨论，加强对新兴产业和新兴业态的学习了解，深入推进园区管理体制改革，实行开发区管委会和镇政府行政合一，管委会突出经济发展职能，南庄镇强化行政职能，两者各有侧重，相互配合。

综上所述，绿岛湖都市产业园区开发建设走过了艰苦奋斗的历程，取得了令人瞩目的成果，积累了行之有效的经验，为佛山乃至全国新型城镇化建设作出了积极的尝试。

参考文献

［1］陈森平. 浅谈佛山市禅城区大部制改革与实践［J］. 清远职业技术学院学报，2011，4（1）：87-88.

［2］冯少行. 佛山市发展经济的实践［J］. 广东经济，1993，6：36-37.

［3］鲁毅. 以民为本促"城产人"融合发展［EB/OL］. 2017-12-12［2019-7-16］. https：//www. fsskll. org. cn，2017 年 12 月 2 日.

［4］墙内开放墙外香——改革开放以来佛山乡镇企业的发展历程［EB/OL］. 2017-12-5［2019-8-6］. http：//wenku. baidu. com.

［5］佛山市委十届四次全会部署今年工作［N］. 南方日报数字报纸，2008-11-4.

［6］冯少行. 佛山市发展经济的实践［J］. 广东经济，1993，6：36-37.

［7］沙鞠. 专业镇：佛山经济转型升级的主战场［N］. 科技日报，2016-6-15.

［8］赵越，王芃琹. 把佛山打造成中国制造风向标——佛山市委书记鲁毅专访［N］. 南方日报，2017-6-22.

［9］中共东莞市委宣传部、中共东莞社科联课题组. 改革开放 30 年东莞模式的成功与启示［EB/OL］. 2017-12-15［2019-6-15］. https：//wenku. baidu. com.

［10］中国政务舆情监测中心. 佛山：积极政府与内生市场的成功探索［J］. 领导决策信息，2014，2：18-19.

［11］中国政务舆情监测中心. 佛山：积极政府与内生市场的成功探索［J］. 领导决策信息，2014，2：18-19.

［12］中国政务舆情监测中心. 佛山：积极政府与内生市场的成功探索［J］. 领导决策信息，2014，2：18-19.

［13］墙内开放墙外香——改革开放以来佛山乡镇企业的发展历程［EB/OL］. 2017-12-5［2019-4-11］. https：//wenku. baidu. com.

［14］李军，康慨然.佛山产业竞争力及其决定因素分析［J］.佛山科学技术学院学报（社会科学版），2014，32（1）：33-39.

［15］全志敏，李金旺，王志容，等.改革开放30年佛山市农业农村发展的成就与经验［J］.南方农村，2009，2：26-28.

［16］佛山市社会科学联合会.佛山科学发展蓝皮书（2009—2010）［M］.广州：广东人民出版社，2011：96-101.

［17］刘红斌，何伟安.以城乡统筹发展促进社会主义新农村建设——基于广东省佛山市统筹城乡发展的实证分析［J］.湖北农业科学，2010，49（7）：1780-1782.

［18］施卫华.抢抓机遇改革创新 加快推进和谐佛山建设——佛山市市长陈云贤专访［J］.广东经济，2007，11：18-21.